Gerd Krumeich

Die unbewältigte Niederlage

Der Autor

Gerd Krumeich, Prof. Dr., geboren 1945, war von 1997 bis 2010 Inhaber des Lehrstuhls für Neuere Geschichte an der Heinrich-Heine-Universität Düsseldorf. Zahlreiche Veröffentlichungen zur deutschen und französischen Zeitgeschichte, insbesondere zum Ersten Weltkrieg und seinen Nachwirkungen; Gründungsmitglied des Historial de la Grande Guerre, Péronne, Mitherausgeber der Documents diplomatiques français zum Versailler Vertrag.

Gerd Krumeich

Die unbewältigte Niederlage

Das Trauma des Ersten Weltkriegs und die Weimarer Republik

HERDER

FREIBURG · BASEL · WIEN

Für Renate
mit all meinem Dank

MIX
Papier aus verantwortungsvollen Quellen
FSC® C014496

Überarbeitete Taschenbuchausgabe

www.herder.de

Umschlaggestaltung: Judith Queins
Umschlagmotiv: © UIG/Getty Images
Satz: Carsten Klein, Torgau
Herstellung: GGP Media GmbH, Pößneck

Printed in Germany

ISBN Print: 978-3-451-07223-9
ISBN E-Book: 978-3-451-82323-7

Inhalt

Vorwort zur Taschenbuchausgabe

Für jeden Autor einer wissenschaftlichen Arbeit ist es natürlich eine Freude, wenn eine Taschenbuchausgabe möglich wird, weil sich offensichtlich viele für das Thema interessieren. Dieses Buch hat große Zustimmung erfahren, aber eine Reihe von Lesern, Kollegen und Freunden haben sich auch besorgt geäußert. Gibst du nicht Hitler Recht, so wurde ich immer wieder gefragt, wenn du darauf bestehst, dass die These vom »Dolchstoß« vielleicht doch nicht ganz unbegründet war? Ich habe versucht, mich deutlich auszudrücken, aber das Thema ist offensichtlich nach wie vor ein Tabu. Doch die Geschichtsforschung ist ja aufgefordert, etablierte Meinungen zu hinterfragen und sich ganz besonders für das zu interessieren, was nicht gedacht und gesagt werden soll.

Deshalb noch einmal und mit größtmöglicher Deutlichkeit: Nein, ich glaube nicht, dass Deutschland den Ersten Weltkrieg noch hätte gewinnen können, wenn nicht die Revolution gekommen wäre. Aber hätte man nicht vielleicht einen weniger »kapitulativen« Waffenstillstand und auch einen besseren Vertrag als den von Versailles erwirken können? Das ist die Kernfrage und sie hat damals Millionen in Deutschland und anderswo bewegt. Die riesige politische Mobilisierungskraft dieser Frage ist entscheidend, nicht ihr Wahrheitsgehalt etwa in der vulgären nationalsozialistischen Ausprägung. Und diese Mobilisierungskraft haben die progressiven und demokratischen Kräfte in der

Weimarer Republik unterschätzt. Sie heute so weit zu tabuisieren, dass sie in den allermeisten neuen Darstellungen zur Revolution von 1918 überhaupt keine Erwähnung mehr findet – dagegen habe ich dieses Buch geschrieben. Es geht in der Geschichtswissenschaft nicht darum, Menschen von damals zu belehren und ihnen ihre Fehler vorzurechnen. Sie können sich schließlich nicht mehr wehren. Es geht einzig und allein darum, zu verstehen, was sie dachten und fühlten und warum sie sich so verhielten, wie sie es taten.

Freiburg, im August 2020
Gerd Krumeich

Vorwort

Dieses Buch ist keine Geschichte der Weimarer Republik, sondern ein Versuch, der einen neuen Blick auf die deutschen 1920er-Jahre ermöglichen soll. Für mich ist die entscheidende Prägung der Weimarer Republik, dass sie aus dem Krieg geboren wurde und während ihrer gesamten Existenz ein Kind des Großen Krieges blieb.

Die etablierte Weimar-Historiographie hat sich lange, allzu lange, überhaupt nicht für das »Erbe des Weltkriegs« interessiert. Oder, wenn ja, indem sie die Zeitgenossen rügte, weil diese beispielsweise den Frieden von Versailles als »Schandfrieden« angesehen hatten. Nein, so die Auskunft der Historiker, das war in Wirklichkeit doch ein recht vernünftiger Friede. Nur seien leider die Deutschen zu verrückt gewesen, um das einzusehen. Wenige Historiker waren lange Zeit bereit beziehungsweise fähig, anzuerkennen, dass die Belastungen durch den Weltkrieg so schwer waren, dass sie Weimar nahezu erdrückten. Für die großen Geschichten Weimars gilt fast systematisch, dass deren Autoren sich niemals näher mit dem Ersten Weltkrieg befasst hatten, zumindest nicht in wissenschaftlichen Publikationen. Einige wenige Ausnahmen – etwa die Darstellungen von Peter Longerich und Volker Ullrich – bestätigen die Regel. Der Blick war nahezu vollständig auf die Katastrophe von 1933 und die Suche nach deren Gründen fixiert. Die Geschichte Weimars wurde also von ihrem Ausgang und nicht, wie es historisch doch als zwingend erscheint, von ihren Ursprüngen her geschrieben.

In den letzten zwanzig Jahren hat sich diese Situation erheblich verbessert. Heute gibt es eine Reihe von auch international vergleichenden Monografien und Aufsätzen zu den Nachwirkungen der Kriegsgewalt insbesondere bei den Verlierernationen. Gleichwohl, so scheint mir, ist es bislang noch nicht gelungen, sich in die Menschen von damals einzufühlen. Zwar sind die demokratischen Kräfte sehr intensiv gewürdigt worden, nicht aber ihre Gegner.

Meine Ambition ist es, genau diese Lücke ansatzweise zu schließen und einen neuen Blick auf die ungeheure Frustration zu erlauben, die der verlorene Weltkrieg für viele Millionen Deutsche bedeutet hat. Zorn und Hass waren so groß, dass schon öfter von einem »Trauma« gesprochen worden ist. Ich möchte einfach einen Schritt weiter in diese Richtung gehen und versuchen zu zeigen, dass es tatsächlich eine Art kollektives Trauma gegeben hat, das die Republik beherrschte. Nur wenn wir dieses ausloten, werden wir weiterkommen und Weimars Katastrophe historisch einordnen können.

Der Leser wird selbstverständlich darauf verwiesen, auf welche Literatur ich mich stütze, von wem ich am meisten gelernt habe. Hier seien drei Vorläufer genannt. Zunächst Wolfgang Schivelbusch mit seiner vergleichenden Geschichte von Kriegsniederlagen und der »Kultur«, damit umzugehen. Das Buch ist 2001 erschienen und freundlich beurteilt worden, aber ich glaube, dass es seinen Weg in die Handbücher nicht gefunden hat. Vielleicht kam es etwas zu früh, weil eben die heute so breit gestreuten Forschungen zur Nachkriegs-Gewaltsamkeit damals noch nicht vorlagen. Jedenfalls habe ich bei Schivelbusch vieles von dem vorgeformt gesehen und begierig aufgegriffen, was ich nun – hoffentlich – weitergeführt habe.

Dasselbe gilt für das große Werk von Boris Barth über »Dolchstoßlegenden und politische Desintegration«. Boris Barth, wie ich Schüler von Wolfgang Mommsen, hat hier eine (Fast)-Gesamtgeschichte Weimars geschrieben, beginnend mit dem verlorenen Krieg. Aber mir scheint, dass er noch ein wenig vor den Konsequenzen seiner Forschungen zurückgescheut ist, insbesondere was die Brisanz und den realen Kern der »Dolchstoßlegenden« angeht. Ebenso verhält es sich mit dem Buch von Nicolas Beaupré, meinem Kollegen und Freund vom Centre International de Recherche de l'Historial de la Grande Guerre de Péronne, wo wir diese Fragen oft im internationalen Vergleich diskutiert haben. Seine so verdienstvolle deutsch-französische Geschichte der Nachkriegszeit mit dem Titel *Das Trauma des Großen Krieges* (2009) hat mir sehr viele Anregungen zur Fortsetzung und Vertiefung gegeben.

Die Fragen, an die ich mich im Folgenden also trotzdem heranwage, sind in der Tat noch vermintes Terrain. Vermint vor allem deshalb, weil ja die Probleme des »Schandfriedens« von Versailles und des »Dolchstoßes« mehreren Generationen akademischer Lehrer seit den 1950er-Jahren dazu gedient hatten, die »Machtergreifung« des Nationalsozialismus zu erklären. Hitler sei erst durch »Versailles« möglich geworden, so hieß es jahrzehntelang, bis die Generation von Wehler und der Mommsens es leid war und nach den tieferen Ursachen der so unheilvollen Entwicklung der deutschen Geschichte fragte. Sie hatten recht und ihre Revision war notwendig. Aber einhundert Jahre nach dem Ende des Ersten Weltkrieges sollten wir eigentlich politisch unbefangen und frei genug sein, hinter den traditionellen Schutzschilden hervorzutreten und »Versailles« und den »Dolchstoß« verstehend darzustellen. Verstehend? Ja, ohne die alte Furcht, dass Berlin doch Weimar werden könnte.

Ich möchte schlicht die Tatsache ernst nehmen, dass sich für die allermeisten Zeitgenossen, darunter auch die Allerklügsten wie Max Weber oder Ernst Troeltsch und Walther Rathenau, das Kriegsende anders und komplexer darstellte als für uns heutige Historiker. Um aber alle drohenden Kritiker-Kurzschlüsse zu vermeiden: Nein, ich bin nicht der Auffassung, dass Deutschland wirklich »im Felde unbesiegt« war, im Gegenteil. Ich folge exakt den Arbeiten von Wilhelm Deist über den »verdeckten Militärstreik« von 1918 und die Selbstauflösung der deutschen Armee, die Massenflucht der Soldaten aus dem offensichtlich verlorenen Krieg. Wilhelm Deist musste noch in den 1990er-Jahren mit seinen aufklärenden Arbeiten den Schutt der alten Behauptungen über die »im Felde unbesiegte« Armee forträumen – und das ist ihm gelungen! Er wollte endlich die Militärs in die Pflicht nehmen und nachweisen, dass nicht die »Heimat«, sondern die ebenso selbstherrliche wie realitätsferne Oberste Heeresleitung Deutschland die »Suppe eingebrockt« hatte, die die Zivilisten dann auslöffeln sollten – um die inzwischen gut bekannte zynische Äußerung Ludendorffs im Spätherbst 1918 einmal umzudrehen. Doch Wilhelm Deist blieb die Frage ganz fremd, wieso eigentlich so viele Menschen nach 1918/19 überzeugt waren und auf Dauer blieben, dass nicht die Militärs, sondern die Zivilgesellschaft an der Niederlage schuld sei.

Deshalb habe ich mich bemüht, auch die Emotionen und Denkweisen der verschiedenen Lager in der so stark zerklüfteten politischen Kultur der ersten deutschen Republik zu verstehen.

Mein Blick auf Weimar und die Verwerfungen der Weimarer Gesellschaft hat sich aus einer langjährigen Beschäftigung mit dem Ersten Weltkrieg ergeben. Aus diesem Grund beginne ich mit dem manchem Leser wohl befremdlich erscheinenden Kapitel über den »fernen Krieg«. Es gilt nämlich zu begreifen, dass die Menschen in Deutschland schwer unter einem Krieg zu leiden hatten, der allerdings ganz woanders ausgefochten wurde, und wie stark deshalb die nie überwundene Kluft zwischen der Kriegserfahrung der Soldaten und der Zivilisten war und blieb. Diese Fremdheit bleibt für mich der Urgrund aller Dolchstoßlegenden.

Aller Dolchstoßlegenden? Ja, man sollte endlich verstehen, dass es keineswegs nur *eine* Dolchstoßlegende beziehungsweise Dolchstoßlüge gegeben hat. Wenn diese heute dargestellt beziehungsweise auch »illustriert« wird, geschieht dies in den allermeisten Fällen mit Bildern und Begriffen, wie sie die völkischen Gruppen und dann ganz besonders der Nationalsozialismus verwendet haben. Der Dolchstoßtopos besagt gemeinhin, dass die erfolgreich voranstürmenden Soldaten von auf Umsturz dringenden Zivilisten am greifbaren Sieg gehindert worden sind. Und der Zivilist ist natürlich ein jüdischer Kommunist oder kommunistischer Jude, das passt genau in die Verschwörungstheorien, wie sie stets von denen gebraucht werden, die von der Realität überfordert sind.

Doch 1918 und 1919 hat es in der Öffentlichkeit ein sehr viel differenzierteres Bild der Niederlage gegeben. Sogar Hindenburg, dessen Aussage vor dem Untersuchungsausschuss der Nationalversammlung so häufig als Beleg für die krude Version der Dolchstoßlegende zitiert wird, war in Wirklichkeit sehr viel abwägender. Das Heer, so Hindenburg, war bereits »ermattet«, als ihm die Zivilisten die notwendige Unterstützung versagten. Man hätte aber wohl noch eine Weile durchhalten und einen besseren Frieden verhandeln können, wäre die Revolution nicht gekommen. Auch von dieser Auffassung gibt es verschiedene Varianten, aber das Entscheidende ist die damals so heiß diskutierte Frage, ob ohne die Revolution (über deren Notwendigkeit und Berechtigung hier gar nicht diskutiert werden soll!) Deutschland einen besseren Waffenstillstand und dann auch einen besseren Frieden hätte erhalten können.

War denn nun *Versailles* ein schmählicher oder ein zukunftsweisender Frieden? Ich gestehe, dass ich nach zwanzig Jahren Quellenstudium und manchmal auch heftigen Diskussionen immer noch nicht verstehe, wieso man der Auffassung sein kann, dass dies ein gerechter Friede war, der sogar sehr viele Vorteile für Deutschland gebracht habe. Der Friede war in Wirklichkeit ein Diktat, dessen Unterschrift wie mit vorgehaltener Pistole erzwungen wurde. Die Sieger verhandelten nicht mit dem besiegten Deutschland, und selbstverständlich war der »Kriegsschuld«-Artikel genau wie der gesamte Vertrag eine moralische Herabwürdigung des geschlagenen Deutschlands. Der »Schuld-am-Krieg«-Artikel 231 fügte sich nahtlos den »Schuld-im-Krieg«-Artikeln 227–230 an, in denen die Auslieferung des Kaisers und der Offiziere, die sich nach Ansicht der Alliierten schwerster Kriegsverbrechen schuldig gemacht hatten, gefordert wurde.[1]

Im Übrigen wird von mir überhaupt nicht bestritten, dass insbesondere die Franzosen alle guten Gründe hatten, auf einem Karthagischen Frieden mit Deutschland zu bestehen. Sie hatten unter dem Krieg und der Besatzung extrem gelitten und waren mit Ende des Krieges physisch und wirtschaftlich nahezu »ausgeblutet«. Aber in diesem Buch geht es nicht um eine vergleichende Geschichte – das habe ich an anderer Stelle gemeinsam mit französischen Historikern versucht –, sondern um eine möglichst umfassende Einschätzung dessen, wie die Deutschen den Krieg und das Kriegsende erlebten.

Abschließend noch ein Wort zum Trauma-Problem. Ich weiß, dass »Trauma« im historiographischen Diskurs eher eine Metapher ist, und vielleicht muss sie das auch bleiben, weil es eben noch keine etablierte Wissenschaft vom kollektiven Trauma gibt. Aber ich hoffe zeigen zu können, dass es lohnend ist, sich dieser Problematik des Übergangs von sehr vielen individuellen Traumatisierungen in ein wie auch immer noch genauer zu bezeichnendes kollektives Trauma zu widmen. Auch in dieser Beziehung ist dieses Buch ein Versuch. Ich hoffe, dass er als Anregung ernst genommen werden kann, das Schicksal der Weimarer Republik zu verstehen.

I. Der ferne Krieg

1. Verteidigungskrieg und Burgfrieden

Im August 1914 waren die Deutschen mit noch nie da gewesener Einigkeit zur Verteidigung ihres Vaterlandes aufgebrochen. Das »Augusterlebnis« blieb trotz allen Überschwangs und aller nationalistischen Radau- und Straßenszenen zutiefst verknüpft mit der in allen Bevölkerungsschichten übermächtigen Überzeugung, einen gerechten Krieg gegen aggressive und Deutschland mit Vernichtung bedrohende Nachbarn führen zu müssen. Wilhelm II. brachte in seiner dann so oft variierten Rede vom 6. August das herrschende Gefühl auf den Punkt:

> *Mitten im Frieden überfällt uns der Feind. Nun auf zu den Waffen! Jedes Schwanken, jedes Zögern wäre Verrat am Vaterland! Um Sein oder Nichtsein unseres Reiches handelt es sich, das unsere Väter sich neu gründeten, um Sein oder Nichtsein deutscher Macht und deutschen Wesens. Wir werden uns wehren bis zum letzten Hauch von Mann und Roß. Und wir werden diesen Kampf bestehen, auch gegen eine Welt von Feinden. Noch nie war Deutschland überwunden, wenn es einig war. Vorwärts mit Gott, der mit uns sein wird, wie er mit den Vätern war!* [1]

Und die Ansprache des Reichskanzlers Bethmann Hollweg vom 4. August im Reichstag vor »begeisterten« Abgeordneten aller Couleur hatte genau denselben Fokus:

> *Meine Herren, wir sind jetzt in der Notwehr (lebhafte Zustimmung) und Not kennt kein Gebot! (Stürmischer Beifall). Unsere Truppen haben Luxemburg besetzt, vielleicht schon belgisches Gebiet betreten. Meine Herren, das widerspricht den Geboten des Völkerrechts. […] Das Unrecht – ich spreche offen – das Unrecht, das wir damit tun, werden wir wieder gutzumachen suchen, sobald unser militärisches Ziel erreicht ist. Wer so bedroht ist wie wir und um sein Höchstes kämpft, der darf nur daran denken, wie er sich durchhaut.*[2]

Es kam auch keinerlei Ironie auf wegen der Tatsache, dass die deutschen Truppen ja nicht in der Heimat kämpften, um diesen angeblich lange geplanten Überfall abzuwehren, sondern sich von jubelnden Massen auf den Bahnhöfen verabschiedet auf den Weg nach Frankreich machten, wobei sie die belgische Neutralität verletzten, weil eben Not »kein Gebot« kennt. Zudem hielten es nahezu alle militärischen Experten im In- und Ausland für erwiesen, dass Angriff immer die beste Verteidigung sei. Eine Offensive »im Feindesland« stand daher in keinerlei Widerspruch zum Aufruf, zur Verteidigung des Vaterlandes zusammenzustehen und »nach Paris« auszurücken.

Diese Überzeugung der Deutschen, in einem aufgezwungenen Verteidigungskrieg zu stehen, wurde durch das Eindringen der Russen in Ostpreußen erheblich gestärkt. Die Bilder und Berichte von der russischen Zerstörungsorgie, den Vergewaltigungen, der Massenflucht waren omnipräsent.[3]

Das Problem eines solchen Diskurses war aber, dass er im verlängerten Krieg sehr schwer aufrechterhalten werden konnte, da sich die deutsche Vaterlandsverteidigung überall in der Welt abspielte, nur nicht in Deutschland.[4] Das war der wichtigste Unterschied zu Frankreich, wo die Abwehr des bereits eingedrungenen *Boche* trotz aller zeitweiligen Ermüdungserscheinungen der Bevölkerung entscheidender Faktor für die stets mögliche »Remobilisierung« sowohl der Zivilisten als auch der Soldaten blieb.[5] Und Großbritanniens Kampf – ebenfalls nicht auf eigenem Territorium – wurde unter anderem getragen von einer sehr starken Solidarität der »zivilisierten« Nationen gegen die barbarischen Hunnenhorden, die sich angeblich nicht scheuten, Kindern die Hände abzuhacken, und aus reinem Übermut die Bibliothek von Löwen und die Kathedrale von Reims zu zerstören. Die Überzeugung der Franzosen wie der Briten – später auch der Amerikaner – einen Zivilisationskrieg gegen den schauerlichen preußischen Militarismus zu führen und auf jeden Fall durchstehen zu müssen, blieb für die Dauer des Krieges ungebrochen, weil sie von einer umfassenden, varianten- und bilderreichen Propaganda unterstützt wurde. Dem hatten die Deutschen nichts oder nur wenig entgegenzusetzen, der Unterschied etwa im Hunnen-Bild und der deutschen »Antwort«: »Sind wir die Barbaren?«, von Ende 1914 bedarf eigentlich keiner weiteren Erläuterung.[6]

»Le Thor le plus barbare«, (1915). Der »nordische« Gott Thor wird hier zum Symbol des alles zerstörenden barbarischen Deutschen.

»Sind wir die Barbaren?«: Deutsches Propagandaplakat von 1914 mit »Beweisen« für die Überlegenheit der deutschen Kultur gegenüber England und Frankreich.

Trotz aller Bemühungen um Verbesserung der Propaganda (etwa bei den zum Teil künstlerisch gelungenen deutschen Anleiheplakaten) blieb es aber während des gesamten Krieges bei dieser Disproportion.[7] Dies hat sicherlich entscheidend dazu beigetragen, dass sich die Unzufriedenheit der deutschen Bevölkerung im verlängerten Krieg nicht so gut kompensieren ließ wie in Frankreich und England. Der Hauptgrund für diese Diskrepanz ist vielfach beschrieben worden und kann hier ganz knapp resümiert werden. Die Struktur des halbabsolutistischen Kaiserreichs war nicht geeignet für eine größere und politisch partizipierende Öffentlichkeit. Hier herrschte, genauso wie in Österreich-Ungarn und Russland, bei Regierenden und Militärs nach wie vor die Meinung, dass im Kriege immer noch »Ruhe die erste Bürgerpflicht« sei, wie es der Gouverneur von Berlin nach der Niederlage von Jena und Auerstedt 1806 unter Hinweis auf diese »verlorene Bataille« plakatiert hatte und wie es in der Folgezeit immer wieder variiert wurde. Im Ersten Weltkrieg gab es aber für die Deutschen ganz prinzipiell keine verlorenen »Bataillen« mehr, so weit war die Informationspolitik bereits modernisiert. Doch es blieb bei dem Tenor, die Öffentlichkeit nicht über Gebühr aufzuregen. Eine stärker auf emanzipierte beziehungsweise demokratisierte Massen ausgerichtete moderne Pressebeeinflussung und Propaganda hat es in Deutschland während des gesamten Krieges kaum gegeben. Im Wesentlichen beschränkte man sich auf die militärische Zensur, die wegen der Eigenart der damit beauftragten Institutionen niemals zu einheitlichen und einsichtigen Formen gelangte. Denn die Zensur oblag den sogenannten »Stellvertretenden Generalkommandos«, also den für die Organisation, den Nachschub und den »Ersatz« der verschiedenen deutschen Armeen zuständigen militärischen Heimatbehörden. Deutschland war im Kriegsfall in nicht weniger als 24 verschiedene »Armeekorps-Bezirke« eingeteilt, und was in den einzelnen »Korpsbezirken«, wie es abkürzend hieß, veröffentlicht werden durfte, unterlag ausschließlich der Kontrolle und Einflussnahme des jeweils zuständigen »Generalkommandos.« Es ist also leicht vorstellbar, wie ungeordnet, widersprüchlich, »militaristisch« sich während des Krieges die Zensur- und Informationspolitik im kaiserlichen Deutschland vollzog.[8]

Unter diesen Umständen kann es auch nicht verwundern, dass Äußerungen von Politikern der Rechten, etwa in Bezug auf wünschenswerte Kriegsziele, sehr viel eher veröffentlicht werden konnten als beispielsweise Aufrufe, zu einem Verständigungsfrieden zu gelangen.

Deutschland verfügte also über kein geeignetes Instrumentarium, den im August 1914 so dramatisch und erfolgreich beschworenen »Burgfrieden« auch bei längerer Kriegsdauer aufrechterhalten zu können. Und so rückte der Krieg für die Bevölkerung in immer weitere Ferne und wurde schließlich nur noch als eine schreckliche Belastung wahrgenommen. Krieg war für die Deutschen nichts als Tod und Leid der fern der Heimat »auf dem Felde der Ehre« kämpfenden Väter, Söhne und Brüder. Für die »Daheimgebliebenen« bedeutete er nur immer stärkeren Hunger, ungerechte Verteilung der knappen Mittel, immense neue (Fabrik-) Arbeitsbelastung der Frauen und Mütter.[9] Dafür konnten nur Kompensationen nach dem schließlichen Sieg angeboten werden, nicht aber »mobilisierende« Bilder und Worte, die die Evidenz des notwendigen dauernden Opfers für die »nationale Verteidigung« hätten glaubhaft machen können.

Der Ausruf von Gustav Stresemann im Hauptausschuss des Reichstags, am 27. Oktober 1916, trifft diese Gesamtsituation mit größter Präzision:

> *Die Auffassung, als ob man einen Weltkrieg unter Ausschluss der Öffentlichkeit führen könnte, hat uns sehr geschadet.*[10]

Zur ersten großen Bruchstelle in der Einigkeit der Nation wurde die Diskussion über die ökonomischen Ziele des Krieges. Denn sehr bald kamen Pläne zur imperialistischen Ausbeutung der eroberten und noch zu erobernden Länder auf, obwohl die Reichsregierung wohlweislich eine öffentliche Diskussion der Kriegsziele untersagt hatte.

Im Mai 1915 erklärte dann sogar der Reichskanzler Bethmann Hollweg, dass es selbstverständlich in diesem Weltkrieg nicht allein um die Verteidigung gegen den aktuellen Überfall der Entente gehen könne, sondern dass es ein wesentliches Kriegsziel Deutschlands sein müsse,

> *aus[zu]harren, bis wir uns alle nur möglichen Garantien und Sicherheiten dafür geschaffen und erkämpft haben, dass keiner unserer Feinde, nicht vereinzelt, nicht vereint, wieder einen Waffengang wagen wird.*[11]

Diese Aussage öffnete imperialistischen Ambitionen Tür und Tor. Sie war zugleich eine besänftigende Antwort auf die eine Woche zuvor an den Reichskanzler gesandte Petition der sechs wichtigsten deutschen Wirtschaftsverbände, in welcher uferlose Kriegsziele in Ost und West gefordert wurden. Weitere Aufrufe und Petitionen von Interessenverbänden aller Art – aber auch von Universitätsprofessoren – wurden in Form von Broschüren veröffentlicht, da die Presse sie bis Ende 1916 nicht veröffentlichen und diskutieren durfte.[12]

Die Gegenbewegung bei den bürgerlichen Honoratioren blieb recht schwach. Der »Bund neues Vaterland« etwa hatte kaum öffentliche Resonanz, wofür auch schon die sehr willkürlich agierende Zensur sorgte.

Weitergehend und für den Burgfrieden zweifellos störend war, dass die gemeinsame Front der parlamentarischen Linken, der linken Mitte und des Zentrums bröckelte. Und noch folgenreicher wurde das Auseinanderbrechen der Sozialdemokratie über der Frage der Kriegsziele und der Kriegsbeendigung.[13]

2. Der Krieg rückt ferner

Die weite Entfernung des Krieges hatte zudem zur Konsequenz, dass sich die Deutschen immer weniger für ihn interessierten. Dieses Phänomen ist leider noch nie systematisch bearbeitet worden. Auch hier müssen einige Einzelaspekte genügen, um ein Gesamtsyndrom ins Blickfeld zu rücken.

a) Soldatenbrief-Sammlungen

Die wichtigste Möglichkeit zu erfahren, was an der Front geschah, und gleichzeitig die Verbindung zwischen Front und Heimat aufrechtzuerhalten, waren die Briefe der Soldaten aus dem Feld. Die Behörden trugen während der gesamten Kriegszeit Sorge, dass die Flut an »Feldpost« trotz widrigster Umstände relativ regelmäßig zugestellt wurde. Die soldatischen Briefe wurden nicht nur privat rezipiert, sondern häufig auch örtlich ausgehängt oder bei Veranstaltungen vorgelesen.[14] Ergänzt wurden diese individuellen Kriegsbriefe sehr bald – schon im August 1914! – durch ihre Veröffentlichung in Form von Broschüren oder thematisch bzw. nach Kriegsschauplatz geordneten Sammelbänden. Diese Kriegsbrief-Sammlungen haben zweifellos einen großen Quellenwert für die Frage, was man in Deutschland von der Kriegswirklichkeit und besonders dem »Kriegserlebnis« der Soldaten in der Heimat wissen wollte und öffentlich erfahren konnte.[15]

Für die Jahre 1914–1918 liegen laut dem offiziellen »Deutschen Bücherverzeichnis« (DBV) 24 verschiedene »Sammlungen von Feldpostbriefen« vor. Hinzu kommt noch eine sehr viel größere Anzahl von »Sammlungen von Tagebüchern und Berichten von Kriegsteilnehmern«, deren Gesamtzahl 170 beträgt.

Diese damals von vornherein vorgenommene Unterscheidung zwischen speziellen Feldpostbrief-Sammlungen und anderen publizierten Ego-Dokumenten ist interessant und interpretationsbedürftig. Es sollte nicht unterschätzt werden, als wie gesellschaftlich »neu« das Briefeschreiben der einfachen Soldaten erscheinen musste. Soldatenbriefe hatte es auch schon in früheren Kriegen gegeben[16], aber erst mit Beginn des Ersten Weltkrieges wurden sie zu einem Massenphänomen. Die Alphabetisierung der Deutschen war inzwischen (fast) vollendet und viele Millionen Menschen hatten nun das Bedürfnis und zum ersten Mal die Gelegenheit, sich über den Krieg als Extremsituation brieflich auszutauschen. Wohl auch aus diesem Grund hatten die gesammelten »Frontberichte« von Anfang an einen ganz besonderen Status in der öffentlichen Wahrnehmung des Krieges.

Auffallend ist, dass die eigentlichen Feldpost-Sammlungen oft nur sehr schmal waren, etwa 20 bis 30 Seiten umfassten und auch als Periodika herausgeben wurden. Viele Sammlungen treffen ausdrücklich eine regional-landsmannschaftliche Briefauswahl, etwa die *Feldpostbriefe und Schilderungen aus dem Völkerkriege 1914, mit Bevorzugung süd- und westdeutscher Regimenter*[17] oder *Die Siebenbürger Sachsen im Weltkrieg* (1916). Das politische, soziale und religiöse Spektrum der Briefsammlungen war groß: Schon 1915 gab es zwei Sammlungen von Feldpostbriefen jüdischer Soldaten.[18] Hingegen erschien die dreibändige Sammlung der Briefe katholischer Soldaten von Georg Pfeilschifter erst 1918, von denen erstaunlicherweise auch eine Zusammenfassung in französischer Sprache publiziert wurde.[19] Es gab auch eine kleine Sammlung von 16 Seiten über *Unsere christliche Arbeiterjugend im Feld*[20], und 1915 erschienen zwei Bände von *Wandervogel-Feldpostbriefen*.

Die Briefe waren das wichtigste Bindeglied zwischen »Front und Heimat«. Zu dessen Intensivierung wurde unter anderem eine »Zentralstelle zur Sammlung von Feldpostbriefen« geschaffen, die Ende 1915 eine chronologisch orientierte und nach Kriegsschauplätzen sortierte Sammlung von 19 Heften *Briefe aus dem Felde 1914/15* herausbrachte.[21] In einer Erklärung, datiert auf November 1914, die dem ersten bis siebten Heft vorangestellt war, heißt es:

> *Kriegstagebücher und Feldpostbriefe waren für die Geschichtsschreibung des Krieges stets neben den offiziellen Dokumenten die ergiebigsten und unentbehrlichsten Quellen. In viel höherem Maße noch*

werden sie diese Rolle in dem Kriege spielen, den Deutschland heute gegen Feinde von allen Seiten zu führen gezwungen ist. Unendlich schwierig wird die Darstellung des ganzen Krieges sein, dessen einzelne Feldzüge ihre Schauplätze in den verschiedensten Ländern und Erdteilen haben, und der ungeheure Menschenmassen in vielen selbständigen Heereskörpern in Bewegung setzt. Die knappen und sachlichen Berichte des Generalstabs unterrichten wohl in großen Zügen über den Gang der Ereignisse, sie vermitteln die Resultate. Aber sie bilden gewissermaßen nur den Rahmen für das gewaltige Bild von Arbeit, Aufopferung und Heldenmut, das dieser Krieg darstellt; erst Berichte der einzelnen Kämpfer geben Farbe und Inhalt.[22]

So profitabel war offensichtlich das Geschäft mit Feldpostbrief-Sammlungen zu Beginn des Krieges, dass bereits ab Anfang 1915 eine schließlich zehnbändige Sammlung *Der deutsche Krieg in Feldpostbriefen* erscheinen konnte. In geradezu endloser und anonymisierter Form reiht sich hier Bericht an Bericht zu den verschiedenen Phasen des Krieges.

Das Interesse am »soldatischen Kriegserlebnis« scheint allerdings spätestens 1916 dramatisch nachgelassen zu haben – als frühes Beispiel des im Laufe des Krieges immer tiefer werdenden Risses zwischen »Front und Heimat«.[23]

So schnell wie sich die Kampforte änderten, so verblassten auch die vergangenen Heldentaten. Wen konnten angesichts von Verdun und der Somme im Jahre 1916 noch die Grenzschlachten des August–September 1914 interessieren? Für die Verlage wie für die Leser war mit der Herrschaft des Maschinen- und Abnutzungskrieges im Jahre 1916 der Elan der »Begeisterung« der ersten Phase des Krieges in weite Ferne gerückt.

Diese Abwendung von der Kriegserzählung wurde sicherlich auch durch die Zensurpraktiken gefördert. So untersagte das Stellvertretende Generalkommando des 13. Armeekorps (Stuttgart) 1915 die Beschreibung von Handgranaten, Minenwerfern, Flammenwerfern und auch die Schilderung allzu blutiger Details.[24] Es versteht sich, dass die geschilderten Kriegserlebnisse durch solche Eingriffe zurechtgestutzt und deshalb auch unglaubwürdiger wurden.

Auch religiöse und ideologische Antagonismen wurden bald wieder ausschlaggebend für solche Publikationen. Bekannt geworden ist besonders die dreibändige Sammlung der Feldpostbriefe katholischer Soldaten von Pfeilschifter, die sich als ein Warnruf gegen das Verglimmen des »Burgfriedens« verstand. Auch der Antisemitismus zeigte ab Ende 1914 wieder seine durch den Krieg noch hässlichere Fratze, und von einer überkonfessionellen Christlichkeit konnte ebenfalls keine Rede sein. So wie die Frage diskutiert wurde, ob die Juden wirklich treue Deutsche seien oder nicht doch eher Kriegsgewinnler, so lebte erneut der alte Disput auf, ob den »ultramontanen« Katholiken wirklich zu trauen sei.[25]

Die wichtigste Sammlung von Kriegsbriefen, die auch als einzige in der Weimarer Republik und im Nationalsozialismus weiter publiziert worden ist, wurde von dem Freiburger Germanistikprofessor Philipp Witkop herausgebracht. Witkops *Kriegsbriefe gefallener Studenten* wurden erst nach Kriegsende relevant und erlebten in den Endzwanziger Jahren mit dem Wiederaufleben der Weltkriegserinnerung eine neue Karriere.[26]

b) Das Desinteresse an »Verdun«

Wie bei den Soldatenbriefen, so verlor die (lesende) Bevölkerung auch bald jegliche Begeisterung für die diversen Schlachten-Szenarien. Die so kriegsentscheidenden Ereignisse an der Marne im Oktober 1914 waren schon im Spätherbst 1914 »überholt«, auch wenn sie nach 1917 und der mit dem andauernden Krieg immer drängender werdenden Frage, was eigentlich 1914 den erwarteten schnellen Sieg verhindert hatte, wieder aktuell wurden.[27] Die Schlacht von Verdun wiederum war anfänglich ein sehr stark medialisiertes Ereignis.[28] Die Verleger überboten sich mit Schlachtenkarten und fantasiegenährten Berichten und Bildern. Letztere wurden gänzlich von den internationalen Presseagenturen übernommen, da keine eigenen Berichterstatter vor Ort waren beziehungsweise nahe genug an die Kampfszenen herankommen konnten oder durften. Die deutschen militärischen Zensurbehörden beschnitten realistische Schlachtenszenen auch so weit wie irgend möglich, dazu mehr etwas weiter unten. So blieb es dabei, dass die Einnahme des Fort Douaumont am 25. Februar, die im Grunde ganz ungeplant war und vollständig kampflos vonstattenging, propagandistisch ausgebeutet wurde. Douaumont wurde auch in dem Maße, wie der Sieg vor Verdun auf sich warten ließ und die Opferzahlen auf deutscher Seite dramatisch zunahmen, zu einer Art Ersatz-Sieg verklärt, was ein umso schnelleres Vergessen der tatsächlichen Ereignisse bis hin zum deutschen Rückzug im Spätherbst des Jahres möglich machen konnte. Demgemäß findet sich auch in den folgenden Jahren bis zum Ende des Krieges praktisch keine Verdun-Literatur mehr. Das vom Generalstab bestellte Stück des Schriftstellers Fritz von Unruh war zu realistisch in der Beschreibung der Erschöpfung und Wut der Soldaten und wurde deshalb zurückgezogen. Nach dem Kriege konnte es dann unter dem Titel »Opfergang« als Fanal der literarischen Abrechnung mit dem Krieg erscheinen.[29]

Die militärischen Zensurbehörden waren ganz offensichtlich nicht gewillt, den Deutschen einen auch nur minimal realistischen Blick auf die Kriegsereignisse im immer totaler werdenden Krieg zu gewähren. Auch in den bereits erwähnten Kriegsbrief-Sammlungen kommt die erbitterte und so verlustreiche Schlacht von Verdun nicht vor. Die siebenbändige Sammlung »Der deutsche Krieg in Feldpostbriefen«, in der man so viel über die – freilich immer erfolgreichen – Schlachten von 1914 erfahren konnte, enthielt auch einen Band über »Verdun«, der allerdings schon 1915 erschien, lange bevor die eigentliche menschenfressende Schlacht überhaupt begonnen hatte. Auf eine »Fortsetzung« oder Aktualisierung wurde 1916 verzichtet, hatten doch die Verlage zu spüren bekommen, dass Erzählungen vom erlebten Krieg begannen, das inzwischen an systematische Desinformation gewöhnte Publikum zu langweilen.

Diese Mischung von Desinteresse und bewusster Desinformation zeigt sich auch in dem einzigen Film, der in Kriegszeiten über die Verdun-Schlacht gedreht und vorgeführt wurde. Der Film hatte den vielversprechenden Titel »Mit der Armee des Kronprinzen vor Verdun«. Von der Schlacht war indessen nichts zu sehen, man machte sich nicht einmal die Mühe, Kämpfe im Studio nachzuspielen. Der Film zeigt nur zerstörte Dörfer sowie die Fabriken von Longwy, wo, wie stolz zwischengetitelt wird, siebenhundert Arbeiter Kriegsmaterial für die deutschen Truppen herstellten. Man sieht das Wrack eines alliierten Flugzeuges sowie das Schloss von Longwy, das zu einem sehr ordentlichen Lazarett umgewandelt worden ist. Es wird also alles Mögliche visualisiert, nicht aber ein einziges Bild des zerschossenen Geländes oder gar der rudimentären Trichter und Gräben, in denen sich die Soldaten notdürftig versteckten. Selbstverständlich sind auch keine Verwundeten oder Leichen zu sehen.[30]

c) Kriegsausstellungen und Kriegstheater

Während der Jahre 1914 bis 1918 wurden überall in Deutschland »Kriegsausstellungen« gezeigt, die aus der allen Kriegen gemeinsamen Tradition der Präsentation von Siegestrophäen erwuchsen, aber bald weit darüber hinausgingen.[31] Neben dieser Aufgabe hatten diese Ausstellungen sehr bald das Ziel, die Bevölkerung »angemessen« über das Geschehen auf den Schlachtfeldern zu unterrichten. Doch wurden neben den weidlich dokumentierten Schlachtenerfolgen auch beruhigende Elemente eingestreut, beispielsweise Präsentationen von Arm-

oder Beinprothesen, häufig bestückt mit Werkzeugen und Bildern von Kriegsversehrten, die mithilfe dieser Prothesen wieder einer produktiven Tätigkeit nachgehen konnten. So ließ sich ja auch ein Hammer oder eine Sichel direkt an die Armprothese anschrauben. Was uns heute als abschreckend beziehungsweise schrecklich erscheint, war damals in der Tat als Begütigung gedacht und wurde wohl auch als solche empfunden, wie die Vielzahl an Werbebotschaften über die Herstellung und Nutzung von Prothesen vermuten lässt.[32]

Besonders interessant an diesen Ausstellungen sind die in einer Reihe von Städten aufgebauten »Schützengräben«. Es sind noch Fotos erhalten, auf denen zu sehen ist, wie sich pelzbekleidete Damen und die dazugehörigen Herren in einen solchen mindestens schulterhohen Graben begeben und von einem Militär in die Realität des Schlachtfeldes eingewiesen werden. Natürlich sind die Schützengräben perfekt ausgebaut, mit Faschinen versehen und mit sauberen Laufgittern auf dem Boden, man sollte sich ja nicht etwa die Schuhe beschmutzen. Wie die dabei gegebenen Erklärungen zeigen, sollte dem Publikum augenfällig bewiesen werden, dass es den deutschen Soldaten »im Feindesland« ausgesprochen gut gehe, wo sie doch in solch sauberen Gräben bestens geschützt waren.

Als eine Art Höhepunkt dieser systematischen Desinformation erscheint eine Berliner Ausstellung über die Festungsanlagen im Kriegsgebiet, die im August 1916, während der so blutigen ersten Phase der Somme-Schlacht, angelegt wurde. Die dort gezeigten Festungen waren keineswegs auf aktuellem Stand, man begnügte sich mit einem Blick auf die Bauweise der Festungsanlagen des 19. Jahrhunderts. Von Zerstörungen wie am Fort Douaumont, von dem durch Beschuss verursachten Einbrechen von Decken und Wänden, war dort nichts zu sehen. Wichtig war den Ausstellungs-Organisatoren allein die Feststellung, dass die französischen Forts keineswegs der Verteidigung, sondern als Ausgangspunkt für Angriffe gegen deutsche Truppen dienten. Irgendwelche Hinweise auf den gerade erfolgten und enorm verlustreichen

Angriff auf die Festung Vaux und viele andere fehlten hier vollständig, obwohl es zu diesem Zeitpunkt längst gut zugängliche Fotoreportagen gab, die den Kampf um die Festungen und das Ausharren der Soldaten unter den widrigsten Umständen in Szene setzten – allerdings von französischer Seite.

Die offensichtliche Realitätsverweigerung in der deutschen Berichterstattung über den Krieg findet sich auch im Theater, damals noch ein zentraler Ort des kulturellen Lernens und der individuellen Entspannung auch nicht-bürgerlicher Schichten. Wie Martin Baumeister in einer Studie zum »Kriegstheater« gezeigt hat, wurden anfangs Kriegsereignisse ausgesprochen häufig und sehr publikumswirksam inszeniert.[33] Typisch für die Besonderheiten des autoritären deutschen Staates – in Kriegszeiten gänzlich von den militärischen Behörden geführt – war, dass auch im Theater schon mit Beginn des Krieges die Zensur wütete. Dabei ging es aber nicht etwa nur um der aktuellen Situation nicht angemessenen Jux oder Erotismus, sondern auch um die Vermeidung von Hass auf den Kriegsgegner (!). So wurde unter anderem verfügt, dass sich die Aufführungen jeglichen übermäßigen Chauvinismus oder auch der Prahlerei und Herabsetzung der Tapferkeit des Gegners zu enthalten hätten.[34]

Theater sollte also nicht der Propaganda für den Krieg dienen. Doch die in den Volkstheatern zu beobachtende Aufweichung des soldatischen Gehorsams, der Spott über Offiziersgehabe und Kasernenhofton, verfielen der Zensur, weil insgesamt auch hier »Ruhe die erste Bürgerpflicht« war.

Wichtiger noch als solche Verwerfungen erscheint der Befund, dass ab 1915/16 durchgehend ein Rückzug des Krieges aus den Programmen der deutschen Theater festzustellen ist. Allein die Innenpolitik und die krassen sozialen Bruchstellen blieben erhalten. Die neue Rolle der Frau, die Anspannung zwischen exzessiver Hausarbeit und hinzukommender kräfteraubender Fabrikarbeit wurden genauso thematisiert wie die Autoritätsprobleme mit den Kindern angesichts der fehlenden Väter. Diese populäre Kriegskritik war besonders deutlich in dem Erfolgsstück »Berlin im Krieg«, welches so bekannt wurde, dass es sogar das Missfallen der Obersten Heeresleitung erregte. Aber auch gehobeneres Theater vermied nahezu systematisch ein Eingehen auf die Wirklichkeit des totalisierten Maschinenkrieges. Baumeister gibt hierfür ein sehr »sprechendes« Beispiel: In Berlin gab es seit Beginn des Jahres 1916 eine neue Konjunktur des unterhaltenden Musiktheaters. Das im Februar 1916 uraufgeführte Lustspiel »Dreimädelhaus« hatte bis zum Sommer 1918 mit mehr als neunhundert Aufführungen einen sensationellen Erfolg.

Das waren keine Einzelfälle, sondern nur die Spitze einer Bewegung der deutschen Öffentlichkeit »weg vom Krieg«, angesichts der Gewöhnung an die stereotypen Nachrichten von den Fronten des fernen Krieges und der übergroßen eigenen Belastungen. Walther von Hollander, ein renommierter Literaturkritiker, schrieb 1916:

> *Die Gewohnheit stumpft gegen das Schauspiel ab. Vor allem aber ist es, dass der Krieg der Akteure und ihres Anhangs immer größer wird und dass sich der Kreis unbeteiligter Zuschauer erheblich verringert. […] Es ist nichts Besonderes mehr, in den Krieg zu gehen. Es begleiten nicht mehr Blumen und Zuruf den Scheidenden, es ist kaum mehr ein Achselzucken, wenn jemand fällt. Die Staffage versinkt, es ist gewöhnlichster Alltag, was drinnen und draußen gelitten wird.*[35]

Ganz genauso so verhielt es sich mit dem Kino. Im Stummfilm der Weltkriegszeit war der Krieg zumeist ein Ereignis, das die Trennung von Heimat und Front thematisierte. Sehr viel zahlreicher als eine Schilderung der Schlachten waren Filme, die zwar Erfahrungen der Knappheit und der Trauer thematisierten, aber keinen direkten Bezug auf den Krieg nahmen. Oder es wurde die neue »öffentliche« Rolle der Frauen, etwa als Schaffnerinnen, thematisiert. Sehr häufig in burlesken

Formen, wenn etwa die Frauen in ihren neuen Männerkleidern beziehungsweise Uniformen in allerlei verzwickte Situationen gerieten – vom Krieg war auch hier kaum die Rede.[36]

d) »Bei unseren Helden an der Somme«

Die verantwortlichen Militärs – nicht die politische Führung – erkannten schließlich, dass sie dieser wachsenden Entfremdung der Heimat vom Krieg irgendwie begegnen mussten, damit der für den industrialisierten Maschinenkrieg zwingend notwendige Nexus zwischen Heimat und Front nicht endgültig verloren ging. Im Rahmen des ab dem Herbst 1916 lancierten »Hindenburg-Programms«, der totalen wirtschaftlichen und technischen Mobilisierung für den Krieg, wurden auch Institutionen beziehungsweise Organisationen geschaffen, die sich der Stärkung der Moral sowohl im Feldheer als auch in der Heimat widmeten. Für die Truppe wurde der »vaterländische Unterricht« erfunden und kodifiziert. In den Ruhestellungen und insbesondere in der Etappe sollten die Soldaten in gewisser Weise neu lernen, warum und wofür sie kämpften und so schreckliche Verluste erlitten. Zur Remobilisierung der moralisch erschlafften »Heimatfront« hingegen wurde das »Bild- und Filmamt« (BUFA) geschaffen, dessen Aufgabe es war, mittels Fotos und einigen wenigen Filmen der Bevölkerung ein neues und mitreißendes Bild des deutschen Verteidigungskrieges in der ganzen Welt zu vermitteln. Das war sicherlich eine schwierige Aufgabe, der man sich aber in keiner Weise sachgerecht widmete. Das allererste und bis heute wichtigste Produkt der BUFA (aus der nach dem Krieg die UFA wurde) war der Film »Bei unseren Helden an der Somme«, der im Januar 1917 herauskam und auch stark beworben wurde.[37]

»Bei unseren Helden an der Somme«: Werbeplakat für den Kriegsfilm von 1916, der den Verteidigungscharakter des Krieges an der Somme beweisen will.

Der Film war in drei Teile gegliedert. Zunächst wurde eine Fülle von Bildern mit viel Zwischentext aus dem Etappenleben hinter der Front gezeigt, dann zwei vorgebliche Vorstöße beziehungsweise die Abwehr von feindlichen Vorstößen, wiederum mit viel Bildtext »angereichert«. Die Kampfszenen waren indessen dermaßen laienhaft inszeniert, dass sich schon zeitgenössische Kritiker indigniert zeigten, zumal das Publikum, anstatt gespannt zu sein, nicht selten in Lachen ausbrach, wie eine Filmkritik bitter anmerkte. Nichts, aber auch gar nichts kann in diesen angeblich zum Gefecht vorstürmenden Soldaten inmitten von schlecht platzierten Platzpatronen die wirklichen Fronterfahrungen der Soldaten erkennen lassen. Ganz offensichtlich hatte man auch genau das vermeiden wollen. Es gibt hier keine Verwundeten, keine Toten, keine zerhauenen Stellungen und Gräben. Auf Nahaufnahmen wurde weitestgehend verzichtet. Wie ein Zwischentitel sagt, wollte dieser Film vor allem militärische Stärke und Präsenz »verbildlichen«. Eine flott marschierende Truppe wird ironisch kommentiert mit »Die Reserven des erschöpften Deutschland«. Dass diese Soldaten zum Teil noch Pickelhauben tragen und deshalb wohl aus älteren Filmen übernommen wurden, störte nicht einmal mehr, so offensichtlich nur propagandistisch waren die Szenen. Allein die Tatsache, dass hier fröhlich winkende Soldaten »auf dem Weg zur Front« mit Lastwagen transportiert wurden, zeigte die Aktualität und Modernität. Ähnliches gilt für den das Etappenleben abbildenden Teil des Films. Alles ist sehr friedlich, zwischen den deutschen Soldaten und den Einheimischen herrscht eine überaus freundliche Stimmung, alle bekommen genug zu essen und die Soldaten helfen auch bei der Ernte. Wenn zerstörte Gebäude, insbesondere Kirchen, gezeigt werden, so wird dies stets mit dem Hinweis kommentiert, dass diese Zerstörungen durch die Truppen der Alliierten und nicht etwa durch die Deutschen zustande gekommen seien. So wurde ein Bild der zerstörten Kirche von Péronne gezeigt mit der Untertitelung: »Die Reste der großen Kathedrale von Péronne. Das willkommene Ziel französischer und englischer Granaten, von denen aber die Zeitungen der Entente, die sich über das Feuer der armierten Plattformen der Kathedrale von Reims entrüsteten, nichts sagen.«

Dass die Feinde ihre Städte und Dörfer selber zerstörten, wurde in zahllosen illustrierten Berichten von der Front immer wieder betont. Diese Anschuldigung blieb im Übrigen einer der wichtigsten Topoi der deutschen Propaganda. Noch bei den Versailler Friedensverhandlungen war ein Hauptargument der Deutschen, dass man in keinem Fall für die von den Alliierten selber angerichteten Schäden zahlen wolle.[38]

Diese Auffassung wurde von den Alliierten brüsk zurückgewiesen, da man ja schließlich die deutschen Eindringlinge wieder aus Frankreich habe vertreiben müssen. Das war sicherlich zutreffend. Allerdings muss leider heute noch darauf hingewiesen werden, dass nicht allein die Deutschen Nordfrankreich in Ruinen gelegt haben, da in Frankreich und Großbritannien auch hundert Jahre später alle konkreten Zerstörungen vielfach allein den deutschen Besetzern zugerechnet werden. Tatsächlich führte der seit 1914 anhaltende Beschuss aus Ferngeschützen der Alliierten zu starken Verwüstungen in den von den Deutschen besetzten Städten. Beispielsweise wurde die Zerstörung des schönen und historisch bedeutenden Rathauses von Péronne an der Somme noch im *Larousse de la Grande Guerre* von 2014 den Deutschen zugeschrieben. In Wirklichkeit aber wurde die Stadt schon seit März 1915 von französischer Artillerie beschossen und das Rathaus im Juni 1916 von dieser in eine Ruine verwandelt. Auf ihrem Rückzug von dort haben dann die Deutschen ab Februar 1917 schließlich das gesamte Gebiet so zerstört, dass buchstäblich kein Stein auf dem anderen blieb.[39]

Als Ende 1916 »Bei unseren Helden an der Somme« gedreht wurde, war dies der aktuelle Zustand und keine Propagandalüge. Doch nur drei Monate später haben die Deutschen mit der »Alberich«-Aktion nicht nur Péronne und Umgebung, sondern einen zwanzig Kilometer breiten Frontstreifen dermaßen systematisch zerstört, dass eben bis heute nur diese totale Zerstörung durch die Deutschen im Bewusstsein geblieben ist.[40]

Wie Rainer Rother gezeigt hat[41], war der Publikumserfolg dieses Filmes eher beschränkt. Der Film war auch mit nur 33 Minuten Länge zu kurz, um in Einzelvorführungen gezeigt zu werden, so lief er nur im Beiprogramm großer Spielfilme und wurde wohl schon einen Monat nach der Uraufführung wieder abgesetzt.

»Bei unseren Helden an der Somme« war der Versuch einer deutschen Antwort auf den 1916 in England und anderen Ländern gezeigten Film »The Battle of the Somme«. Dieser Film gilt als einer der großen Momente der Filmgeschichte und hält auch heute, hundert Jahre später, den Zuschauer in Atem. Nicht von ungefähr werden die allermeisten Dokumentarszenen heutiger Weltkrieg-I-Filme immer wieder allein aus diesem Film übernommen. Das liegt daran, dass »The Battle of the Somme« mit Ausnahme weniger »Fake«-Szenen tatsächlich »live« während der ab Juli 1916 tobenden Schlacht gedreht wurde. Nicht alle Schrecklichkeiten werden gezeigt. Wichtiger ist, dass der Zuschauer hier den Krieg aus nächster Nähe erlebt. Selbstverständlich wird der Blick gerne auf gefallene, verwundete und gefangene »Hunnen« gelenkt. Aber man geizt nicht mit Aufnahmen, die das Leid, die Verwundung, die absolute Erschöpfung und den Tod auch der britischen Soldaten sehr eindringlich zeigen. Letztlich ist dieser Film, obgleich er der Propaganda dienen sollte, von einer immer wieder durchscheinenden Menschlichkeit geprägt, vom Mitleid mit denjenigen, die sich dort opfern. Er ist eine Hymne auf das stille Heldentum des einfachen Soldaten.

Ähnliche Tiefe ist dem deutschen Somme-Film vollkommen fremd. Hier werden der Heimat mit moralisierendem Tonfall beziehungsweise Begleittext erzählt, aber nicht gezeigt, was die Soldaten an der Front für die Heimat leisten, damit diese »in Ruhe ihrer Arbeit nachgehen« kann, wie es einmal heißt. Das war wohl auch das einzige, was dieser Film zur Festigung der Heimatfront leisten konnte, nämlich die Überzeugung der Deutschen zu bekräftigen, dass man tatsächlich weit weg von der Heimat einen Verteidigungskrieg führte und dass die Gegner selber an der radikalen Zerstörung der Städte und Dörfer in nicht weniger als 13 französischen Departements schuld seien. Mobilisierend konnte dieser Film keinesfalls wirken, nur die ohnehin herrschende Beruhigungspolitik der deutschen Behörden und Militärs weiter zementieren.

Im Grunde war »Bei unseren Helden an der Somme« nichts anderes als eine filmische Variante des Haupttopos der deutschen Sicht des Krieges an der Westfront. Schon seit 1915/16 gab es eine Fülle von Bildberichten von der Front, die zum Teil auf Divisionsebene zusammengestellt und dann von Verlagen in Deutschland publiziert und verbreitet wurden. »Zwischen Arras und Péronne« ist das wohl bekannteste Beispiel über das Leben (nicht Sterben!) an der Front und hinter der Front. Immer wieder werden dieselben Motive variiert: der deutsche Soldat, der in friedlicher Eintracht mit der Bevölkerung lebt, den Menschen Nahrung bringt, ihnen auch bei der Ernte hilft. Der in den besetzten Städten Kulturarbeit leistet, indem er beispielsweise die »Lichtspielhäuser« oder Theater der Etappe auch den Einheimischen zugänglich macht. Es werden auch viele Ansichten von Städten, Dörfern und einzelnen Gebäuden gezeigt, sehr häufig auch mit dem Vorher-nachher-Effekt, wie beispielsweise die schon erwähnte Kirche von Péronne im Originalzustand und dann »nach Beschuss durch die Engländer« oder durch die Franzosen. Die Soldaten posieren auch häufig bei diesen Aufnahmen, aber dies nicht, wie heute viel zu häufig angenommen wird, um sich als echte Barbaren ihrer Schandtaten zu rühmen, sondern als Zeugen eben dieser Zerstörungen durch die Feinde.

Es versteht sich, dass diese Art von Verharmlosung des Kriegsszenarios nicht geeignet sein konnte, irgendwelche heroischen Reaktionen bei der deutschen Bevölkerung hervorzurufen, sie etwa zu weiterer Anstrengung und zum Durchhalten zu ermutigen. Wie Florian Altenhöner in diesem Zusammenhang über die Bemühungen der Behörden um Meinungslenkung und Ablenkung von der täglichen Not lakonisch geurteilt hat: »Brot war nicht durch Flugblätter und Kohle nicht durch aufmunternde Reden zu ersetzen«.[42] Bis zum Kriegsende blieb es die Hauptsorge der deutschen militärischen Behörden, das Frontgeschehen nicht zu nahe an die Heimat heranrücken zu lassen. Es sollte genügen zu wissen, dass die Soldaten im Feindesland einen »Wall von Eisen und Feuer«[43] angelegt hatten und nicht etwa die »Wacht am Rhein«, sondern glücklicherweise die »Wacht an der Somme« hielten.

Otto Riebicke, einer der während des Krieges und auch in der Nachkriegszeit viel gelesenen Soldaten-Schriftsteller, hat in seinem bereits 1917 erschienenen Buch über das »Ringen an der Somme« das Empfinden, den Stolz, die Ideologie dieses Abwehrkampfes, der dann direkt in den soldatischen Nationalismus der Weimarer Republik einmündete, mit bewusst »ehernen« Worten beschrieben:

> *Diese deutschen Soldaten mit dem deutschen Siegfriedhelm, mit der Faust am heißen Gewehr, mit den ehernen Gesichtszügen von Mut, Liebe und Grauen, diese Heroen, denen Minen und Granatfeuer immer wieder alles einebnen, so zuschütten, dass sie obenauf liegen müssen, nur ein paar Hände voll Sand vor sich […] und der Feind trommelt drüben aus starker Stellung und wirft hunderttausend Zentner Sprengmunition in klirrenden Minentöpfen herüber, dass die Luft voll ist von haarscharfen, rasend rotierenden Messern und die Erde haushoch gegen den Himmel spritzt – diese Männer an der Somme sind die Wehr im ungeheuerlichsten Orkan dieses Krieges, hinter der die Heimat sorglos und voller Zuversicht zur hohen Ernte geht […].*[44]

Der Topos von der »Wacht an der Somme« wurde so geläufig, dass schließlich sogar eine im besetzten Gebiet erscheinende Zeitschrift diesen Namen erhielt.[45]

Verbildlicht wurde dieses große Thema der deutschen Propaganda durch eine Reihe von Plakaten, deren bekanntestes die Aufschrift hat: »So säh' es aus in deutschen Landen, käm' der Franzose an den Rhein«. Zu sehen ist auf diesem Bild eine zerstörte Stadt, vor der eine Kanone aufgestellt ist.

»So säh' es aus in deutschen Landen«, 1918: Das Plakat soll daran erinnern, dass die deutschen Soldaten den Feind fern der Heimat halten.

4. Jahrgang. 1918 Nr. 5.

Erste Deutsche Schützengrabenzeitung.

Der bayr. Landwehrmann.

Früher Hohnaster N. Nachrichten.

Druck u. Verlag: 1. Deutscher Schützengrabenverlag.
Verantwortl. Schriftltg.: Feldw. u. Off.-Stellv. M. Edmeier,
Anschrift: Bayr. Arm.-Batl. Nr. 14, Deutsche Feldpost 78.

So würde die Krönung des Werkes unserer Tapferen bei uns werden,
wenn in zwölfter Stunde die Heimat dem Heere in den Rücken, ...

Bayerischer Landwehrmann: Titelbild einer Schützengraben-Zeitung von 1918. Betonung des deutschen Verteidigungskrieges in Frankreich.

Der ganze Unterschied zwischen den deutschen und französischen Kriegsdarstellungen und -Legitimierungen fällt hier ins Auge. Auf deutscher Seite wurde offensichtlich bewusst vermieden, das »Publikum« mit realistischen Bildern zu beunruhigen. Bei den Franzosen hat es zwar ebenfalls verharmlosende Kriegsdarstellungen gegeben, wie beispielsweise an den Postkarten ersichtlich, aber das war nur eine Facette, und keineswegs die wichtigste. Etwa wenn die »Illustration« das Foto eines Soldaten veröffentlicht, der sich mit seinem Messer einen Kanten Brot abschneidet, während um ihn herum die verstümmelten Körper seiner Kameraden zu erkennen sind. Das in Frankreich heute noch bekannteste Weltkriegszeugnis, nämlich »Sous Verdun« von Maurice Genevoix, ist genauso unerbittlich in seiner realistischen Schilderung von Tod und Leid in der Schlacht und erhielt schon 1916 den Prix Goncourt.

Genauso wie im britischen »Somme«-Film hatte auch die französische Propaganda keine Scheu, die Realität des Krieges zumindest annähernd zu beschreiben. Darüber hat es auch scharfe Auseinandersetzungen gegeben, denn nicht alle Zensoren in Frankreich waren mit dieser Art von Öffentlichkeit des Krieges einverstanden, weil man befürchtete, dass dies die Zivilisten entmutigen könnte. Aber der Gegenstandpunkt, vehement etwa vom »Nationalhistoriker« Ernest Lavisse und anderen Intellektuellen, aber auch von Politikern wie Clemenceau vertreten, obsiegte. Die Schrecken des Krieges wurden sehr viel realistischer präsentiert – wobei im Hintergrund dieser Informationen immer die Anklage gegen die *Boches* beziehungsweise Hunnen stand, solche Schrecklichkeiten produziert zu haben.[46]

Die Bereitschaft in Frankreich, aber auch in Großbritannien, die Bevölkerung gegen den Eindringling und das Ungeheuer zu mobilisieren und immer wieder neu zu »re-mobilisieren«, blieb während des ganzen Krieges erhalten. Das wohl beste Beispiel hierfür ist, wie besonders in Frankreich versucht wurde, auch die Kinder in diesen zutiefst gerechten Krieg gegen das Böse einzuspannen. Dabei ging es nicht nur um die auch in Deutschland übliche Beteiligung etwa am Aufsammeln von Nüssen oder Eicheln oder um das Einschlagen von Nägeln auf den »Nagelbildern«, sondern vielmehr um die Erziehung zum Hass, der im Geschichts-, Literatur- und sogar im Mathematikunterricht umfassend »eingepaukt« wurde. Zwar gab es auch hier Momente des Nachlassens im Übereifer, aber die Einbeziehung der Kinder in den Krieg blieb eine Konstante von 1914 bis 1918 – und darüber hinaus.[47]

Ohne einen solchen Rückhalt und die dauerhafte Bestätigung durch die Heimat hat die Konstruktion der deutschen »Vorwärtsverteidigung«, mit der »Wacht an der Somme« und anderswo der Heimat die Schrecken des Krieges zu ersparen, mit Sicherheit zur allgemeinen Kriegsmüdigkeit der Deutschen beigetragen.

Die Deutschen litten immer mehr unter den Folgen des Krieges, sie trauerten um die Gefallenen und hatten ganz überwiegend schrecklichen Hunger. Die Ernüchterung beziehungsweise Frustration kulminierte zum ersten Mal im sogenannten Steckrübenwinter 1916/17. Auf Einzelheiten ist hier nicht einzugehen, zumal sie historiographisch ausgezeichnet aufgearbeitet sind.[48] So sei hier nur herausgestellt, was nach meinem Empfinden entscheidend für die immer stärker werdende Unlust der Deutschen war, den fernen Krieg auf jeden Fall bis zum Siege irgendwo und überall in der Welt auszuhalten.

Diese Zeit der zum Teil extremen materiellen Knappheit, des Hungers, der »Ersatz«-Stoffe aller Art, der Beobachtung, dass die Kriegsgesellschaft in Gewinner und Verlierer zerfiel, die immer stärkere Unzufriedenheit mit einem Staat, der es nicht vermochte, die knappen Güter auch nur einigermaßen gerecht und sinnvoll zu verteilen – all das hatte gravierende Folgen für die allgemeine Kriegsmoral.[49] Und mit welch untauglichen Mitteln versucht wurde, diese in gewisser Weise sekundär wieder zu stärken, mag das Beispiel der »Judenzählung« vom Oktober 1916 zeigen. Hier wurde ganz offensichtlich versucht, einen Konsens bei der Mehrheit des Volkes wiederherzustellen, indem man eine ausgegrenzte Minderheit bezichtigte, sich der patriotischen Pflichten im belagerten Deutschland entziehen zu wollen.

e) Negative Integration: Die »Judenzählung« vom Oktober 1916

Eines der bösartigsten Stereotypen der deutschen Kriegsgesellschaft war seit dem Zerbröckeln des Burgfriedens 1914/15 die Behauptung, dass »die Juden« sich am Krieg ungebührlich bereicherten und die geforderte nationale Solidarität nicht achteten. Das galt für Walther Rathenau, der ab dem August 1914 auf eigene Initiative den Regierungsauftrag erhalten hatte, die Produktion für einen länger währenden Krieg anzukurbeln und organisatorisch zu verbessern, aber genauso für einen lokalen Pferde- oder Viehhändler, für einen Schuh- oder Hutmacher. Besonders ins Visier der Kritik kamen bald die mehr schlecht als recht funktionierenden »Kriegsgesellschaften«, denen die Verteilung der Lebensmittel oblag. Diese Gesellschaften privaten Rechts, zumeist in Form von Aktiengesellschaften, waren Teil der »Reichsstellen«, die etwa die Besorgung und Verteilung von Getreide, Kartoffeln, Schweinefleisch usw. zu organisieren hatten. Es kam also insgesamt zu einer vollständig absurden Fusion aus öffentlicher Verwaltung und Kapitalinteressen, was einer der Gründe für die horrende Misswirtschaft im Krieg war.[50] In diesen »Kriegsgesellschaften« gab es unter anderem auch die Vertreter »jüdischer« Betriebe. Die allgemeine und wachsende Unzufriedenheit mit der undurchsichtigen Verteilung und Preisgestaltung führte ab Ende 1914 zu einem kontinuierlichen Ansteigen des Antisemitismus, zu dem es keineswegs allein in der deutschen Kriegsgesellschaft kam.[51] Spezifisch deutsch war indessen, dass sich die Regierung zum Handlanger beziehungsweise sogar zum Anführer solcher Gerüchte, Proteste und Übergriffe machte, um von dem eigenen Versagen in der Ordnung der Kriegswirtschaft und Lebensmittelversorgung abzulenken. Bereits Anfang Juni 1916 kam es in Berlin zu einer Versammlung wichtiger Funktionsträger der militärischen und zivilen Verwaltung unter Leitung eines Oberst von Wrisberg vom preußischen Kriegsministerium.[52] Hier ging es um die öffentlich ebenfalls diskutierte Frage, ob sich jüdische Staatsbürger vermehrt dem Kriegsdienst an der Front entziehen könnten, weil sie von den vorgeblich stark jüdisch bestimmten »Kriegsgesellschaften« angefordert und auch tatsächlich vom Kriegsdienst freigestellt würden.[53] Diese antijüdische Agitation kulminierte dann in der Verordnung des preußischen Kriegsministeriums vom 11. Oktober 1916:

> *Fortgesetzt laufen beim Kriegsministerium aus der Bevölkerung Klagen darüber ein, dass eine unverhältnismäßige Anzahl wehrpflichtiger Angehöriger des israelitischen Glaubens vom Heeresdienst befreit sei oder sich von diesem unter allen nur möglichen Vorwänden drücke. Auch soll es nach diesen Mitteilungen eine große Zahl im Heeresdienst stehender Juden verstanden haben, eine Verwendung außerhalb der vordersten Front, also in dem Etappen- und Heimatgebiet und in Beamten- und Schreiberstellen zu finden.*
> *Um diese Klagen nachzuprüfen und ihnen gegebenenfalls entgegentreten zu können, ersucht das Kriegsministerium ergebenst um gefällige Aufstellung einer Nachweisung nach dem anliegenden Muster 1 u. 2.*[54]

Sicherlich war diese Verordnung relativ defensiv formuliert, und die Verantwortlichen betonten gegenüber der scharfen Kritik der Linken, dass sie in Wirklichkeit doch nur hätten feststellen wollen, dass Juden sich nicht stärker dem Kriegsdienst entzögen als andere Bevölkerungsgruppen. Allerdings waren die konkreten Folgen in und außerhalb des Heeres ganz andere. In den allermeisten militärischen Gliederungen wurde die Verordnung umstandslos und mit peinlicher Genauigkeit ausgeführt. Etwa in der Form, dass eine Kompanie zum Rapport antreten musste und alle jüdischen Soldaten vorzutreten hatten, um gezählt zu werden. Oder wie es die Inspektion der 4. Armee besonders perfide anordnete: Alle jüdischen Soldaten dieser Armee hätten sich nach Gent zu begeben, um dort vom Sanitätsdienst feststellen zu lassen, ob sie kriegsverwendungsfähig seien oder nicht.

Solche Provokationen oder Missgriffe kamen offenbar so häufig vor, dass das Kriegsministerium sich gezwungen sah, einen Monat später eine weitere Verordnung zu erlassen, derzufolge es nicht die Absicht der angeordneten Zählung gewesen sei, die aktuellen Beschäftigungen von jüdischen Soldaten einer Revision zu unterziehen.

Aber die Judenzählung war während und nach dem Krieg eine Provokation mit fürchterlichen Folgen, denn der ohnehin überall zum Vorschein kommende Kriegs- und Knappheits-Antisemitismus wurde auf diese Weise gewissermaßen »offiziell« anerkannt. Es half überhaupt nichts, dass sich die jüdischen Organisationen mit Macht wehrten und ihrerseits Statistiken erstellten, denen zufolge ca. zwölf Prozent der etwa 550 000 Deutschen jüdischen Glaubens im Heer gedient hatten, ein Prozentsatz, der ziemlich genau dem der übrigen Bevölkerung entsprach. Die Ergebnisse der Judenzählung im Heer wurden dann aber nicht veröffentlicht. Die Linke und die jüdischen Organisationen schlossen daraus, dass die Zählung ergeben haben musste, dass die Vorwürfe und Verdächtigungen substanzlos waren. Die Rechte und die antisemitischen Vereine schlossen das Gegenteil, nämlich dass die Ergebnisse für die Juden so beschämend gewesen sein mussten, dass die ihnen hörige Administration gute Gründe gehabt habe, diese nicht zu veröffentlichen.[55]

Eine an Schäbigkeit kaum zu übertreffende Karikatur eines antisemitischen Hetzblattes erlangte traurige Berühmtheit: »Überall grinst ihr Gesicht, nur im Schützengraben nicht«. Und Hitlers »Abrechnung« mit den Juden, die er im Krieg in allen Schreibstuben usw., nur nicht im Schützengraben gesehen habe, wurde in erster Linie aus genau dieser perfiden Zählung und ihren angeblichen Ergebnissen genährt. Die destruktiven Konsequenzen der Judenzählung von 1916 sind erst nach dem Krieg voll zum Ausbruch gekommen.[56] Während des Krieges war sie aber ein wichtiges Element der endgültigen Auflösung des »Burgfriedens« von 1914, sicherlich noch tiefgreifender als etwa die Verfügung zur Freigabe der Kriegsziel-Erörterungen in der deutschen Öffentlichkeit vom 15. November 1916.[57] Letztere bewirkte einen regelrechten Sturm an Veröffentlichungen von Kriegszielen in aller Welt und machte sehr deutlich, dass es bei diesem Krieg inzwischen um weitaus mehr oder auch um ganz Anderes als die Verteidigung Deutschlands gegen aggressive Nachbarn ging.[58]

f) Die Streikbewegung von 1917

Ein untrügliches Zeichen für den Zerfall des Burgfriedens war auch der ab 1916 nicht mehr zu überbrückende Streit innerhalb der politischen Linken in Parlament und Öffentlichkeit, ob man weiter die Kriegskredite bewilligen solle oder ob es nur noch darauf ankäme, den Krieg zu bekämpfen und die Herrschenden zum Frieden zu zwingen. Die Spaltung der deutschen Sozialdemokratie im Frühjahr 1917 in die »Mehrheitssozialdemokratie« (MSPD) und »Unabhängige« (USPD) war das wohl dramatischste und folgenreichste Beispiel für diese Grundspannung der »Klassengesellschaft im Krieg« (Jürgen Kocka), die zu keinem Moment mehr zur Einigkeit finden konnte. Konkret drohte kein Feind, die Grenzen schienen gesichert, die Mitteilungen der Obersten Heeresleitung über die täglichen Siege begannen zwar zu langweilen, signalisierten aber auf jeden Fall, dass es keinen Grund gab, noch weiter bedingungslos zusammenzustehen. Angesichts der Kriegsziel-Fantastereien der Rechten, einer Friedenswillensbekundung der Regierung, die ganz offensichtlich nicht mehr von einer Verteidigungssituation Deutschlands ausging, war die Beschwörung der Solidarität in der »belagerten Burg« nur mehr reine Propaganda.

Der Steckrübenwinter 1916/17 ist nicht von ungefähr sprichwörtlich geworden für diese dramatische Krise Deutschlands mitten im Krieg. Es half auch nichts, dass die Behörden regelmäßig die britische »Hungerblockade« dafür verantwortlich machten. Denn der Bevölkerung waren täglich die ungeheuerliche Ungleichmäßigkeit in der Verteilung der knappen Ressourcen und das dramatische Auseinanderdriften des Wohlstands von wenigen »Kriegsgewinnlern« und der großen Masse der arbeitenden Bevölkerung und des Mittelstandes sichtbar. Mangelnde Kompetenz in der chaotischen Verteilung führte insgesamt zu einer »Delegitimierung« des Staates und seiner Institutionen. Es kann nicht verwundern, dass angesichts dieser Situation bereits im Januar/Februar 1917 die Berliner Behörden sorgenvoll berichteten, dass offensichtlich »einem enormen Teil der Bevölkerung der Krieg völlig gleichgültig geworden ist«.[59] Und in einem Bericht des »Außendienstes« an den Berliner Polizeipräsidenten vom 15. März 1917 heißt es:

> *Seit der letzten Berichterstattung ist eine Änderung in der Stimmung innerhalb der Bevölkerung nicht eingetreten. Dieselbe ist nach wie vor eine sehr gedrückte. [...] Es ist in letzter Zeit häufig die Wahrnehmung gemacht worden, dass sich ein erheblicher Teil des Volkes wenig oder gar nicht mehr um Kriegsereignisse kümmert, die Presse nach dieser Hinsicht unbeachtet lassen [sic] und Artikel, die über Hungerrevolten im Auslande schreiben, nicht mehr geglaubt werden [...].*[60]

Man kann diese Verwerfungen der deutschen Gesellschaft und ihre zunehmende Entfernung zu »nationaler Verteidigung« und Krieg sehr genau anhand der Intensität und Dauer der Streiks beobachten, die sich ab 1917 häuften.

Die erste große Streikwelle begann im Frühjahr 1917. Sie war sehr viel weniger politisch motiviert als vielmehr ein Ausdruck der um sich greifenden Verzweiflung vor allem der unteren Schichten über die ungebremste Teuerung und dramatische Verknappung aller Grundnahrungsmittel.[61] Selbstverständlich versuchten die revolutionären Gruppen, insbesondere Spartakus, von diesem großen Protestpotenzial zu profitieren.

Wie wenig erfolgreich solche Kampagnen aber waren – trotz der unstrittigen Beliebtheit des linksradikalen Abgeordneten Karl Liebknecht, dessen Spartakus-Publikationen gerade bei den Berliner Arbeitern viel Zustimmung fanden –, zeigt wohl am besten das Bemühen der DDR-Historiographie, diese Protestbewegung als virtuellen Beginn der Revolution zu interpretieren: »Breite Teile der deutschen Arbeiterklasse waren durchaus bereit, auf revolutionärem Weg für den Frieden zu kämpfen.«[62] Nein, das waren sie sicher überhaupt noch nicht, wie sich bereits in der Darstellung des DDR-Standardwerkes selber zeigt. Denn dort wird etwas kleinlaut zugegeben, dass die Polizei doch keine größeren Probleme hatte, die revolutionären »Rädelsführer« von der Masse der Protestierenden zu trennen.[63] Indirekt musste das auch Spartakus zugeben, als man im April einen Aufruf an die Arbeiterinnen und Arbeiter verteilte, dem »Beispiel der russischen Klassenbrüder« zu folgen. In diesem langen Manifest wird beklagt, dass die deutschen Arbeiter »trotz Blutopfer und permanenter Hungernot politische Grabesruhe« bewahrten. Und die Zustimmung der Sozialdemokratie zu den Kriegskrediten lasse die Arbeiterschaft »gleichgültig«. Sie gebe ihre »Männer und Jünglinge willig den Herrschenden als Kanonenfutter, ihre Mütter, Frauen und Mädchen dem Hunger, dem Siechtum und dem Massensterben preis.«[64]

Wichtiges Indiz für die keineswegs revolutionäre Stimmung der Massen ist auch, dass es den Behörden ohne Mühe gelang, die Führer der gerade gegründeten Unabhängigen Sozialdemokratie (USPD) davon zu überzeugen, auf die von Liebknecht geforderte Ausdehnung des Streiks auf die traditionellen Mai-Feiern zu verzichten. Mehr noch, die Gewerkschaften und die Mehrheits-Sozialdemokratie publizierten zum 1. Mai 1917 einen sehr langen Aufruf, in welchem zunächst der Krieg als ein »Wüten« charakterisiert wurde, der die »gesamte europäische

Kultur mit Vernichtung« bedrohe und »Schmerz und Trauer für die gesamte Menschheit gebracht habe«. Dann aber wurde sehr ausführlich daran erinnert, dass die Leistungen der deutschen Soldaten an der Front »ans Übermenschliche« grenzten:

> *Die dort mit ihren Leibern die deutschen Gaue vor feindlichen Einfällen schützen, haben ein Recht darauf, dass wir ihrer täglich gedenken. Gedenken nicht nur durch Worte, sondern durch die Tat. Denn unsere Brüder im Artois und in der Champagne brauchen nicht nur Worte der Anerkennung, sondern Waffen und Munition, damit sie dem Anprall ihrer Kriegsgegner Stand halten können.*

Und deshalb wolle man, »genau wie es die englischen und französischen Arbeiter tun«, an diesem 1. Mai auf Demonstrationen und Feiern verzichten und einfach weiterarbeiten, um eben Waffen und Munition für die Verteidigung des Vaterlands bereitzustellen.[65]

Nichts könnte wohl besser zeigen als dieser Appell, wie fern der Große Krieg den Menschen in Deutschland geworden war, so fern, dass man extra dazu aufrufen musste, daran zu denken, dass die Soldaten Munition und Waffen brauchten, um Deutschland in der Ferne »verteidigen« zu können.

Bekannter als dieser doch sehr signifikante Aufruf ist das »Hundsfott«-Plakat geworden, das Generalleutnant Groener, Chef des »Kriegsamtes«, der dann Ende 1918 Nachfolger von Ludendorff werden sollte, am 27. April inmitten der Streiks »An die Rüstungsarbeiter« richtete. Das Kriegsamt war initiativ geworden, nachdem es eine Aufforderung Hindenburgs erhalten hatte, gegen die Streiks einzuschreiten, weil »jede noch so unbedeutend erscheinende Arbeitseinstellung eine unverantwortliche Schwächung unserer Verteidigungskraft bedeutet und sich mir als unsühnbare Schuld am Heer und besonders an dem Mann im Schützengraben, der dafür bluten müsste, darstellt.«[66]

Groeners »Hundsfott«-Plakat hatte eine ganz ungewöhnlich direkte und grobe Tonart. Es wurde auf Anordnung des Kriegsamts an allen Rüstungsfabriken ausgehängt und verteilt. Die hauptsächliche Passage dieser zweiseitigen, eng bedruckten Proklamation lautete:

> *Im Westen, bei Arras, an der Aisne und in der Champagne stehen unsere feldgrauen Brüder in der schwersten blutigen Schlacht der Weltgeschichte [...]. Eine unsühnbare Schuld nimmt derjenige auf sich, der in der Heimat feiert, statt zu arbeiten. Für Eure Schuld müssen unsere Feldgrauen bluten [...]. Ein Hundsfott, wer streikt, solange unsere Heere vor dem Feinde stehen!*

Groener forderte die »mutigen Arbeiter« auf, »rücksichtslos gegen alle diejenigen vorzugehen, die hetzen und aufreizen, um dem Heer die Waffen und Munition zu entziehen«. Die »schlimmsten Feinde« stünden nicht an der Aisne oder in der Champagne. Es seien diejenigen, »die zum Streike hetzen. Diese müssen gebrandmarkt werden vor dem ganzen Volke, diese Verräter am Vaterland und dem ganzen Heere. Ein Feigling, wer auf ihre Worte hört.«[67]

Abschließend gab Groener auch zu bedenken, dass Streikende in Munitionsfabriken wegen Landesverrats im Kriege gemäß § 89 des preußischen Strafgesetzbuches belangt werden könnten.

Eine solche Forderung hatte Ludendorff im Übrigen schon Anfang März 1917 an das Kriegsministerium geschickt, aber eine beschwichtigende Antwort erhalten, in welcher der Kriegsminister der OHL versicherte, dass die Unruhen in keiner Weise politisch motiviert seien und dass es auch keine »Aufhetzer« gebe, weshalb auch nicht vorgesehen werden müsste, mit Waffengewalt gegen die Streikenden vorzugehen.[68] Diese Zurückhaltung des Kriegsministeriums gegenüber streikenden Arbeitern blieb auch in der Folgezeit die Regel, was die OHL zu immer stärkeren Protesten und Beschwerden veranlasste.[69] Im Dezember 1917 forderte Ludendorff noch einmal energisch, gegen Streikende in Rüstungsbetrieben vorzugehen, zumal ein Urteil des Reichsgerichts vorläge, welches Aufrufe zum Streik und Streiks in Rüstungsfabriken während des Krieges als Landesverrat klassifiziert habe.[70] Es scheint aber in dieser Richtung nichts geschehen zu sein, denn am 17. Februar 1918, inmitten der riesigen Munitionsarbeiterstreiks in Berlin und an anderen Orten[71], kam Ludendorff auf diese Forderung zurück mit der dringlichen Bitte an den Reichskanzler, endlich die Auffassung des Reichsgerichts und der OHL, dass Streik im Kriege Landesverrat sei, auch politisch umzusetzen.[72] Und da auch das nicht – oder nach Ansicht der OHL nicht hinreichend – geschah, gehörte nach dem Krieg die vorgebliche oder tatsächliche Laxheit der Regierung gegenüber den Streiks zu den großen und immer wieder thematisierten Vorwürfen in der Debatte um die »Ursachen des deutschen Zusammenbruchs«.

In diesem Zusammenhang sei auch auf ein in der Forschung kaum diskutiertes Problem zurückgekommen, welches nach dem Krieg den Streit um die Gründe für die Niederlage so ungemein vergiftet hat. Nämlich die Frage, ob und wie weit die revolutionäre Propaganda in die Truppe getragen wurde und dort in den letzten Monaten des Krieges eine »verheerende« Wirkung hatte. An dieser Stelle interessiert nicht das ohnehin nicht entscheidbare Problem, ob und inwieweit die Propaganda wirklich zur Demoralisierung der Soldaten beigetragen hat. Hier geht es allein um die Tatsache, dass es eine solche Propaganda gegeben hat, die ein wichtiges Indiz für die Entfernung der Heimat vom Kriege gewesen ist.

Quellenpublikationen und Arbeiten aus der ehemaligen DDR haben immer wieder versucht, diese Propaganda und ihre angeblich entscheidende Wirkung auf die Revolutionierung des deutschen »Proletariats« zu belegen. Die bereits genannte Dokumentation von Leo Stern über die »Auswirkungen der Großen Sozialistischen Oktoberrevolution auf Deutschland« ist hierfür eine regelrechte Mine an Informationen. Für Stern und seine Mitarbeiter stand fest, dass »breite Teile der deutschen Arbeiterklasse durchaus bereit« waren, auf revolutionärem Wege für den Frieden zu kämpfen. Und die Spartakus-Bewegung von Rosa Luxemburg und Karl Liebknecht habe immer wieder erklärt, man wolle den Krieg zur Revolution nutzen und hierfür ihre Spartakus-Briefe verbreiten.[73] Dieser Kampf sei so erfolgreich gewesen, dass der Berliner Polizeipräsident habe zugeben müssen, dass die Berliner Arbeiter geschlossen hinter Spartakus stünden. Und nicht nur in den leider noch nicht allgemein befolgten Protestbewegungen vom April 1917, sondern auch kontinuierlich in der Folgezeit, seien die revolutionären Elemente aktiv gewesen, etwa im Antikriegsstreik in Halle/Merseburg vom August 1917. Besonders bemerkenswert erscheint den Verfassern die Tatsache – die dann später in der Dolchstoßdiskussion eine große Rolle spielte – dass diese Antikriegsbewegung zielgerichtet auch im Heer weitergetrieben worden sei und dass, wie mit einer Reihe von Quellen belegt wird, russische Revolutionäre versucht hätten, deutsche Soldaten zum Aufgeben beziehungsweise zum Aufstand zu bewegen. Sehr stolz wird bemerkt, wie stark Spartakus unter den Soldaten agitiert habe und welche der vielen Flugblätter sich speziell an diese wandten. Man habe sich ganz besonders der »reklamierten« Soldaten angenommen, also solcher, die vom Heeresdienst befreit und in der Rüstungsproduktion eingesetzt waren, aber jederzeit wieder zur Front hätten geschickt werden können. Und als Faksimile wird ein Flugblatt der Sowjetregierung »An die deutschen Soldaten« abgedruckt, in welchem Lenin kurz nach der Machtergreifung der Bolschewiki die »Soldaten und Brüder« auffordert, der Sowjetregierung bei der Durchsetzung des Friedens zu helfen:

> *Soldaten, Brüder! Wir ersuchen euch, uns in diesem Kampfe für den sofortigen Frieden und den Sozialismus mit Anstrengung aller Kräfte beizustehen, da dieser letztere allein dem Arbeiterstande aller Länder einen gerechten und dauerhaften Frieden sichern kann und alle die Wunden heilen, die der Menschheit der gegenwärtige und frevelhafteste aller Kriege geschlagen hat.*[74]

Wenn dieser und die anderen Aufrufe durchaus humanistisch gesinnt gewesen sein mögen – das Problem war und ist dabei, dass Spartakus das Deutsche Reich als den Allerschlimmsten und zuerst zu bekämpfenden unter den internationalen Imperialisten ausgemacht hatte. Liebknecht hatte das bereits in einem der ersten Flugblätter der Spartakusgruppe vom Mai 1915 angedeutet, dessen Titel »Der Hauptfeind steht im eigenen Land« lautete. Nicht die französischen, englischen oder russischen Junker seien die wirklichen Feinde Deutschlands, sondern die Kapitalisten und deren »geschäftsführender Ausschuss«, nämlich die deutsche Regierung.[75]

Ähnlich schrieb er im Juni 1916:

> *Jede imperialistische Raubpolitik ist ein Verbrechen, und eine solche Politik trieben alle Staaten. Die deutsche Regierung aber betrieb eine imperialistische Politik, bei der sie alle Staaten anrempelte, mit allen in Konflikt kam und schließlich […] gewaltsam den Krieg anzettelte.*[76]

Und in einem der letzten Spartakus-Briefe vom Oktober 1918 hieß es:

> *Gerade weil Deutschland bisher der Bezwinger und Schinder der Nationen war, gerade weil die deutsche Arbeiterschaft ein halbes Jahrhundert lang die geistige Führerin des Weltproletariats war, um dann plötzlich zum Werkzeug des völkerknechtenden Imperialismus zu werden, deshalb muss ihre endlich entschlossene Erhebung den heftigsten Ruck in der gesamten Lage und die tiefste moralische und politische Wirkung hervorbringen.*[77]

Wie zuletzt Ernst-Albert Seils gezeigt hat, stand Liebknecht mit solchen Äußerungen keineswegs allein. Diese wurden auch vom radikalen Flügel der USPD publizistisch aufgenommen und auf örtlichen Veranstaltungen weitergetragen.[78]

Die DDR-Dokumentationen und zahlreichen Monografien, die das hohe Lied der Revolution nachsingen, entsprechen kurioserweise exakt den aus konservativer und rechtsradikaler Sicht erstellten Dokumentationen der 1920er-Jahre, die in Konkurrenz zu damaligen linksradikalen Quelleneditionen dieselben und viele weitere Dokumente aus den Aktivitäten von Spartakus und USPD nutzten, um zu beweisen, dass es selbstverständlich »Dolchstoß«-Bemühungen seitens der äußersten Linken während des Krieges gegeben habe. Hervorstechende Werke in diesem Zusammenhang sind die verschiedenen Arbeiten von Ernst von Wrisberg[79], insbesondere dessen »Heer und Heimat« von 1921, das bereits im Untersuchungsausschuss des Reichstags erregte Diskussionen hervorrief.[80]

Es sei hier gerade wegen dieser so kontroversen historisch-politischen Gesamteinschätzung ausdrücklich noch einmal betont, dass es mir in keiner Weise darum geht, »Beweise« für oder wider die alte Streitfrage zu präsentieren, ob und wie erfolgreich die zweifellos vorhandenen Aktivitäten der äußersten Linken waren. Es geht allein darum, dass all dies eine Situation widerspiegelt, in der die Front sich immer weiter entfernt hatte und die Vaterlandsverteidigung immer weniger evident war. Denn Deutschlands Großer Krieg fand überall statt, aber nicht in einer als irgendwie bedrohlich empfundenen Nähe. Das gilt auf dieselbe Weise für diejenigen, die ab Ende 1916 und der Freigabe der öffentlichen Kriegszielerörterungen die verrücktesten Pläne zur Neuaufteilung der Welt präsentierten, wie für diejenigen, die überhaupt keinen Anlass mehr sahen, an eine »Verteidigung des Vaterlandes« auch nur noch zu denken.

Exkurs nach Frankreich: Unruhen und Streiks in einer belagerten Nation

In diesem Zusammenhang bietet sich ein vergleichender Blick auf die Situation in Frankreich an, dessen Territorium teilweise von deutschen

Truppen besetzt war und in dem die hauptsächlichen Schlachtfelder der Westfront von Verdun bis an die Somme und die Aisne lagen. Frankreich war mitten im Krieg und blieb Kriegsgebiet bis 1918. Auch hier hat es einen »Burgfrieden« gegeben, die »Union Sacrée« des August 1914. Auch hier zersetzte sich die »heilige Einheit der Nation« im Laufe des Krieges, auch wenn Ungerechtigkeiten in der Verteilung und übergroße Arbeitsbelastung in der Kriegsmaschinerie wohl nicht so stark waren wie in Deutschland (in Frankreich wütete kein Hunger), aber genügten, um eine latente Unzufriedenheit immer wieder in Form von großen Streiks ausbrechen zu lassen.[81] Besonders bedeutsam waren die Streiks in der kämpfenden Truppe nach dem Fehlschlag der Nivelle-Offensive am Chemin des Dames, die Ende April 1917 begannen und bis in den Juli andauerten, mit Höhepunkten Ende Mai/Anfang Juni. Wie neuere Untersuchungen gezeigt haben, waren nicht weniger als 78 Divisionen der Armee tangiert. Die Zahl der streikenden Soldaten ist umstritten, die Berechnungen variieren zwischen 60 000 als Mindest- und 90 000 als Maximalzahl. Es gab auch eine Reihe von Versuchen, diese Unruhen politisch zu instrumentalisieren, als Initial einer Revolution zu setzen, und einige wenige Anführer der Streiks waren in der Tat Revolutionäre. Aber es bleibt trotzdem zutreffend, dass die Mehrzahl der Soldaten sich nur an den Streiks beteiligte, weil sie die unerträgliche Schinderei, die Nutzlosigkeit eines durch falsch geplante Offensiven verursachten Gemetzels nicht mehr ertragen wollten beziehungsweise konnten. Immer wieder wurde bei den Kriegsgerichtsprozessen von den Angeklagten betont, dass man nur gegen die nutzlose Abschlachterei protestiert habe, aber keineswegs nicht mehr bereit sei, das Vaterland zu verteidigen. Wie Stéphane Audoin-Rouzeau und Annette Becker in ihrer ebenso innovativen wie kontroversen Darstellung der verschiedenen Mobilisierungen im »Kulturkrieg« hervorgehoben haben, gab es keine oder nur eine verschwindend geringe Bereitschaft der streikenden französischen Soldaten, mit den Deutschen zu fraternisieren oder aber die Proteste zu einer sozialen Revolution zu erweitern. Dies bleibt trotz verschiedentlicher Kritik[82] festzuhalten. Denn Meutereien wie im Frühjahr/Sommer 1917 haben sich in der Folgezeit nicht mehr wiederholt, die große Mehrheit der französischen Soldaten wollte sich keineswegs der Vaterlandsverteidigung verweigern. Die Regierung reagierte im Übrigen ebenso entschieden wie besonnen auf diese Vorgänge. Nivelle wurde im Mai 1917 durch Philippe Pétain, den bei den Soldaten sehr beliebten »Sieger von Verdun«, ersetzt. Pétain zeigte einerseits Härte bei der Bestrafung der Anführer von einzelnen Streiks: Zwischen Mai und November 1917 wurden von den 412 verhängten Todesurteilen tatsächlich 55 vollstreckt. Andererseits erklärte er mit Zustimmung des Parlaments (!), dass die französische Armee nunmehr auf Offensiven an der Westfront verzichte. Und um weiteres Blutvergießen so weit wie möglich zu vermeiden, werde man sich ganz auf die Defensive beschränken. Im Übrigen »warte ich auf die Amerikaner und die Panzer«, so sein in Frankreich heute noch bekannter Ausruf.[83]

Auch die in Frankreich 1917 gehäuft auftretenden zivilen Streiks hatten niemals ein Ausmaß, das der nationalen Verteidigung schaden konnte. In diesen waren die Fabrikarbeiterinnen führend, die mit ihren Familien besonders stark unter den ab 1917 einsetzenden Preissteigerungen, insbesondere der Teuerung der Lebensmittel, zu leiden hatten. Die Streiks weiteten sich sogar auf die Rüstungsfabriken aus, und auch hier waren meistens in erster Linie die arbeitenden Frauen beteiligt. Nur ganz selten wurden dabei politische Ansprüche geäußert, und wenn die Löhne erhöht wurden, erstarben die Streikbewegungen sehr rasch. Eine neue und letzte Streikwelle im Frühsommer 1918, sicherlich auch genährt durch die Furcht vor einem Vordringen der Deutschen, ging niemals so weit, dass die Verteidigungsbereitschaft in irgendeiner Weise darunter gelitten hätte.[84]

Gewissermaßen den Abschluss dieser Phase der relativen Destabilisierung der Front und der »inneren Front« in Frankreich bildet die emblematische Rede des Regierungschefs Georges Clemenceau, der im November 1917 eine Regierung bildete, deren explizite Intention es war, die gesamten Kräfte der Nation zur Verteidigung des Vaterlandes zu remobilisieren. Berühmt geworden ist seine Regierungserklärung vom 21. November 1917, eine der ersten Bekundungen des Willens, nun sogar einen »totalen Krieg« zur Befreiung des Vaterlandes zu führen:

> *Wir treten vor Sie, einzig erfüllt von dem Gedanken an einen uneingeschränkten Krieg. […] Diese Franzosen, die in die Schlacht zu werfen wir gezwungen waren, haben Rechte an uns. Ihr Wille ist, dass unsere Gedanken sich nie von ihnen abwenden, dass alles, was wir tun, zu ihnen gehört. Wir schulden ihnen alles, ohne jede Einschränkung. Alles für Frankreich, das in seinem Ruhme blutet, alles für den Triumph des Rechts. Eine einzige und einfache Pflicht: im Geist bei den Soldaten bleiben; mit ihnen leben, leiden und kämpfen. Allem entsagen, was nicht zum Vaterland gehört. […] Alle zivilisierten Nationen nehmen teil an dieser Schlacht gegen die alte Barbarei in moderner Form. Mit allen unseren Verbündeten sind wir ein unerschütterlicher Fels, eine Barriere, die nicht durchbrochen werden wird: […] Keine pazifistischen Treibereien mehr, keine Umtriebe für Deutschland. Weder Verrat noch halber Verrat: Krieg, nichts als Krieg. Unsere Armeen werden nicht zwischen zwei Feuer geraten. Die Gerechtigkeit nimmt ihren Lauf. Das Land wird erfahren, dass es geschützt ist.*[85]

g) Jammerbriefe

Seit Beginn des Krieges hatte sich ein reger brieflicher Austausch zwischen »Front und Heimat«, zwischen den Soldaten und ihren Familien, entwickelt. Die Behörden taten auch offensichtlich während des Krieges alles ihnen Mögliche, um diese Kommunikation auch unter den widrigsten Umständen aufrechtzuerhalten. Nach Bernd Ulrichs

Berechnungen sind wohl nahezu 28 Milliarden Briefe in beide Richtungen transportiert worden. Das waren täglich ungefähr 10 Millionen Briefe, Postkarten und Päckchen, die aus Deutschland an die Front und in die Etappe geschickt wurden und ca. 7 Millionen Sendungen zurück in die Heimat.[86] Wie man immer wieder sieht, war für die Soldaten diese Verbindung zur Heimat das Allerwichtigste, und natürlich warteten auch die Familien gespannt und bangend auf Nachrichten von der Front. Diese wurden nicht selten in den Dörfern ausgehängt oder in den Wirtschaften vorgelesen, als direktes Zeugnis dessen, was die Väter und Söhne »im Felde« erlebten. Allerdings waren diese Briefe nicht unkontrolliert, sie liefen durch die militärische Zensur. In manchen Bereichen war diese so scharf, dass sich Soldaten auf ihrem Heimaturlaub mit den Familien verabredeten. Wenn man schrieb, es gehe »noch gut«, hieß dies, dass man in schwierigsten Verhältnissen (über) lebe.[87]

Die Soldaten nutzten den Briefverkehr auch immer wieder, um auf die Entwicklungen in der Familie Einfluss zu nehmen, die Frauen zu belehren oder ihnen Anregungen beziehungsweise auch Anweisungen zu geben.

Mit dem Hungerwinter 1916/17 und der zunehmenden Gewöhnung an den Krieg, mit der immer größeren Entfernung von Front und Heimat, veränderte sich dieser Briefverkehr strukturell. Nunmehr schrieben die Frauen und Mütter massenhaft die damals schon sogenannten »Jammerbriefe« ins Feld. Sie berichteten ihren Angehörigen, wie schlecht es ihnen ging, und baten unter Umständen auch um die Zusendung von Nahrungsmitteln, was sich zu ganzen Beschaffungslisten und kategorisch vorgetragenen Wünschen auswuchs. Ein extremes Beispiel ist sicherlich der Brief eines Bochumer Soldaten an seine Frau, es täte ihm leid, dass die von ihm zugesandten Eier alle verdorben gewesen seien.[88] Oder der so typische Brief eines Feldpostsekretärs an der Somme an seine Frau in Lahr (Schwarzwald) vom 18. Dezember 1916, der auch zeigt, wie verbreitet das Phänomen schließlich war:

> *Vielleicht, dass ich deine übrigen Wünsche noch erfüllen kann hinsichtlich Gries, Reis, Zucker, vielleicht, d. h. wenn der Zufall zur Hilfe kommt, denn es ist mir schon sehr schwer geworden, die übrigen Dinge zu bekommen. Ja, die in Belgien und in der Etappe haben gut Esspakete nach Hause zu schicken, da gibt es solche Dinge noch genug zu kaufen, aber in unserer Region da herrscht nur Zerstörung und Tod […].*[89]

Es gab auch Briefe, in denen die Soldaten offen aufgefordert wurden, endlich wieder nach Hause zu kommen, weil man sonst nicht mehr überleben könnte.[90] Und selbstverständlich bemerkten sie auch bei ihrem (seltenen) Heimaturlaub direkt, wie schlecht es ihren Familien ging, wie abgehärmt und verzweifelt die Frauen waren und wie unterernährt ihre Kinder. Resultat dieser wachsenden Diskrepanz und der erdrückend schlechten Lebensverhältnisse in Deutschland war unter anderem auch eine starke Indifferenz gegenüber dem Kriegsgeschehen. Wie es eine 15-Jährige in einem Brief an den Vater an der Front ausdrückte:

> *Man kann sich nicht mehr daran erinnern, wie es im Frieden war: Wir denken kaum noch an den Krieg.*[91]

Die Militärbehörden erkannten bald die Gefährlichkeit dieser Beschwerden für die Moral der Truppe, zumal auch die alliierte Propaganda solche Briefe in die Hand bekam und als Flugblätter über der deutschen Front abwarf.[92] Es gab immer wieder Aufforderungen und Erlasse, diese Klagen einzuschränken beziehungsweise ganz zu unterlassen. Im Juni 1916 kam es sogar zu einer »Schreibanleitung«, wie Briefe aus dem Felde abzufassen seien, ohne die Angehörigen über die Maßen mit dem Kriegserlebnis zu belasten.[93] Und an der Front entwickelte sich eine intensive Propagandatätigkeit, um auf dem Wege der »offiziellen« Soldatenzeitungen, wie etwa der *Liller Kriegszeitung*, die Soldaten gegenüber diesen Beschwerden zu immunisieren: »Allen im Feld Stehenden erscheint […] das Treiben daheim lächerlich und verächtlich«, verkündete etwa die Kriegszeitung der 10. Armee.[94] Dass dem ganz und gar nicht so war, sondern dass eine echte Gefahr bestand, dass die Sorgen ihrer Angehörigen den Soldaten auch noch den Rest an Kampfmut nehmen könnten, beweisen hingegen die vielfältigen Bemühungen der Militärbehörden und der von ihnen gelenkten »Frontzeitungen«, ein Gegengewicht gegen diese offensichtlich sehr zahlreich eintreffenden »Jammerbriefe« zu erstellen. Nunmehr wurden in den »Schreibanleitungen« für die Soldaten auch Vorschläge entwickelt, wie man auf solche Briefe am besten antworten könne. Etwa: »Dieses Mal habe ich mich über Deinen Brief nicht so gefreut […]. Über Dein Lamentieren muss man sich doch sehr ärgern.«[95] Offizielle Anleitung für die »Kriegerfrauen« gab es indessen nicht. Aber in den Frauenzeitschriften häuften sich die Aufforderungen an die weiblichen Angehörigen, ihre Soldaten-Männer oder -Söhne nicht mit den Sorgen der Heimat zu belasten. Stark verbreitet war die Schrift eines Geistlichen mit dem Titel »Kriegerfrauen, helft Euren Männern zu gewinnen«.[96]

In der Nachkriegszeit spielten die »Jammerbriefe« dann eine gewisse Rolle bei der Untersuchung der Ursachen für die Niederlage. So wie es Friedrich Altrichter in seinem Werk über die »seelischen Kräfte des Deutschen Heeres« formulierte:

> *Die Sorge um die Seinen schwächte den Kampfwillen des Soldaten und förderte seinen Groll gegen alles, was mit dem Krieg zusammenhing.*[97]

h) Die Januarstreiks 1918

Begonnen hatten die Streiks nicht in Deutschland, sondern in Wien, wo ab dem 14. Januar wohl 700 000 Arbeiter streikten.[98] Dieser Streik scheiterte, weil die Regierung Truppen von der Front zurückbeorderte, um »Ruhe und Ordnung« zu schaffen. Aber die Zündschnur war gelegt und die Spartakisten und Teile der USPD taten alles ihnen Mögliche, die Stimmung erregt zu halten und ihre politischen Ziele durchzusetzen. Einer der vielen Aufrufe von Spartakus forderte die »Arbeiterinnen, Arbeiter« auf, dem Beispiel der österreichischen Proletarier zu folgen. Deren »Forderungen in den Ernährungsfragen, gleiches und allgemeines Wahlrecht für Frauen und Männer« und – das wurde an letzter Stelle genannt – Verzicht auf Annexionen bei den Friedensverhandlungen mit Russland, seien bereits »in schlotternder Angst« von der Regierung zugestanden. Und daran müsse sich jetzt auch das deutsche Proletariat orientieren. Es sei das Ziel von Spartakus, den »Separatfrieden in einen allgemeinen Frieden zu verwandeln.«[99]

Wie Werner Boldt detailliert gezeigt hat, gelang das überall. Die 7000 Streikenden der Bing-Werke in Nürnberg beispielsweise verlangten zwar auch bessere Löhnung und Nahrungsmittelverteilung, auch mehr Demokratie sollte erreicht werden, aber am wichtigsten war hier wie überall: endlich Frieden um jeden Preis, Schluss mit dem imperialistischen Eroberungskrieg.[100]

Über die bayerischen Großstädte und das Ruhrgebiet gelangte die Streikbewegung bald nach Norddeutschland und Berlin. In der Zeit vom 28. Januar bis 2. Februar 1918 brachen in den industriellen Zentren von Hamburg und Kiel und besonders in den Berliner Rüstungsbetrieben riesige Streiks aus. Ähnliche Massenbewegungen hatte es in der ganzen Kriegszeit nicht gegeben. Die Schätzungen variieren, aber wohl eine halbe Million Arbeiterinnen und Arbeiter traten in einen mehr oder weniger gut organisierten Streik. Dieser zielte nicht mehr, wie im Frühjahr 1917, gegen die Arbeitsbedingungen und Hungerlöhne, sondern war in erster Linie politisch motiviert. Auslöser waren insbesondere das Stocken der Verhandlungen der deutschen Militärs mit der Sowjetregierung in Brest-Litowsk, die unmäßigen Annexionsforderungen und der ganz offensichtliche Unwille der deutschen Regierung, zu einem Verständigungsfrieden mit den Sowjets zu gelangen.

In der Reichshauptstadt wurden die Streiks in kürzester Frist so stark von der USPD gelenkt und instrumentalisiert, dass sich die eigentlich ablehnenden Führer der MSPD bald gezwungen sahen, etwas zu unternehmen, um diese Bewegung zu »kanalisieren«, wie es hieß. Dies umso mehr, als in den Rüstungsbetrieben nicht mehr allein die USPDler politisch agierten, sondern auch die »Obleute«. Seit der Einrichtung des »vaterländischen Hilfsdienstgesetzes« Ende 1916 waren diese von den Arbeitern gewählten Vertrauensmänner Ansprechpartner für die Arbeitgeber. Ein Teil von ihnen hatte sich inzwischen als »revolutionäre Obleute« radikalisiert. Gemeinsam mit Spartakus meldeten sie sich immer lauter und versuchten, dem Antikriegsstreik revolutionäre Dimensionen zu geben.[101]

Die aus USPDlern und »revolutionären Obleuten« bestehende Streikleitung in Berlin stellte am 28. Januar bei einer Versammlung im großen Saal des Gewerkschaftshauses einen Forderungskatalog auf, dessen erster und wichtigster Punkt die »schleunige Herbeiführung des Friedens ohne Annexion, ohne Kriegsentschädigung« war, wie sie von den russischen Vertretern bei den Verhandlungen in Brest-Litowsk gefordert worden sei. Hinzu kamen Forderungen nach Demokratisierung, besserer Versorgung mit Nahrungsmitteln und – das war neu – sofortige Aufhebung des Belagerungszustandes. Dazu sollten auch das Recht auf freie Meinungsäußerung und der Verzicht auf »alle Eingriffe der Militärverwaltung in die gewerkschaftliche Tätigkeit« gehören. Abschließend richtete die Versammlung der Berliner Streikenden die dringende Aufforderung »an die Proletarier Deutschlands wie der anderen kriegführenden Länder insgesamt, [...] in Massenstreiks einzutreten, denn erst der gemeinsame internationale Klassenkampf schafft uns endgültigen Frieden, Freiheit und Brot.«[102]

Am 29. Januar entschlossen sich die Führer der MSPD, Friedrich Ebert, Philipp Scheidemann und Otto Braun, in die Streikleitung einzutreten, um dort endlich ein Gegengewicht gegen die Revolutionäre herzustellen. Und die Parteiführung veröffentlichte sogar eine Entschließung, in der es hieß, es gehe nunmehr darum, die Streikbewegung »in geordneten Bahnen zu halten«.[103]

Man mag diskutieren, ob dieser gute Wille, wieder einmal »Ruhe und Ordnung« zu schaffen, erfolgreich war, oder ob nicht erst durch den Beitritt der MSPD in die Streikleitung die Streikbewegung diese riesigen Ausmaße annahm, wie die Polizeibehörden vermuteten beziehungsweise behaupteten.[104] Jedenfalls wurde die Bewegung in den folgenden Tagen zu einer Art unaufhaltsamen Strom. Die Lage wurde umso kritischer, als das militärische Oberkommando »In den Marken« (Brandenburg) loyale Truppeneinheiten zur Streikbekämpfung heranzog. Zudem erließ das Oberkommando in den Marken am 29. Januar »im Interesse der öffentlichen Sicherheit« ein Verbot jeder weiteren Zusammenkunft und jeder weiteren Betätigung dieser Streikleitung.[105] Die Regierung lehnte jegliche Verhandlung beziehungsweise auch nur Unterredung mit den Führern der Streikbewegung – also auch mit dem MSPD-Vorstand! – ab. Der »Vorwärts«, das offizielle Organ der MSPD, wurde für eine Woche verboten, weil es den Aufruf, in die Streikleitung einzutreten, um die Bewegung zu kanalisieren, abgedruckt hatte.

Aber diese Verbote und Drohung mit Repression bewirkten vorerst das Gegenteil. Am 31. Januar waren auf jeden Fall mehr als eine halbe Million Menschen auf den Berliner Straßen zu Protestkundgebungen versammelt. Die wichtigste davon fand auf der »Lustwiese« in Treptow statt. Hier ergriff Friedrich Ebert das Wort, und nach einer Reihe von Berichten soll er dort auch den Streikenden zugerufen haben, sie seien im Recht, aber sie möchten doch Ruhe und Ordnung bewahren.[106] Diesmal griffen Polizei und Militär mit aller Härte ein. Es kam zu Schießereien mit mehreren Toten und einer Vielzahl von Verwundeten. Viele als »Rädelsführer« erkannte Streikende wurden verhaftet, darunter auch der USPD-Abgeordnete Dittmann und der Chef der Münchener USPD, Kurt Eisner, der nach Berlin gereist war, um den Streik zu unterstützen. Eisner wurde des versuchten Landesverrats angeklagt und blieb bis zum 14. Oktober 1918 in Untersuchungshaft.[107] Die Militärbehörde ließ auch per Aushang in allen Fabriken verkünden, dass alle »Reklamierten«, welche nicht bis spätestens 4. Februar ihre Arbeit wieder aufgenommen hätten, wieder an die Front versetzt werden würden. Dies geschah auch: Wohl insgesamt 50 000 Streikende wurden tatsächlich an die Front abgezogen – es ist leicht vorstellbar, welche Stimmung diese Männer in die Truppe einbrachten.

Auch der Januarstreik von 1918 ist letztlich ein Beleg dafür, wie weit entfernt der Krieg im Westen emotional geworden war. Hier ging es um Frieden durch Revolution oder Revolution durch Frieden, es ging um Arbeiterrechte und Demokratisierung und gerechte Verteilung von Nahrungsmitteln. Aber es ging in keiner Weise mehr um das, was doch den Beginn des Krieges ausgemacht hatte, nämlich die allgemeine Überzeugung, dass es um die Verteidigung Deutschlands gegen »Feinde ringsum« gehe.

Dieses Problems war man sich auch im Parlament bewusst. Der Reichstag diskutierte am 25. und 26. Februar 1918 über die Streiks und ihre politischen Implikationen. Abgeordnete des linksliberalen »Fortschritts« und des Zentrums gaben ihrem Bedauern über die Teilnahme der MSPD-Führer an den Streiks Ausdruck. Was dort seitens der Sozialdemokraten inszeniert und gesagt worden sei, sei eindeutig Landesverrat. Scheidemann bemühte sich hingegen unter anderem klarzumachen, dass die Arbeiter nur gestreikt hätten, weil sie wussten, dass die Landesverteidigung dadurch nicht ernsthaft gefährdet sei. Allein die besonders stark kritisierte USPD bekannte sich dazu: Ihr Sprecher, Hugo Haase, erklärte, dass es inzwischen eindeutig klar sei, dass dieser Krieg kein Verteidigungskrieg mehr sei. Und gegen einen imperialistischen Eroberungskrieg zu protestieren, hätten die Arbeiter alles Recht.[108]

Der Januarstreik wurde von den Frontsoldaten genau beobachtet und rief Abwehr und Protest, aber auch viel Zustimmung hervor. Leutnant Cornelius Breuninger vom Infanterieregiment 180 notierte am 31. Januar in seinem Tagebuch:

Die Nachrichten aus Deutschland machen einen betrübenden Eindruck auf uns. Wie sich doch die Menschen von ihren Wahnideen und von ihrem Egoismus knechten lassen. Hochverrat ist es, was die

> *Kerle in Berlin treiben. [...] Da lobe ich mir Frankreich, das Caillaux*[109] *kurzerhand verhaften lässt, oder Amerika, das das Streikkomitee ohne viel Federlesens hinter Schloss und Riegel setzt.*

Dies war bei Weitem kein Einzelfall, wie Anne Lipp in ihrer detaillierten Untersuchung der soldatischen Reaktion auf die Streikbewegung gezeigt hat.[110] Aber sehr stark war auch die Zustimmung. So hieß es in einem Bericht aus der 14. Bayerischen Infanterie-Division:

> *Allgemein sollen die heimatlichen Streiks zu Freudenäußerungen der Mannschaften Veranlassung gegeben haben. Die Leute erblicken hierin die einzige Möglichkeit, den Krieg rasch zu beenden.*[111]

Der Januarstreik führte zu einer Vielzahl von Kommentaren der unterschiedlichsten Art sowohl in den militärinternen Berichten als auch in den Feldzeitungen. Welche Auffassung bei den Soldaten überwog, ob Zustimmung oder Ablehnung, lässt sich bei sechs Millionen »im Felde« stehenden Männern wohl kaum entscheiden. Auf jeden Fall aber wurde durch den Januarstreik die große Distanz zwischen Front und Heimat eher noch vertieft. Denn es bestand kein Zweifel, dass ein Streik der Munitionsarbeiter die Versorgung der Front mit Waffen und Munition gefährden konnte. Ob man darüber nun froh war oder erzürnt: Es blieb, dass alle Soldaten erfahren und spüren konnten, wie wenig die Heimat ihren Einsatz mit Leib und Leben auch nur noch einigermaßen zu würdigen wusste.

Ähnlich ambivalent und doch bezeichnend für diese Entfremdung ist der viel gebrauchte Ausruf »Harret aus«, wie er auf einem Plakat für die 9. Kriegsanleihe von September 1918 visualisiert wird: Ein Frontsoldat, der der Heimat zuruft, doch bitte »auszuharren« und ihn in seinem Kampf um Deutschland nicht in Stich zu lassen. Oder aber die ebenfalls plakatierte fast demütige Bitte des Frontsoldaten an die Zivilisten: »Helft uns siegen«.

»Harret aus«: Plakat zur 9. Kriegsanleihe vom Oktober 1918. Mahnung der Soldaten an die Zivilisten, sie nicht im Stich zu lassen.

Es erweist sich, dass dieser Aufruf in verschiedener Nuancierung verwendet wurde, in der Regel aber nur für das »Durchhalten« der Soldaten im Kampf an der Westfront, der spätestens ab Juli 1916 als ein reiner Verteidigungskrieg gegen die angreifenden britischen und französischen Heere gesehen wurde.[112] Wenn der Soldat nunmehr um Ausharren der Heimat bat, so sagt das viel aus über die Ferne der Front. Aber diese Bitte – oder Forderung – blieb ungehört. Friedrich von Payer, der liberale Politiker und Vizekanzler des Kabinetts Max von Baden, schrieb 1918 in einem Brief an den Reichskanzler Hertling: »Die Leute lachen nur noch, wenn sie das ewig wiederkehrende ›Harret aus!‹ hören.«[113]

Dagegen war offenbar kein Ankommen, auch wenn die BUFA noch im letzten Moment versuchte, einen neuen Verteidigungsgeist zu erzeugen. Im Herbst 1918 wurde der Film »Rentner Kulickes Flug zur Front« gedreht und am 12. Oktober von der Zensur genehmigt. Hier geht es um einen »Rentier«, der keinen Pfenning für Kriegsanleihen ausgeben will. Im Traum wird er mit dem Flugzeug zur Westfront gebracht und sieht dort die zerstörten französischen Landschaften. Kulickes Reaktion:

> *Bitte Herr Luftkutscher, fliegen Sie mich wieder nach Hause […]. Ich muss den Leuten sagen, wie dankbar die Heimat dem Heer sein muss, dass der Krieg auf feindlichem Boden geführt wird.*

Und zur Verstärkung dieses Eindrucks wird am Ende des Films noch eine Luftansicht des unzerstörten Berlin gezeigt.[114]

Hermann Stegemann, der damals hochgeachtete Historiker des Krieges, hat in seinen Erinnerungen nachgedacht über die »große moralische Gefahr […], von der die deutsche Verteidigung auf ihren weit ins Feindesland vorgeschobenen Positionen umgeben war.« In Aufnahme einer Beobachtung von Carl von Clausewitz, dass »die Verteidigung, die man auf erobertem Boden ausrichtet, durch das ihr innewohnende offensive Prinzip naturgemäß geschwächt« werde, hat er gefolgert:

> *Die Deutschen haben vier Jahre lang dieser Gefahr getrotzt, [aber dann] war der Heimat das Bewusstsein verloren gegangen, dass dort draußen in bitterster Abwehr gefochten wurde [...] Nur wenige sahen tiefer.*[115]

Nach dem Krieg wurden die Revolutionäre und andere Linke von der Rechten beschuldigt, durch ihre Demonstrationen und Streiks den Burgfrieden entscheidend gebrochen zu haben. Und die Linke antwortete hierauf regelmäßig mit dem Argument, dass doch erst die alldeutschen Ambitionen, die maßlosen Eroberungsziele auch der Militärs in Ost und West den Krieg überflüssig in die Länge gezogen und die Bevölkerung zu Protesten gebracht hätten. Von einer Verteidigung Deutschlands sei bei den Herrschenden im Grunde keine Rede mehr gewesen. Es ist sicherlich beides zutreffend und beide Verhaltensweisen wirkten aufeinander ein. Gerade das machte dann nach dem Krieg die Diskussion um »Siegfrieden« und »Dolchstoß« so unentwirrbar und extrem hassvoll. Jede Partei hatte genügend Argumente und Dokumente, um die eigene Überzeugung in die politische Auseinandersetzung einzubringen. Und angesichts der Niederlage und ihrer schrecklichen Konsequenzen war diese Auseinandersetzung weit mehr als ein nur politischer Kampf. Sie wurde ein wichtiger Teil des Streites zwischen dem jeweils unbedingt Guten gegen das absolut Böse. Vielleicht fing es ja damit an, dass Kaiser Wilhelm II., der selber lieber in Urlaub fuhr, anstatt zu den Streikenden zu sprechen, die Streikbewegung damit kommentierte, dass man nun endlich den Bolschewismus »mit der ganzen internationalen Judenschaft« vernichten müsse.[116]

Diese ganzen ebenso leidenschaftlichen wie inhaltsleeren Auseinandersetzungen sind ein deutlicher Hinweis darauf, dass die meisten Deutschen trotz aller Leiden den fernen Krieg in seiner konkreten Gestalt niemals richtig kennengelernt hatten. Sie wussten einfach nicht, wie ungeheuer die Verwüstungen an der Westfront waren, wo eine ganze Reihe von Départements der französischen Republik als total zerstört galten. Der Journalist Victor Schiff, der die deutsche Delegation 1919 nach Versailles begleitete, hat in seinem spannenden Reisebericht festgehalten, wie groß das Entsetzen der deutschen Parlamentarier war, als sie auf dem Weg durch Nordfrankreich durch diese ungeheure Wüste von Ruinen geführt wurden, sorgten doch die Franzosen auch durch manche verlängerten Aufenthalte dafür, dass die Delegation genug Zeit zum Betrachten hatte.

> *Man muss gestehen, dass diese Idee von feinem psychologischen Verständnis zeugte. Denn nur gefühllose, rohe Menschen konnten bei diesem Anblick gleichgültig bleiben. Und tatsächlich waren wir alle tieferschüttert, obwohl – oder gerade – weil wir die Absicht merkten. Wir sagten uns wohl, dass diese Zerstörungen zum allergrößten Teil eine unvermeidliche Begleiterscheinung des modernen Artilleriekrieges seien; wir wussten, dass die mindestens ebenso sehr von französischen und englischen Geschützen wie von deutschen angerichtet worden waren […]. Aber zugleich wussten wir, dass gerade hinsichtlich der Kriegsschuld das französische Volk und mit ihm fast die ganze Welt ebenso fest an die alleinige Schuld Deutschlands glaubte und uns deshalb für alles verantwortlich machte, was in diesen 4 ¼ Jahren an Menschenleben und Eigentum vernichtet worden war.*[117]

II. Die seltsame Niederlage[1]

1. Erfolge, Illusionen, Ernüchterung

a) »Der letzte Hieb«

Im Jahre 2008, anlässlich der neunzig Jahre Kriegsende, brachten die Archive des französischen Außenministeriums ein reich bebildertes Werk heraus, dessen bewusst provokanter Titel lautete: »1918: L'Étrange Victoire« – der seltsame Sieg. Hier wurde unter Heranziehung einer Vielzahl von zeitgenössischen Quellen gezeigt, wie wenig die Alliierten mit einem Sieg noch im Jahre 1918 gerechnet hatten.[2] Man erwartete ganz allgemein, dass Deutschland auf jeden Fall bis zum Frühjahr 1919 Widerstand leisten könnte. Denn im Spätsommer war die Leistungskraft der amerikanischen Armee in Frankreich ganz ungewiss, und auf französischer und britischer Seite zeigte sich in den Kämpfen des Sommers und Herbstes 1918, dass auch hier Kampfwillen und Kampfkraft nicht mehr zu entscheidenden Vorstößen reichten. Das Versprechen des französischen Generalstabschefs Philippe Pétain vom Dezember 1917, dass er seine Soldaten vor weiteren mörderischen Offensiven wie der vom April/Mai 1917 (Nivelle-Offensive) schonen und »auf die Amerikaner und die Tanks warten« wolle, galt für die französische Armee weiterhin. Dies umso mehr, als auch im alliierten Heer die Spanische Grippe riesige Verluste und eine allgemeine Schwächung verursachte, wobei der Einfluss dieser Epidemie auf die militärischen Ereignisse 1918 bis heute nicht hinreichend ausgelotet worden ist.[3] Was Deutschland betrifft, so scheint bisher jedenfalls festzustehen, dass im Sommer 1918 erhebliche Kontingente von Soldaten unter dem Infekt zu leiden hatten. Ein erster dramatischer Anstieg erfolgte im Juni 1918, als gegenüber einem »normalen« Krankenstand von ca. 300 000 Mann 382 000 Fälle gemeldet wurden, davon 139 000 Influenza-Kranke. Und in der ersten Julihälfte steigerte sich dies auf insgesamt 685 000 Kranke, davon 399 000 von der Grippe betroffene. Für drei Armeen des bayerischen Heeres, für die genaue Zahlen vorliegen, waren bei einer Gesamtstärke von ca. 1,1 Millionen Mann Mitte Juli 114 000 Mann als grippekrank gemeldet. Allerdings verlief diese Krankheitswelle noch relativ glimpflich, und Ende Juli waren die meisten wieder einsatzfähig. Gestorben sind an der Grippe ca. 25 000 Mann – das sind etwa 0,3 Prozent der annähernd acht Millionen deutschen Soldaten, die 1918 »im Felde« standen.[4]

Wenn also die »Spanische Grippe nicht unbedingt als ein entscheidender Faktor angesehen werden kann, so ist doch zweifellos wahr, dass das deutsche Heer in der zweiten Jahreshälfte 1918 »mit dem Rücken zur Wand« stand, wie David Stevenson, einer der besten Kenner der militärischen Entwicklung, geurteilt hat.[5] Aber das heißt eben nicht, dass eine baldige definitive Niederlage, ein regelrechter Zusammenbruch, bereits im Herbst 1918 absehbar gewesen wäre.

Zu Beginn des fünften Kriegsjahres wussten die militärischen und politischen Verantwortlichen in Deutschland, dass es unmöglich sein würde, den Kampf längerfristig durchzuhalten. Sie glaubten aber, dass sie eine klare Chance hätten, auch an der Westfront zu siegen, bevor sich der Kriegseintritt der USA (seit April 1917) entscheidend auf die Quantität und Qualität der feindlichen Truppen auswirken konnte. Natürlich wusste man nicht, wie viel Zeit dafür blieb. Aber nach Überzeugung der Militärs konnte ein Sieg noch gelingen, denn die größte

Umwälzung im bisherigen Kriegsverlauf war ja die Niederlage Russlands gewesen. Und selbst wenn die Ostfront nach dem Waffenstillstand mit den Sowjets nicht ganz entblößt werden konnte, so waren doch ca. dreieinhalb Millionen Soldaten vorhanden, die nun im Westen eingesetzt werden konnten.

Am 20. Februar 1918 notierte General Wilhelm Groener, zu diesem Zeitpunkt noch Divisionskommandant an der Ostfront, nach einem Gespräch mit jungen Offizieren: »Das Vertrauen, dass im Frühjahr die Engländer entscheidend geschlagen werden, ist bei den jungen Leuten fast schon feststehende Tatsache.«[6]

Erste Planungen für diesen gigantischen Versuch, einen entscheidenden »Durchbruch« im Westen zu schaffen, begannen bereits im Oktober 1917, als feststand, dass Russland nicht mehr kämpfen würde.

Im Unterschied etwa zu den Schlachten von Verdun und an der Somme 1916 wurde die Vorbereitung dieser Großoffensive keineswegs geheim gehalten. Bereits im Januar kursierten erste Zahlen, kurioserweise auch die von der OHL bereits im »Vorfeld« einkalkulierten Verluste. Ein Flugblatt der USPD bezifferte diese auf wahrscheinlich 600 000 Mann, eine Zahl, die auch sonst in Berlin verbreitet wurde. Max Weber schrieb in einem Brief vom 16. Januar 1918:

> *Die künftige Offensive im Westen ist vom Generalstab auf 600 000 Tote für uns kalkuliert – und wenn sie mißglückt oder halb mißglückt? Und Berlin gleicht einem politischen Irrenhaus. So etwas sollte man nicht für möglich halten, und das Schlimme ist: der Zusammenhang zwischen Militär und Schwerindustrie bei diesem absolut infamen Treiben.*[7]

Auch die ausdrücklich für den Zweck dieser Schlacht aufgelegte 8. Kriegsanleihe mit dem sprechenden Titel »Der letzte Hieb« und einem Plakat, das heute noch zu den bekanntesten des Weltkrieges zählt, erhielt große Zustimmung.

»Der letzte Hieb«: Werbeplakat für die Anleihe vom März 1918 mit der Hoffnung auf einen baldigen endgültigen Sieg an der Westfront.

Mit nahezu 15 Milliarden Mark war sie um ein Drittel stärker gezeichnet als die vorangehende vom September 1917 und gleichzeitig auch die meistgezeichnete Anleihe des Weltkrieges überhaupt.

Es gab eine öffentliche Begeisterung für diese »Entscheidungsschlacht«, die die Zeitgenossen an den August 1914 erinnerte und der sich auch Anhänger eines baldigen Verständigungsfriedens nicht entziehen konnten: »Der Reichstagsmehrheit durfte man nicht mehr von der Friedensresolution [1917] sprechen, das nahm sie übel.«[8]

Der deutsche Generalstab hatte bei der Planung dieser Offensive insbesondere die »Nahtstellen« zwischen der britischen und französischen Armee im Blick, denn man ging davon aus, dass die Abstimmung zwischen den Alliierten auf dem Schlachtfeld schwierig bleiben würde, da diese immer noch nicht zu einem gemeinsamen Oberkommando, geschweige denn zu vermischten Verbänden, gefunden hatten. Nach langwieriger Diskussion verschiedener Alternativen entschied sich Ludendorff für die Offensive auf einem ca. achtzig Kilometer breiten Abschnitt der Westfront zwischen Laon im Westen und Arras im Norden.[9] Die operative Hauptabsicht war, »unter Anlehnung des linken Flügels an die Somme« den Angriff in nordwestlicher Richtung vorzutragen, um die englische Front weiter nördlich aufzurollen.[10]

Das »Unternehmen Michael« – so lautete der Codename für die Großoperation – begann im Morgengrauen des 21. März 1918 mit einem gewaltigen Artilleriebeschuss der alliierten Stellungen. Die 5. britische Armee unter dem Kommando von General Hubert Gough stand schon bald in Gefahr, von deutschen Truppen umschlossen zu werden, und trat panisch den Rückzug an. Die Verbände der »Heeresgruppe Kronprinz Rupprecht«, vor allem die 17., 18. und 3. Armee, stießen mit erstaunlicher Geschwindigkeit vor. Einen derartigen Geländegewinn – 15 Kilometer am Tag – hatte es seit 1914 nicht mehr gegeben! Dabei machte sich insbesondere der Einsatz der von Ludendorff seit 1916 besonders stark geförderten »Stoßtrupp-Taktik« bemerkbar. Das waren hochmobile Einheiten in »Zug«-Stärke zwischen 20 und

100 Mann, Gruppen von entschlossenen Spezialisten, ausgerüstet mit Flammenwerfern, leichten MG und Handgranaten, deren individuelle Vorstöße von schwerer Artillerie vorbereitet und abgesichert wurden. Sie waren gewissermaßen die »Speerspitze« der Angriffsdivisionen und bildeten eine Art neue Kriegerkaste, die sogar einem Aktivisten wie Ernst Jünger eigenartig erschien:

> *Die Sturmtruppleute waren merkwürdige Kerls. Junge Krieger mit langen Haarschöpfen und Wickelgamaschen, gerieten sie 20 m vorm Feind in einen heftigen Streit untereinander über das eben stattgefundene Aufrollen, fluchten wie die Berserker und rühmten sich gegenseitig mit großem Prahlen.*[11]

Insgesamt 76 Divisionen, darunter 47, die zum Teil durch den an der Ostfront geschlossenen Waffenstillstand zwischen Russland und Deutschland im Dezember 1917 verfügbar geworden waren, wurden in diese gigantische Schlacht geworfen. Das war eine Kampfstärke von ca. einer Million Soldaten![12]

Gleichzeitig mit dem Beginn der Michael-Offensive wurde die überall plakatierte Auffassung vom »letzten Hieb« zum endgültigen Sieg durch ein Ereignis eingeläutet, das bis heute in Frankreich emotional nachhallt. Ludendorff und sein Adlatus, Oberst Max Bauer, hatten seit 1917 von den Kruppwerken ein einzigartiges Geschütz konstruieren lassen. Dieses verfügte über eine Reichweite von mehr als 120 Kilometern, genug, um Paris von der Frontlinie aus zu erreichen. Es war ein Monstrum mit nie gesehenen Ausmaßen: Das Rohr mit einem Durchmesser von 21 Zentimetern hatte eine Länge von 24 Metern und war damit so lang, dass man es wie eine Hängebrücke mit Stahltrossen stabilisieren musste. Jedes Projektil wog 100 Kilogramm und erreichte eine Anfangsgeschwindigkeit von 1500 Metern pro Sekunde.

Das Paris-Geschütz war die Krönung einer Hochtechnologie, die schon eine lange Entwicklung hinter sich hatte. Das Besondere an diesem Geschütz mit 21 Zentimeter Rohrdurchmesser war das ungeheuer lange Kanonenrohr von 24 Metern Länge, das sogar an Stahlseilen aufgehängt werden musste, um nicht abzubrechen. Darin bestand aber gleichzeitig auch die Schwäche dieser Waffe, nämlich ihre langsame Schussfolge. Da sich beim Austreten des 100 Kilogramm schweren Geschosses die Rohrmündung verformte, waren die Abnutzungserscheinungen so stark, dass pro Rohr insgesamt nur 65 Projektile abgefeuert werden konnten, noch dazu mit zunehmendem Kaliber, um die Abnutzung auszugleichen.

Zwischen dem 23. März und dem 9. August, an dem der letzte Angriff stattfand, zählte man 320 Einschläge in Paris und Umgebung, mit insgesamt 256 getöteten und 625 verletzten Personen.[13] Diese Bombardierung war umso schrecklicher, als niemand sich vorstellen konnte, woher denn diese Einschläge kamen. Genau diesen Schock hatte sich das deutsche Oberkommando erhofft. Zielgenauer Beschuss war auf diese Entfernung nicht möglich. Unter anderem wurde dabei auch am Karfreitag des Jahres 1918 die Kirche Saint Gervais während des Gottesdienstes getroffen, wobei 89 Frauen, Kinder und alte Menschen umkamen – was in Frankreich heute noch vielfach als Beleg für die ungeheure Barbarei der Deutschen gesehen wird.

Wir wissen immer noch nicht genau, was die genaue Intention dieses eher sporadischen Beschusses von Paris war. Es gibt nur sehr wenige Aufzeichnungen über dieses Projekt, bedingt einerseits durch die totale Geheimhaltung während der Operation und andererseits durch die Bestrebungen der deutschen Militärführung nach Kriegsende, die Unterlagen zu vernichten, bevor sie den Alliierten in die Hände fielen.

So geheim die Konstruktion dieser Riesenmaschine war, so wurde ihre Aktivität doch gleich genutzt, um der deutschen Bevölkerung neues Vertrauen in einen siegreichen Ausgang des Krieges zu vermitteln. Mit der Bezeichnung »Märchenkanone« mokiert sich die Zeitschrift *Kladderadatsch* in ihrer Ausgabe vom 7. April 1918 über die Franzosen und deren Leid unter den Einschlägen des »Parisgeschützes«.

Zeichnung von W. A. Wellner.

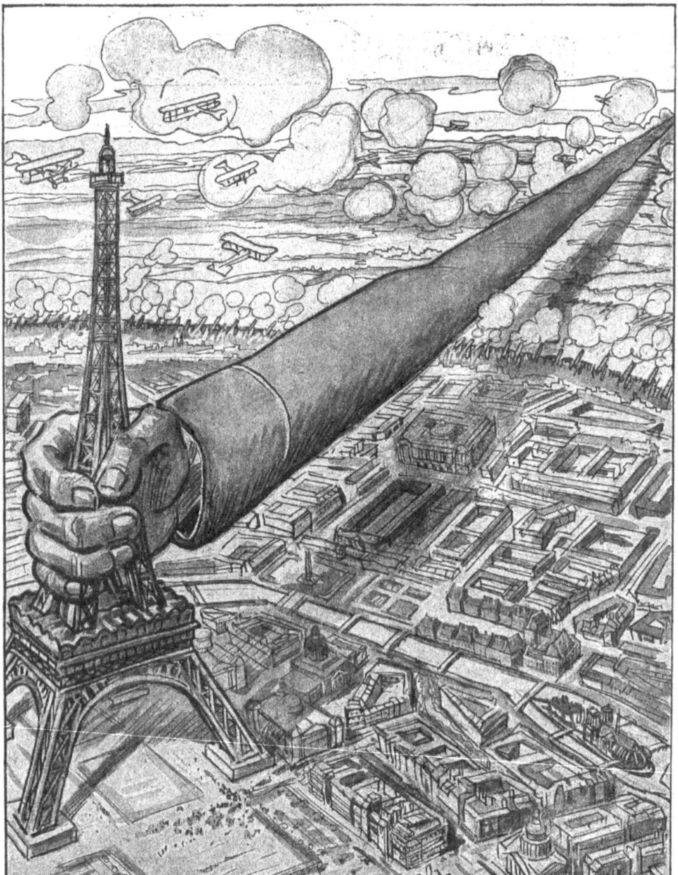

120 Kilometer.

No. 15 9

Parisgeschütz, 1918: Durch den Beschuss von Paris aus einer Entfernung von 120 Kilometern wird Frankreich besiegt werden.

Harry Graf Kessler, der unbestechliche Zeuge jener Zeit, notierte am 24. März in seinem Tagebuch, dass die Extrablätter (!), die vom Fernbeschuss berichteten, von Menschenmassen umlagert würden, und dass man allenthalben von Ludendorffs Meldung erleichtert sei, dass die Schlacht jetzt schon gewonnen sei.[14]

Das war sie zwar keineswegs, aber in Paris machte sich Panikstimmung breit, Hunderttausende begannen, aus der Stadt zu fliehen. Und das war genau das, was die Angriffe mittels des Langen Max bezweckten. Denn es war ja kein genauer Zielbeschuss möglich, man wusste nur, dass die Geschosse irgendwo in Paris und im näheren Umkreis der Metropole niederkamen. Nicht Flächenbombardement war also geplant, sondern punktuelle Angriffe, um Demoralisierung zu bewirken. Im Grunde war das nichts anderes als die seit 1914 ständig zunehmenden Fliegerangriffe auf die Zivilbevölkerung, auf London und Paris genauso wie auf Aachen, Essen oder Mannheim. Die Zerstörungen durch das »Parisgeschütz« waren ein weiterer Schritt der psychologischen Kriegsführung – nicht mehr, aber auch nicht weniger.

Aus deutscher Sicht war die Offensive zunächst ein großer Erfolg. Seit Jahren war man nicht mehr mit ähnlicher Erleichterung aus den verhassten Verteidigungsstellungen losgebrochen. Die Artillerievorbereitung des Angriffs kommentierte Leutnant Ernst Jünger an der Front folgendermaßen:

> *Leute liefen herum mit strahlenden, freudigen Gesichtern, wie ich sie nie sonst im Graben gesehen hatte und schrien sich freudige Bemerkungen über das vernichtende Feuer in's Ohr. Pionier und Fernsprecher, Infanteristen und Artilleristen, Bayern und Preußen, Offiziere und Mann, alles war überwältigt von dieser elementaren Äußerung deutscher Kraft.*[15]

b) Auf Messers Schneide?[16]

Den deutschen Truppen gelang es tatsächlich, eine Bresche zwischen den französischen und englischen Truppen an der Somme zu schlagen, die fast bis Amiens reichte. Doch der enorme Vorstoß nur in die Tiefe ließ eine sogenannte »Frontnase« entstehen, einen Vorsprung in der Gesamtfront, der von den feindlichen Truppen zu einfach »flankiert«, nämlich von den Seiten aus angegriffen werden konnte. Und nichts ist für vorwärts »stürmende« Truppen schwieriger, als sich gleichzeitig gegen solche Flankenangriffe zu schützen. Außerdem gelang es nicht, dem Schwung der angreifenden Truppen kontinuierlich mit Nachschub und der nötigen Artillerieunterstützung nachzukommen. Das Gelände war durch die Schlachten von 1916 und insbesondere infolge der Verwüstungen beim deutschen Rückzug 1917 (»Operation Alberich«) in eine Mondlandschaft verwandelt worden.[17] Und trotz aller Offensivbegeisterung fehlte es den Deutschen vor allem an gummibereiften Lkw, um den Nachschub nach vorne transportieren zu können. Die mit Pferdewagen vorangehenden Verpflegungskolonnen hatten »trotz äußerster Anstrengung bei dem erbärmlichen Ernährungszustand der Pferde nur eine beschränkte Leistungsfähigkeit«.[18] Die Dynamik der Offensive nahm deshalb mehr und mehr ab, und das wirkte sich erheblich auf die Kampfmoral aus. Nahmen die Soldaten eine britische Stellung ein, ließ sich der Trupp erst einmal dort nieder, um die reichhaltigen Vorräte, Nahrung und Alkohol, zu plündern.

Ludendorff, der sich weit entfernt von der Front aufhielt, hat diese Vorgänge in seinen Memoiren dem durch die defätistische und bolschewistische Propaganda verweichlichten Geist der Truppe zugeschoben. Hauptsächlich seien daran gerade jene Soldaten beteiligt gewesen, die aus dem Osten kamen und deren Moral vom Bolschewismus zersetzt worden sei. Hermann von Kuhl, Generalstabschef der mit dem Angriff betrauten Heeresgruppe Kronprinz Rupprecht, beurteilte das in seiner großen Gesamtdarstellung der Ereignisse viel nüchterner: Das alles seien – noch – Einzelfälle gewesen, die die Kampfkraft der Truppen nicht wesentlich beeinträchtigt hätten.[19] Wie auch immer: Die Michael-Offensive musste erfolglos abgebrochen werden (5. April 1918). Allerdings erfuhr die deutsche Öffentlichkeit nichts von diesem Scheitern des »letzten Hiebes«, denn die OHL verkündete weiterhin Sieg auf Sieg, und zudem wurden ja die Offensiven in anderen Frontabschnitten fortgesetzt: Vom 4. bis zum 29. April die Operation »Georgette« in Flandern, sowie dann eine neuerliche Offensive zwischen Reims und Soissons zwischen dem 27. Mai und dem 6. Juni.

Diese aufeinanderfolgenden Offensiven unterlagen keiner kohärenten Planung. Ludendorff begnügte sich mit einer Serie von Schlägen gegen die alliierte Front, die einzelnen Ergebnisse sollten über die nachfolgenden Schritte entscheiden. Als Kronprinz Rupprecht, der für die gesamten Angriffe direkt verantwortliche Chef der »Heeresgruppe Kronprinz Rupprecht«, beim deutschen Chefkommandant nach den strategischen Gründen für die geplanten Operationen nachfragte, antwortete Ludendorff laut Rupprechts Tagebuch: »Das Wort ›Operation‹ verbitte ich mir. Wir hauen ein Loch hinein. Das weitere findet sich. So haben wir es in Russland auch gemacht!«[20] Diese Planlosigkeit hatte auf Dauer katastrophale Konsequenzen. Zunächst aber schien Ludendorffs Verfahren erfolgreich zu sein.

Es gilt festzuhalten, was in der deutschen Historiographie nahezu vollständig vergessen worden ist, dass auch nach heutiger Meinung französischer und internationaler Militärexperten das Ergebnis der Frühjahrsoffensiven als für die Alliierten verheerend angesehen wird. Die britische Armee, so Jean-Claude Laparra, sei Mitte April praktisch »ausgeblutet gewesen«, weil sie zwischen dem 21. März und dem 17. April mindestens 260 000 Mann verloren hatte, davon 190 000 Infanteristen. Das war nahezu ein Drittel des gesamten britischen Feldheeres! Von diesem Schlag habe sie sich mehrere Monate lang nicht mehr erholen können.[21]

So erschreckend schien die Situation der britischen Armee zu diesem Zeitpunkt, dass der Oberkommandierende Haig am 11. April einen Tagesbefehl an seine Truppen ausgab, der ähnlich dramatisch war wie Joffres Tagesbefehle in der Marne-Schlacht von 1914 oder Pétains Aufruf an die Soldaten auf dem Höhepunkt des deutschen Angriffs auf Verdun im April 1916:

> *Three weeks ago to-day the enemy began his terrific attacks against us [...] Many amongst us are now tired. To those I would say that Victory will belong to the side which holds out the longest. The French Army is moving rapidly and in great force to our support. There is no course open to us but to fight it out. Every position must be held to the last man: there must be no retirement. With our backs to the wall and believing in the justice of our cause each one of us must fight on to the end. The safety of our homes and the Freedom of mankind alike depend upon the conduct of each of us at this critical moment.*[22]

Auch die französische Armee war durch die deutschen Offensiven in eine äußerst schwierige Lage geraten. Sie sah sich einer Frontverlängerung von 125 Kilometern ausgesetzt und hatte die Hälfte ihrer Divisionen zur Unterstützung an den britischen Frontabschnitten abstellen müssen. Dies hatte zur Folge, dass Anfang Mai die Moral bei den Alliierten auf einem Tiefpunkt angekommen war.[23]

Ebenso kam der neuerliche Angriff Ende Mai an der Marne für die Franzosen überraschend. Das schnelle Vordringen der Deutschen löste im alliierten Hauptquartier große Sorge aus. Nach Pershings Memoiren über einen Besuch bei Foch, dem Oberkommandierenden (seit März) der alliierten Truppen am 30. Mai, herrschte in dessen Stab größte Bedrückung. Und in Paris kam es erneut zu einer Massenpanik. Mehr als eine Million Einwohner verließen die Stadt und man bereitete die Verlegung der Regierung nach Bordeaux vor.

Von Frankreich aus gesehen schien der deutsche Sieg in diesem Frühjahr 1918 nahezu unvermeidlich zu sein. Als Clemenceau am 23. März von einem Besuch in Pétains Hauptquartier in Compiègne zurückkehrte, gab der französische Regierungschef dem Leiter seines Militärkabinetts, General Mordacq, einen Einblick in sein Innenleben: »Man muss wirklich schon ein dickes Fell haben, um noch zuversichtlich zu bleiben.«[24] Die Überzeugung, nicht etwa mit bereits kraftlosen und im »verdeckten Militärstreik« stehenden deutschen Soldaten konfrontiert zu sein, sondern mit einer überaus kampferprobten und kräftigen Truppe, gegen die die letzten Reserven mobilisiert werden mussten, charakterisiert noch heute die französischen Darstellungen zu den Schlachten von 1918.[25]

Es kann also nicht verwundern, dass sich die deutsche Generalität damals noch über die wohl »objektiv« schon vollzogene Wende zur Niederlage täuschte– genauso wie sich die Öffentlichkeit täuschen ließ, welche die täglichen Erfolgsmeldungen des offiziösen »Wolff'schen Telegraphischen Bureaus« weiter goutierte – auch wenn sich ab Mai die Proteste gegen den Mangel an Nahrungsmitteln aller Art wieder vermehrten und die März-Begeisterung mehr und mehr einer allgemeinen Kriegsmüdigkeit wich. Denn die wie auch immer strahlenden Siege hatten ja die Not in der Heimat keineswegs mildern können – Beute für die hungrigen Mägen war zwar versprochen, aber in keiner Weise greifbar geworden.

c) Die Moral lässt nach

Ab Anfang Juni wurde für die Spezialisten erkennbar, dass die deutschen Frühjahrsoffensiven nichts eingebracht hatten. Bei den Angriffen Ende Mai und Anfang Juni hatte man 130 000 Mann an Gefallenen, Verwundeten, Erkrankten und Gefangenen beziehungsweise Geflüchteten zu beklagen. Zudem erwies sich vor Reims und Château-Thierry, dass die deutsche Offensive angesichts der vom französischen Oberbefehlshaber Pétain entwickelten Taktik des rechtzeitigen Ausweichens in die 2. Stellung »verpuffte«. Die Moral der Armee wurde immer schlechter, Verluste, Krankheiten (die Spanische Grippe grassierte) und der stete Mangel an Material und Verpflegung setzten den Soldaten ungeheuer zu.

Doch dies führte zu keiner Veränderung in den öffentlichen Bekundungen der OHL, die nach außen unbeirrt Siegesgewissheit verbreitete. Man hatte zu viel versprochen, zu viel riskiert: Ein Ausweg aus dem Dilemma war durch einen Kompromiss nicht mehr herzustellen.

Nach dem Misserfolg der so hoffnungsvollen Offensiven vom März bis Mai verlor die deutsche Armee zunehmend an Kampfkraft. Die Lage wurde unhaltbar, wie auch führende Militärs erkannten.

Gegen Ludendorff, der unbeirrt an seinem Konzept festhielt, durch weitere »Schläge« dem Gegner den Willen aufzuzwingen, erkannte Rupprecht, dass nun eigentlich die Stunde der Politik gekommen war: Am 1. Juni 1918 schrieb er einen höchst ungewöhnlichen Brief an Reichskanzler Graf Hertling (dieser war ja von der OHL dem Kaiser geradezu aufgedrängt worden). Rupprecht betonte, dass man trotz aller aktuellen Erfolge nicht mehr in der Lage sei, dem Gegner »eine entscheidende Niederlage zu bereiten«. Deshalb sei nun der Zeitpunkt »zur Anbahnung von Friedensverhandlungen« gekommen. Explizit kritisierte er Ludendorff, der nach Rupprechts Auffassung auf einen »deus ex machina« hoffe, nämlich auf einen inneren Zusammenbruch vor allem der Franzosen. Er, Rupprecht, sei hingegen überzeugt, dass angesichts des Sieges über Russland auch ein Friedensschluss, der im Westen nichts einbringe und sogar zur Rückgabe Belgiens führe, immer noch ein Sieg sei. Aber: »Müssen wir über den Winter weiterkämpfen, wird dies auf den Geist der Truppe nachteilig wirken, bei der allgemein die Hoffnung besteht, dass der Krieg bis zum Herbste beendigt sein wird.«[26]

Rupprecht dachte also an ein Friedensangebot aus einer Position der relativen Stärke heraus. Diese Alternative wurde in den folgenden Wochen im Kreise der Regierung und der führenden Militärs ausgiebig diskutiert. Auch Ludendorff nahm dazu Stellung, allerdings auf eine für ihn sehr charakteristische Weise: Die militärische Offensive solle nunmehr von einer politischen Aktion begleitet werden, und zwar durch eine

> *großzügige Auswertung der militärischen Ereignisse durch politische Propaganda in der Heimat und den neutralen Ländern [...] einer Propaganda, die letzten Endes die Heimatfront unserer Feinde schwächen soll und damit als politische Offensive neben die militärische treten würde.*[27]

Ludendorffs Forderung nach politischer Offensive ist schon ein Versuch gewesen, die Verantwortung für Sieg und Niederlage von den eigenen Schultern auf die der zivilen Regierung zu verlagern – auch ein Merkpunkt zur Genesis der Dolchstoßlegende. Auf Einzelheiten der von den militärischen und politischen Fachleuten in der Folge entworfenen Handlungspläne zur Mobilisierung der Bevölkerung kann hier verzichtet werden. Sie hatten ja ganz ersichtlich nicht den geringsten Erfolg und waren Luftschlösser einer ziemlich desorientierten Heeresleitung.[28]

Die »Affäre Kühlmann« ist symptomatisch für die Verworrenheit der Einstellung zu Krieg und Frieden in Deutschland. Richard von Kühlmann, einer der bedeutendsten Diplomaten des Reiches, war im August 1917 zum Staatssekretär des Äußeren – also zum Außenminister nach heutigem Maßstab – ernannt worden. Er suchte nach der Formel für einen Kompromissfrieden und zog sich damit den Zorn der Militärs zu. Am 24. Juni 1918 kam es zum Eklat: Kühlmann ergriff im Reichstag die Initiative und erklärte dem Parlament, dass ein rein militärischer Sieg nicht mehr möglich sei, sondern der Weg zum Frieden auch diplomatisch beschritten werden müsse.

Hindenburg protestierte scharf gegen diese Art und Weise, dem Gegner quasi offiziell mitzuteilen, dass man nicht mehr an einen Sieg glaube, und erwirkte die Entlassung des Staatssekretärs. Ludendorff äußerte gegenüber dessen Nachfolger, Paul von Hintze, auf Nachfrage, er hoffe, den Gegner durch den nächsten militärischen Schlag friedenswillig machen zu können.[29] Und am kaiserlichen Hof war man über Kühlmanns Rede sehr entsetzt, weil dadurch die riesigen Kriegsziele gefährdet erschienen.[30]

Auch die Führer der rechten Fraktionen, Kuno Graf Westarp für die Konservativen und Gustav Stresemann für die Nationalliberalen, ließen keine Alternative zu einem glanzvollen Sieg auf dem Schlachtfeld gelten.[31] Ende Juni 1918 war es in der deutschen Öffentlichkeit also weiterhin unmöglich, die Zielsetzung, einen eindeutigen militärischen Sieg zu erringen, zu hinterfragen.

d) Der Einbruch vom 18. Juli

Doch der so oft versprochene Sieg blieb aus, und damit veränderte sich ab Juli 1918 auch die Dynamik des Krieges. Die Verluste waren auf beiden Seiten enorm, jedoch gab es einen essenziellen Unterschied: Während auf deutscher Seite inzwischen die Mittel fehlten, die erlittenen Verluste auszugleichen, konnten die Alliierten nun auf das massive Eingreifen der amerikanischen Soldaten zählen. Das Pendel schlug zugunsten der Alliierten aus. 85 000 Amerikaner unterstützten die alliierte Gegenoffensive am 18. Juli mit insgesamt drei Divisionen. Wenn die deutschen Truppen noch am 1. Juni über eine numerische Überlegenheit verfügten, so hatte sich am 1. Juli das Mehrheitsverhältnis umgekehrt: 3 756 000 deutschen Soldaten standen nun 4 002 000 alliierte Soldaten gegenüber, darunter 785 000 Amerikaner. Der von amerikanischen Truppen gehaltene Frontabschnitt wurde immer größer. Ab Juli 1918 landeten 250 000 Amerikaner pro Monat an der französischen Küste.[32]

Wie das Rufen des ängstlichen Kindes im Wald klingen (heute) die beiden »Erlasse«, die Wilhelm II. am 31. Juli 1918, anlässlich des Beginns des fünften Kriegsjahres, verkündete:

> *Vier Jahre schweren Kampfes sind dahingegangen, ewig denkwürdiger Taten voll. Für alle Zeiten ist ein Beispiel gegeben, was ein Volk vermag, das für die gerechteste Sache, für die Behauptung seines Daseins, im Feld steht […] Das fünfte Kriegsjahr, das heute heraufsteigt, wird dem deutschen Volke auch weitere Entbehrungen und Prüfungen nicht ersparen. Aber was auch kommen mag, wir wissen, dass das Härteste hinter uns liegt. Was im Osten durch unsere Waffen erreicht und durch Friedensschlüsse gesichert ist, was im Westen sich vollendet, das gibt uns die feste Gewissheit, dass Deutschland aus diesem Völkersturm, der so manchen mächtigen Stamm zu Boden warf, stark und kraftvoll hervorgehen wird. […] Nichts ist von uns versäumt worden, um den Frieden in die zerstörte Welt zurückzuführen. Noch aber findet im feindlichen Lager die Stimme der Menschlichkeit kein Gehör […] Darum heißt es weiter kämpfen und wirken, bis die Feinde bereit sind, unser Lebensrecht anzuerkennen, wie wir es gegen ihren übermächtigen Ansturm siegreich verfochten und erstritten haben. Gott mit uns!*

Und dazu noch ein weiterer Aufruf:

> *An das deutsche Heer und die deutsche Marine! Vier Jahre ernster Kriegszeit liegen hinter euch […] Euer stürmischer Angriffsgeist trug im ersten Jahre den Krieg in Feindesland und hat die Heimat vor den Schrecken und den Verwüstungen des Krieges bewahrt […] Die gewonnenen Feldschlachten der letzten Monate zählen zu den höchsten Ruhmestaten deutscher Geschichte. Verzweifelte Kraftanstrengung des Feindes wird wie bisher an eurer Tapferkeit zunichte werden, des bin ich sicher und mit mir das ganze Vaterland. Uns schrecken nicht die amerikanischen Heere, nicht die zahlenmäßige Übermacht. Es ist der Geist, der die Entscheidung bringt, das lehrt die preußische und deutsche Geschichte, das lehrt der bisherige Verlauf des Feldzuges.*[33]

Eine solche Tonart angesichts der geschilderten tatsächlichen militärischen Lage spottet, von heute her gesehen, jeder Beschreibung. Und es wäre das Einfachste, sie als blanken Zynismus abzutun. Andererseits sind die Worte des Kaisers und die Tatsache, dass er es wagte, diese zu veröffentlichen, ohne sich schallendem Gelächter sowohl auf Seiten der Zivilisten als auch bei den Soldaten auszusetzen, ein Indiz für den hohen Grad der tatsächlichen Verworrenheit des Wissens um die Kriegslage.

Es gibt ein hochinteressantes Dokument, welches die Meinungslage bei der Heeresleitung in jenen Tagen *ad oculos* zeigt, nämlich Ludendorffs Anweisungen vom 2. August an die verschiedenen Heeresgruppen im Westen, die allerdings hochgeheim blieben und nur für die Chefs der verschiedenen Generalstäbe bestimmt waren. Dort führte der Generalquartiermeister aus, dass die Gesamtlage dazu zwinge,

> *dass wir uns einerseits auf Abwehr stellen, andererseits so bald wie möglich wieder zum Angriff übergehen. […] Wir müssen an Überraschungsangriffen festhalten, andere kosten uns zu viel Menschen […]. So kann es auch möglich werden, namentlich auf schmalen Fronten, auch an beliebigen Stellen gegen die Schwächen des Feindes wichtige Teilerfolge zu erzielen.*

Wenn diese Sätze ziemlich genau die Sichtweise und auch die operativen Möglichkeiten des deutschen Heeres zu jenem Zeitpunkt schildern, so ist der Schlusssatz dieser Anweisung im höchsten Maße signifikant für die Diskrepanz zwischen dem Zustand der Truppen und den Plänen der Heeresleitung:

> *Alle Angriffe sind nur als Abwehrmaßnahmen vorzubereiten. Von Angriffen ist nicht zu sprechen.*[34]

e) Der 8. August: Ein »schwarzer Tag«?

Nur eine Woche später kam es dann zu einem weiteren, heute als entscheidend angesehenen Vorstoß der britischen Truppen bei Amiens. Hier wurden am 8. August die deutschen Truppen dermaßen versprengt und dezimiert, dass Ludendorff in der Retrospektive vom »schwarzen Tag« des deutschen Heeres gesprochen hat.

Leutnant Ernst Jünger kommentierte die nach diesem Ereignis herrschende Stimmung der Soldaten in seinem Kampfbereich in seinem Tagebuch:

> *Die Stimmung der Truppe in diesen Tagen muß ich als ziemlich übel bezeichnen, die Hoffnung auf einen Enderfolg scheint seit dem Umschwung bei Reims so ziemlich Allgemein verloren gegangen zu sein. Es wird auch dem gemeinen Manne allmählig klar, daß die Gegner mit ihrer erdrückenden Munitions- und Materialüberlegenheit (von Menschen gar nicht zu reden) uns zum bittern Ende treiben wollen. Daß wir in dem Amerikaner, der mit dem Sportsgeist eines jungen Kriegers angreift, keinen schlechten Gegner gefunden haben, dürfte auch wohl manchem bisherigem Spötter klar geworden sein.*[35]

Der ab dem 8. August einsetzende Zerfallsprozess ist in vielen Darstellungen ausführlich analysiert worden. Bahnbrechend war in dieser Hinsicht ein Aufsatz von Wilhelm Deist, der nachwies, dass ab dem Frühsommer 1918 eine Art »verdeckter Militärstreik« unter den deutschen Soldaten in Bewegung kam.[36] Wobei es gilt, eine verbreitete Fehlinterpretation klar auszuschließen. Deist hat niemals von einem organisierten Streik der Soldaten gesprochen, sondern von einer Bewegung des »Wegdrückens« von der Front, des »Verdünnisierens«, wie man damals sagte, die mit dem Sommer 1918 massenhafte Züge annahm. Etwa Soldaten, die sich schlicht nicht mehr zum Abmarsch einfanden oder beim Zugwechsel »verschwanden« beziehungsweise in der Etappe untertauchten.[37] Diese Bewegung weg von der Front kam auch in einem deutlichen Ansteigen der Anzahl der von den Alliierten gemeldeten Kriegsgefangenen zum Ausdruck. Wenn etwa die deutschen Quellen nach der Niederlage vom 8. August von 40 000 Verlusten sprachen und die alliierten Quellen 30 000 Kriegsgefangene meldeten, so war schon damals klar, dass sich eben eine große Anzahl von Soldaten gewissermaßen in die Kriegsgefangenschaft geflüchtet hatte, um dem sinnlosen Sterben zu entkommen.[38] Das verstanden offensichtlich auch die Alliierten bereits während dieser Kämpfe, denn nicht von ungefähr forderte ihre massive Flugzettel-Propaganda gerade die individuellen Soldaten zum Überlaufen auf.[39]

Niemand vermag zu sagen, wie groß der Einfluss dieser Propaganda auf das Verhalten der deutschen Soldaten tatsächlich war – genauso wenig wie die »defätistische« Propaganda von der extremen Linken in Deutschland, vornehmlich die Flugblätter von Spartakus. Aber es hat sie in großer Zahl gegeben und von daher verwundert es nicht, dass sie in der Dolchstoßpropaganda nach dem Kriege eine bedeutende Rolle gespielt haben, worauf im folgenden Kapitel über den »Dolchstoß« näher eingegangen werden soll.

Unabhängig von der Bewegung des »verdeckten Militärstreiks« beziehungsweise besser: des massenhaften »Verdünnisierens« der Soldaten, ist auch erwiesen, dass die deutschen Einheiten ab dem Herbst 1918 wegen der anhaltenden riesigen Verluste durch Tod, Verwundung und Krankheit dramatisch zusammenschmolzen. Dieser Schwund an dienstfähigen Männern konnte nicht mehr kompensiert werden, sodass die OHL dazu überging, die bestehenden Einheiten schlicht zusammenzufassen oder aber in ihrer Kopfzahl drastisch zu reduzieren. Eine deutsche Division konnte im Oktober 1918 ohne Weiteres nur noch 4000 Mann umfassen, also ein Viertel dessen, was 1914 eine »kriegsstarke« Division ausmachte. Die berühmte Zeichnung von Otto Dix aus dem Jahre 1924, »Appell der Zurückgekehrten«, auf der man sechs erbärmliche Gestalten in zerrissenen Uniformen sieht, war also nur wenig übertrieben.

Gleichwohl bleibt es eine kaum zu beantwortende Frage, ab welchem Zeitpunkt das deutsche Heer nicht mehr zu effizientem Widerstand fähig war. Nach dem 8. August gab es keine echte Siegeszuversicht mehr, aber die Leistungen in operativer Verteidigungsstellung blieben zum Teil ganz außerordentlich. Das galt besonders für den Anti-Tank-Kampf und die Stoßtruppentaktik, durch die es immer wieder möglich wurde, die alliierten Offensiven zu stören beziehungsweise zum Abbruch zu zwingen. Man hat deshalb auch von einer »verzweifelten Energie« gesprochen, mit der signifikante Teile der deutschen Armee auch jetzt noch den Kampf fortsetzten.[40] Das wusste offensichtlich auch Ludendorff genau, als er am 15. August die Direktive an die Truppen ausgab, dass es das künftige Ziel sein müsse, durch energische Defensive den Siegeswillen des Gegners zu brechen. Und wie es in einer Lageeinschätzung der OHL (wahrscheinlich von Ludendorff diktiert) vom 15. September heißt, habe man sich aufgrund der massiven Einbrüche in die deutsche Front bei und nach den Kämpfen des 8. August entschlossen, die Truppe in die Siegfriedstellung zurückzuziehen. Dieser Rückzug habe sich absolut planmäßig vollzogen. Da die Feinde ihre Angriffe im Herbst sicherlich fortsetzen würden, werde der Kampf des deutschen Heeres »nicht [mehr] um Geländebesitz geführt werden. Sondern nach dem Grundsatz, den Angreifer sich zermürben zu lassen, selbst aber die Kampfkraft unseres Heeres zu erhalten.«[41]

Wie realistisch waren diese Einstellungen und Prognosen? Die Beurteilung wird noch einmal dadurch verkompliziert, dass es trotz »Einbrüchen« an der Front bei den damaligen Massenheeren und einer bald siebenhundert Kilometer langen Frontlinie auch örtlich weitere Erfolge gab, die eine realistische Lagebeurteilung erschwerten – vor allem wenn man so sehr wünschte, dass das sich ankündigende Debakel doch noch aufzuhalten sei. Das war genau die Haltung von Ludendorff und seinem Stab im August/September 1918. Diese Auffassung wurde von der zivilen Reichsleitung wohl vollkommen geteilt, wie aus dem Protokoll des preußischen Staatsministeriums vom 3. September 1918 ersichtlich ist. Hier erläuterte der preußische Ministerpräsident (gleichzeitig Reichskanzler) Hertling im Beisein der anderen Minister die Perspektiven für die Zukunft:

> *Man müsse etwa zum Feinde sagen: ›Ihr seht, Ihr könnt uns nicht besiegen, Deutschland wird seine Existenzberechtigung und seinen Platz an der Sonne in dem ihm aufgezwungenen Verteidigungskriege zweifellos siegreich behaupten, aber wir sind stets bereit [...], einen ehrenhaften Frieden abzuschließen.‹*[42]

Hinzu kommt, dass die militärische Situation noch im August/September wohl so undeutlich war, dass sie bis heute zu den verschiedensten Interpretationen führt. Hierfür ein besonders interessantes Beispiel: Laut Stevenson habe der 8. August lange nicht die ihm später zugesprochene Bedeutung des »schwarzen Tages« gehabt. Denn schon einen Tag später hätten sich die Deutschen wieder gefangen. Zwar zeigt Stevenson deutlich, wie demoralisiert die Deutschen waren, betont aber gleich darauf die großen Schwierigkeiten des amerikanischen Angriffs Anfang bis Mitte September. Die Deutschen wurden zu diesem Zeitpunkt noch überraschend leicht mit den Tanks fertig, und es gab eine Reihe Anzeichen, dass sich die deutsche Front wieder relativ gut erholte. Die französische Heeresleitung kam sogar zu dem Schluss, dass Deutschland auf jeden Fall noch bis 1919 werde durchhalten können. Dies umso mehr, als auch die alliierten Truppen im September/Oktober so stark unter der Spanischen Grippe litten, dass Haig später sagte, dass die ersten beiden Oktoberwochen die schwierigsten Wochen des Weiterkämpfens gewesen seien.[43] Foch, Oberkommandierender der alliierten Truppen, gestand selber Ende Oktober 1918 zu, dass die Moral der französischen Armee Ende September zu den schlimmsten Befürchtungen Anlass gegeben habe.[44]

Und Winston Churchill schließlich hat in seinem Bericht »The World Crisis« zehn Jahre nach den Ereignissen geurteilt, dass die Alliierten noch ungefähr ein halbes Jahr gebraucht hätten, um – mit erheblichen Verlusten – die Grenze Deutschlands zu erreichen.

> *Hätte also Deutschland sich, die Waffen in der Hand, an der Schwelle des eigenen Landes aufgestellt, bereit, als Geschlagener Frieden zu schließen, Gebiete abzutreten, Wiedergutmachungen zu leisten; bereit auch, falls jedes Verhandeln abgelehnt würde, sich bis zum äußersten zu verteidigen, und imstande, dem Einmarschierenden Verluste in einer Höhe von zwei Millionen Mann aufzuerlegen: dann schien es – und scheint es noch heute – fast sicher zu sein, dass ihm diese letzte Probe [der bedingungslose Waffenstillstand] erspart geblieben wäre.*[45]

In einer jüngeren und sehr reichhaltigen Veröffentlichung hat Michael Epkenhans von einer regelrechten Vogel-Strauß-Politik der OHL gesprochen, die die Realitäten schlicht nicht mehr wahrgenommen habe.[46] Epkenhans hat für seinen Beitrag eine bislang nicht bekannte Untersuchung des Reichsarchivs-Spezialisten Hermann Cron aus dem Jahre 1919 auswerten können, wo der katastrophale Zustand der Truppe im Sommer-Herbst 1918 mit erschütternder Offenheit geschildert wird.[47]Für Epkenhans ist die Sachlage klar: Deutschland ist eindeutig militärisch besiegt worden, was selbst das Reichsarchiv in seiner offiziellen Darstellung des Weltkriegs unumwunden zugegeben habe. Und es war allein die Schuld der OHL, dass Regierung, Parlament und Öffentlichkeit erst so spät über die unabwendbare Katastrophe informiert wurden. Das ist sicherlich zutreffend. Die wichtigste Frage aber war damals, wie es General Kuhl in seinem Bericht für den Untersuchungsausschuss der Nationalversammlung formulierte, ob es nicht doch möglich gewesen wäre, die Positionen noch einige Monate lang zu halten, wenn die Revolution nicht ausgebrochen wäre. Kuhl war der festen Überzeugung dass die Alliierten unter solchen Voraussetzungen einen von Deutschland zu vernünftigen Bedingungen angebotenen Waffenstillstand kaum hätten ablehnen können, so kriegsmüde wie auch ihre Truppen inzwischen gewesen seien.

f) September 18: Noch hält die Front

Es bleibt eine in der Diskussion deutscher Historiker nahezu ausgeblendete Frage, wie das deutsche Heer selbst in seinem extrem ausgemergelten Zustand in mehr oder weniger gut ausgebauten Stellungen der Siegfried- beziehungsweise Hermann-Linie dem Gegner auch noch bis in den Oktober 1918 hinein starken Widerstand entgegenzusetzen vermochte. Ein Widerstand, der so fühlbar war, dass die französische Armee im Oktober 1918 »unter einer starken Erschöpfung zu leiden hatte« und niemand im alliierten Oberkommando ernsthaft glaubte, dass der Krieg noch 1918 würde beendet werden können.[48] Das jüngst veröffentlichte Tagebuch von General Edmond Buat, der im Herbst 1918 als Generalmajor im französischen Hauptquartier und in nächster Nähe von Foch arbeitete, zeigt bei aller durchgehenden Siegesgewissheit, dass man im September 1918 weit entfernt davon war, an ein unmittelbar bevorstehendes Kriegsende zu denken. Am 30. September notiert Buat:

> *Die Situation der Amerikaner ist ausweglos […]. Die Engländer kämpfen mit größter Verbissenheit zwischen Cambrai und Saint-Quentin, aber sie kommen nicht gut voran.*

Und leider sehe es so aus, so Buat weiter, dass die Offensive der britischen und belgischen Truppen stecken bleibe.[49]

Man muss sicherlich auch heute noch der Bemerkung von Michael Geyer zustimmen, dass es in der deutschen Geschichtsschreibung die

»merkwürdige Vorannahme« gebe, dass die Niederlage schon im August 1918 unausweichlich gewesen sei – ein Versagen des Forschungsfragens also, die zeige, dass die Angelegenheit »immer noch schmerzt«. Und aus diesem Grunde wolle man wohl gar nicht genau erkennen, was damals im Einzelnen geschah.[50]

Ein Krieg, an dem allein an der Westfront im Jahre 1918 mehr als dreieinhalb Millionen deutsche Soldaten kämpften, hat auch in einer solchen Phase des zunehmenden Stresses und der gravierenden Kriegsmüdigkeit die verschiedenartigsten Facetten. Einem Rückzug einer Einheit oder dem »Einbruch« der Feinde an einer Stelle konnten ohne Weiteres erfolgreiche Verteidigung des Terrains oder sogar noch Vorstöße oder »Frontbegradigungen« an anderer Stelle entgegenstehen. Und angesichts der Vielzahl von verschiedenartigsten Zeugnissen für beides lassen sich sicher keine genauen Rückschlüsse auf den genauen Zeitpunkt ziehen, wann denn die Niederlage objektiv unabwendbar geworden war.[51] Als Beispiel seien hier zwei Soldatenbriefe von Ende September 1918 widergegeben.

So schreibt ein Konstantin Kraatz von der Front in Liry am 27. September 1918:

> *Wir haben es mit Amerikanern zu tun. Im intensiven feindlichen Feuer stehen wir an den Geschützen und schießen, was aus den Rohren herausgeht. Abends sind nicht nur die amerikanischen Angriffe abgewiesen, sondern ein noch am hellen Nachmittag durchgeführter Sturmangriff auf den Gegner bringt viele Gefangene.*

Und am Tage darauf, 28. September, schreibt der Soldat Max Schmidt aus Ingelmunster in Belgien:

> *Seit Wochen tobt die Generaloffensive der Feinde. Unsere Front zerbröckelt leise. Die Zahl der Übertritte wächst riesenhaft. Der Gegner beherrscht die Luft. Seine Flugzeuge erscheinen in Schwärmen*

> *und setzen unsern Truppen und den Stäben hart zu. Auch wir leiden darunter. Wie sehen unsere Truppen aus! Bleich, verdreckt, voll Ungeziefer, kein Lachen mehr. Die Kompanien zählen noch dreißig bis vierzig Gewehre statt zweihundert. [...] Seit Wochen grassiert eine schwere Grippeepidemie. Die Pferde, die vor Hunger umfallen oder von einer Granate den Erlösungstod sterben, werden sofort zerlegt und von den hungernden Landsern gekocht und gegessen. Nur das Skelett bleibt zurück.*[52]

Zweifellos beschreibt der Soldat Max Schmidt die Situation umfassender und realistischer, wie ein Blick in das Kriegstagebuch von Kronprinz Rupprecht von Bayern, dem Chef der gleichnamigen Heeresgruppe, zeigt. Unter dem Datum des 29. September notiert Rupprecht:

> *Die Lage hat sich für uns weiterhin verschlechtert und ist so kritisch wie niemals zuvor. Das Schlimmste ist, daß laut Meldung der 4. Armee die Truppen einem ernstlichen Angriff gegenüber nicht mehr standhalten [...] General von Loßberg, der Stabschef der Heeresgruppe Boehn, sagte, diese stehe am Ende ihrer Kräfte, es fehle an Reserven, und er wisse kein Mittel mehr! Dies sagte Loßberg, der Mann mit den eisernen Nerven! Wir müssen unbedingt Frieden schließen, es ist nicht mehr zu machen.*[53]

Dies hieß aber nicht, dass man tatsächlich schon aufgeben wollte. Gleichzeitig berichtet Rupprecht nämlich von verschiedenen Planungen und Vorbereitungen für größere Rückzugsbewegungen in die sogenannten Wotan-, Hermann- und Siegfried-Stellungen sogar noch »hinter die Lys bis zur holländischen Grenze«.[54]

So war denn auch diese Endzeit des Krieges an der Front noch voller Ambivalenzen. Die quellendichte Arbeit von Jonathan Boff zeigt genau, dass beispielsweise die Tank-Gefahr trotz allen Schreckens, den die Ungeheuer zunächst bei den deutschen Soldaten auslösten, lange nicht so gewaltig war, wie zunächst angenommen. Die Verluste an alliierten Tanks waren so groß, dass im Oktober keine massierten Angriffe mehr stattfinden konnten, sie wurden einigermaßen von der deutschen Artillerie beherrscht – diese hatte aber andererseits deshalb keine Kapazitäten mehr frei, die Infanterie vor feindlichen Vorstößen zu schützen.[55]

Von einem vollständigen Zusammenbruch der Kampfmoral kann also zu diesem Zeitpunkt noch keine Rede sein. So sah das auch der Oberkommandierende der Alliierten, General Foch. Ende Oktober 1918 stellte er in einem Memorandum für den »Obersten Kriegsrat« der Alliierten erleichtert fest, dass nunmehr an einem Sieg nicht mehr zu zweifeln sei. Ganz anders aber habe die Situation für ihn noch vor einem Monat, also Ende September, ausgesehen: »If we had not gotten out of there a month ago, perhaps we might not get out today.«[56]

Es sei der Deutlichkeit halber noch mal klar gesagt: Keiner der führenden deutschen und alliierten Militärs bezweifelte im Herbst 1918, dass der Krieg auf mittlere Frist für Deutschland verloren war. Den einzigen Zweifel, den es gab und den die unübersichtliche militärische Lage tatsächlich erlaubte, war, ob man aus (relativ) gesicherter Stellung heraus einen ehrenvollen Friedensschluss anbieten und vielleicht sogar erhalten konnte. Denn niemand wusste zu sagen, ob bei den britischen und französischen Truppen noch die Bereitschaft bestand, sich bedingungslos zu opfern, um den Frieden auf deutschem Boden (»à Berlin«) abschließen zu können.[57]

Die bereits zitierte Studie des unbestrittenen Fachmanns Hermann Cron, Oberarchivrat im Reichsarchiv, der in seiner Untersuchung aus dem Jahre 1919 mit großer Gründlichkeit die tatsächliche Effektivstärke der deutschen Armee im zweiten Halbjahr 1918 eruiert hatte und auch nicht verschwieg, dass im Herbst selbst Gruppen von vierzig bis sechzig Mann noch als »Kompanien« firmierten, kam zum Ende seiner – sachlich unerbittlichen – Untersuchung zu folgendem Schluss:

> Es *wurde eine ausgesprochen körperliche Erschöpfung sämtlicher Divisionen, eine weitverbreitete geistige und moralische Abspannung und ein stellenweiser Zerfall der Disziplin, zugleich aber auch trotz alledem eine geradezu bewundernswerte, unverwüstliche Kampfkraft dieses so schwer leidenden Heeres festgestellt, eine Kampfkraft, die dem Feinde bis zuletzt wuchtige Schläge versetzte. Demgegenüber erwies sich die Angriffsinfanterie der Entente zwar als minderwertig, blieb aber im Ganzen erfolgreich infolge ihrer stark überlegenen Artillerie und des Masseneinsatzes von Tankwagen. Unter solchen Umständen muß eine Fortsetzung des Kampfes auf unbestimmte Zeit als aussichtlos bezeichnet werden und hätte wohl nur zum heldischen Untergange, nicht aber mehr zur Wendung des Geschickes geführt. Dagegen würde ein Weiterkämpfen über den 11. November hinaus auf kurze Zeit und mit dem ausgesprochenen Zwecke, einigermaßen günstige Bedingungen zu erhalten, möglich gewesen sein. Voraussetzung dafür wäre allerdings gewesen, daß die Revolutionsregierung den Entschluss zum Weiterkämpfen sofort gefaßt und diesen ihren Willen sowohl dem Heere wie den Feinden in deutlichster Weise zum Ausdruck gebracht hätte.*[58]

Verfolgen wir also etwas näher, wie der politisch-militärische Prozess bis zum Waffenstillstand vom 11. November 1918 verlief. Die heute ganz überwiegend akzeptierte Darstellung der Ereignisse besagt im Grunde, dass die Militärs viel zu spät erkannten beziehungsweise einsehen wollten, dass die Niederlage jetzt unvermeidlich war und dass ihre brüske Waffenstillstandsforderung unverantwortlich spät erfolgte. Sogar der konservative Historiker Gerhard Ritter sah Ludendorff als voll verantwortlich für die Verschleppung des Eingeständnisses der Niederlage und damit für den schlechten Frieden. Der abrupte Wechsel von Siegeszuversicht zu Defätismus, so Ritter, musste politisch bedenkliche, ja revolutionäre Folgen haben.[59]

Tatsächlich: In dem Maße, wie eine baldige Niederlage unausweichlich wurde, begann Ludendorff, sich (und die OHL) aus der Verantwortung zu stehlen. Das erwies sich bereits am 10. August 1918, als der Kaiser nach einer Besprechung mit Hindenburg und Ludendorff, entsetzt über die Hoffnungslosigkeit der Lage, seine Auffassung kundtat: »Das kann natürlich so nicht bis ins Unendliche weitergehen, wir müssen einen Weg suchen, um zum Schluss zu kommen.«[60] Diese Stellungnahme ist umso bemerkenswerter, als gerade Wilhelm II. sich zuvor vollständig uneinsichtig gezeigt hatte und zum Leidwesen seiner Begleiter willens war, jeden Einbruch und jede Niederlage doch noch zu Siegen umzudeuten.[61]

Auch in dem offiziellen Protokoll einer »Besprechung« im Großen Hauptquartier vom 14. August 1918, an welcher der Kaiser, der Reichskanzler, der Staatssekretär des Äußeren, Hindenburg und Ludendorff sowie die engsten militärischen Berater des Kaisers teilnahmen, war von einer Einsicht der Militärs in die Lage nichts zu spüren. Auf die Mahnung des Reichskanzlers, dass die Stimmung im Lande »kriegsmüde« sei, wussten sowohl der Kaiser als auch Ludendorff nur zu entgegnen, dass »strengere innere Zucht erforderlich« sei.[62] Der Kaiser betonte, dass den militärischen und zivilen Behörden Anordnung gegeben werden müsse, alles zu tun, um die innere Ordnung zu bewahren. Auch müsse in Bezug auf die Ersatzfrage »besser ausgekämmt werden«. In Berlin »liefen noch eine Menge junger Leute frei herum.« Und die sehr pessimistischen Ausführungen sowohl des Außen- als auch des Innenministers zur internationalen und inneren Lage konterte Seine Majestät mit dem Hinweis, dass auch der Feind große Schwierigkeiten habe. Es würden ihm – so das Protokoll wörtlich – »viele Menschen totgeschlagen, seine Industrie finge schon an, brach zu liegen infolge Mangels an Rohstoffen.« Aber Wilhelm II. fügte auch – weit realistischer – hinzu, dass es nunmehr darauf ankäme, einen »geeigneten Zeitpunkt« zu finden, »wo wir uns mit dem Feind zu verständigen hätten.« Dem stimmte der Reichskanzler vorbehaltlos zu und nahm auch die Anregung des Kaisers auf, alles zu tun, um die Siegeszuversicht des Feindes zu schwächen, indem mit »flammenden Reden […] von angesehenen Privatpersonen« und auf andere Weise die Zuversicht der Deutschen wieder gestärkt werde. Dann könne man »nach dem nächsten Erfolge im Westen« [sic!] eine Verständigung mit dem Feind »anspinnen«. Den Abschluss der Besprechung bildete eine Klarstellung Hindenburgs, »dass es gelingen werde, auf französischem Boden stehen zu bleiben und dadurch schließlich den Feinden unsern Willen aufzuzwingen«. Dieser Satz hat später eine umfängliche Kontroverse ausgelöst, denn im ursprünglichen Protokoll lautete die Einlassung Hindenburgs anders und viel vorsichtiger: Hindenburg »hofft«, dass es »dennoch« gelingen werde. Die euphemistischen Änderungen waren durch Ludendorff erfolgt.[63]

Gleichgültig, wie der genaue Wortlaut dieser Gespräche gewesen ist, es besteht kein Zweifel daran, dass Ludendorff nicht – wie von ihm behauptet – bereits am 13./14. August die zivile Reichsleitung loyal über die festgefahrene Situation unterrichtet hat. Er und Hindenburg zogen es vor zu schweigen beziehungsweise begnügten sich mit betont vagen Hinweisen auf die Notwendigkeit von politischen Verhandlungen bei gleichzeitiger Insistenz auf der Fähigkeit des deutschen Heeres, noch weiterzukämpfen. Ludendorff beließ es bei seiner stereotypen Mahnung an die zivile Führung, dass nicht die materielle Überlegenheit der Feinde der Grund für die sich häufenden Fronteinbrüche war, sondern allein die Unzuverlässigkeit der Truppe. Auch der »schwarze Tag« des 8. August 1918 mit dem Durchbruch der Engländer bei Amiens sei allein auf Defätismus und Versagen der unteren Truppenführung zurückzuführen. Und für diese sei die zivile Reichsleitung verantwortlich, da sie pazifistische Parolen und Flugschriften nicht unterbunden hätte und meuternde Soldaten kaum oder gar nicht bestraft worden seien.

Mitte August 1918 war also für die politisch und militärisch Führenden klar, dass der Krieg verloren war und dass es nur noch darauf ankommen konnte, zu einer Art »ehrenvollem Frieden« zu gelangen, indem man in gesicherten Stellungen so weiterkämpfte, dass die Alliierten zu einem Friedensschluss ohne deutsche Niederlage bereit waren.

Zwischen Mitte August und Ende September 1918 geschah an der Westfront nichts umwerfend Neues, aber der schleichende Erosionsprozess des Heeres ging kontinuierlich in dem Maße weiter, wie die amerikanischen Truppen immer kampfkräftiger wurden und die materielle Überlegenheit der Alliierten, besonders im Hinblick auf Flugzeuge und Tanks, das Aushalten für die deutschen Soldaten immer schwieriger machte.

g) Ludendorff verlangt eine Pause

Interessanterweise spielten in allen Verlautbarungen und Bekundungen der OHL die Ereignisse an der Südostfront keine Rolle. Dabei wusste man doch, dass der Verbündete Österreich-Ungarn bereits seit Mitte August auf einen baldigen Frieden drängte. Kaiser Karl erklärte schon am 10. August, dass noch im Laufe des Jahres unbedingt Frieden geschaffen werden müsse. Die erste Reaktion der OHL und der zivilen Reichsleitung war die gerade genannte Übereinkunft vom 14. August, dass »im geeigneten Moment« Friedensfäden gesponnen werden sollten.

Dieser Standpunkt wurde auch in einer Beratung mit dem Habsburger Kaiser, der zu diesem Zweck in das deutsche Hauptquartier gereist war, wiederholt. Aber es half nichts: Ab dem 1. September war eindeutig klar, dass Österreich-Ungarn nun den Frieden auch ohne deutsche Mitwirkung suchen würde. Auch eine Mahnung Wilhelms II. an Kaiser Karl, sich gemäß den Abmachungen des Bündnisvertrages zu verhalten, fruchtete nichts. Am 14. September erging eine Note der Habsburgermonarchie an alle kriegführenden Mächte, in der Friedensverhandlungen aufgrund der Wilson'schen »14 Punkte« angeregt wurden. Bedeutsam an dieser Note war, dass sie eben allein von Österreich-

Ungarn und nicht auch von Deutschland unterzeichnet war, was für alle – Freunde wie Feinde – ein sicheres Zeichen für das Zerbrechen des Bündnisses war.

Auch die bulgarische Kapitulation vom 29. September kam einigermaßen überraschend, hatte die OHL doch eine Anfrage des Auswärtigen Amtes vom 11. September nach dem Zustand der bulgarischen Armee noch mit einem lakonischen »Jetzt besser!« beantwortet.[64] Es war wohl auch dieses Ereignis, das Ludendorff schließlich dazu bewog, nunmehr den sofortigen Waffenstillstand zu verlangen. Laut seinen Memoiren – die in diesem Punkt unwidersprochen blieben – begab er sich am Spätnachmittag des 28. September zu Hindenburg und erläuterte dem Generalstabschef, dass die Gesamtlage durch die Ereignisse auf dem Balkan so unhaltbar geworden sei, dass man nunmehr »klar und bestimmt« handeln müsse. Einig waren sich die beiden Feldherren allerdings darin, dass »die Bedingungen des Waffenstillstandes eine geregelte und ordnungsgemäße Räumung des besetzen Gebietes und eine Wiederaufnahme der Feindseligkeiten an den Grenzen unseres Landes zulassen müssten«.[65] Ende September 1918 dachte die deutsche militärische Führung also tatsächlich noch, dass man einen Waffenstillstand in der traditionellen Bedeutung des Begriffs mit der effektiven Möglichkeit erhalten könnte, bei Fehlschlagen der politischen Verhandlungen den Krieg weiterführen zu können. Das ist eine nahezu unfassbar naive Ansicht. Als ob die Herren im frontfernen Hauptquartier nicht verstanden hätten, dass sie seit Jahren einen Krieg führten, in dem die alten Regeln schon lange nicht mehr galten, wo der Hass und die Unbedingtheit auf allen Seiten so groß geworden war, dass selbst an eine kurzzeitige Waffenruhe zur Bergung der Verwundeten überhaupt nicht mehr gedacht wurde.

Am 1. Oktober vormittags teilte Ludendorff seinen Generalstabsoffizieren mit, dass die OHL den Kaiser und den Kanzler aufgefordert habe, »daß *ohne jeden Verzug* der Antrag auf Herbeiführung eines Waffenstillstandes gestellt würde bei dem Präsidenten Wilson von Amerika zwecks Herbeiführung eines Friedens auf der Grundlage seiner 14 Punkte.«[66]

Ludendorff begründete diese von seiner Umgebung offensichtlich überhaupt nicht erwartete Entscheidung in knappen Ausführungen: Das Heer sei »am Ende«, eine endgültige Niederlage wohl unvermeidbar. Die Armee sei »leider schon schwer verseucht durch das Gift spartakistisch sozialistischer Ideen.« Kampfwillige Soldaten würden als »Streikbrecher« beschimpft. Wenn das geschlagene Heer nach Deutschland zurückflute, könnte es sogar »die Revolution nach Deutschland tragen.« Und das sei eine Katastrophe, die unbedingt verhindert werden müsse. Aus diesem Grund müsse »schnellstens Schluss gemacht« werden. Und er fügte laut dem Tagebuch seines dabei anwesenden Stabschefs Albrecht von Thaer hinzu:

> *Ich habe aber S.M. gebeten, jetzt auch diejenigen Kreise an die Regierung zu bringen, denen wir es in der Hauptsache zu danken haben, daß wir so weit gekommen sind. […] Die sollen die Suppe jetzt essen, die sie uns eingebrockt haben.*[67]

Dies war eine ebenso militaristisch-schnoddrige wie unangemessene und sachlich unzutreffende Bemerkung, die bis heute nachhallt, weil ihre Konsequenzen nahezu unermesslich waren. Kein Zweifel kann daran bestehen, dass »in der Hauptsache« die Fehleinschätzungen der OHL und die Schwerfälligkeit des militärischen Apparates dazu geführt hatten, dass es »so weit gekommen« war. Allerdings hatte es tatsächlich eine Menge Verweigerungen und dem Kampfeswillen abträgliche Bekundungen und Aktionen gegeben, auf die weiter unten (im Dolchstoß-Kapitel) näher einzugehen sein wird.

2. Auf dem Weg zur Niederlage

a) Jetzt sollen die Zivilisten Frieden schließen

Es ist interessant, dass in weiteren offiziellen Bekundungen der OHL ab Oktober nicht mehr von einem unbedingten und sofortigen Waffenstillstand die Rede war, sondern nur noch von Schritten, die zu einem Friedensschluss führen könnten. Auch in der soeben resümierten Unterredung mit Thaer erklärte Ludendorff unter anderem:

> *Gewinnen wir aber durch den Waffenstillstand auch nur Ruhe oder sind die Gegner in ihren Forderungen zu frech oder zeigt sich sonst die Möglichkeit, noch durch Kampf bis aufs Messer unsere Lage zu verbessern, dann werden wir, glauben Sie mir, auch bis zum Alleräußersten kämpfen.*[68]

Die OHL hatte es dann aber doch besonders eilig. Von Hindenburg über die Absichten informiert, erklärte Reichskanzler Hertling, dass er sich mit solchen Beschlüssen und Verhandlungen überfordert fühle, und trat am 30. September zurück. Am selben Tag erfolgte ein Erlass des Kaisers, der eine starke Zäsur in der Geschichte der konstitutionellen Monarchie darstellte, denn der Kaiser ordnete in gewisser Weise den Übergang zur parlamentarischen Monarchie an:

> *Ich wünsche, dass das deutsche Volk wirksamer als bisher an der Bestimmung der Geschicke des Vaterlandes mitarbeite. Es ist daher Mein Wille, dass Männer, die vom Vertrauen des Volkes getragen sind, in weitem Umfang teilnehmen an den Rechten und Pflichten der Regierung.*[69]

Durch diesen Erlass erlangte der »interfraktionelle Ausschuss«, den die großen Parteien der Linken und der Mitte schon länger gebildet hatten, entscheidendes Gewicht für ein neues Regierungsprogramm zur Beendigung des Krieges und zur konkreten Gestaltung der Politik einer nunmehr vom Parlament abhängigen Regierung.

Nachfolger des Fürsten Hertling als Kanzler wurde Prinz Max von Baden, der im Verlauf der letzten Kriegsjahre mit einer Reihe von öffentlichen Bekundungen als eine Art »Wortführer eines Friedens des Rechts unter Wahrung der deutschen Lebensinteressen« öffentlich bekannt und beliebt worden war.[70] Er bildete ein Kabinett, das überwiegend aus Mitgliedern der Liberalen und des Zentrums, aber auch der MSPD bestand. Diese entsandte zwei Minister in die Regierung, Gustav Bauer und Philipp Scheidemann. Die ehemals »vaterlandslosen Gesellen« hatten nun also einen Platz in der Regierung des Kaiserreiches. Dies war sicherlich die strukturell wichtigste Vorbedingung der »deutschen Revolution« von 1918/19.

Bevor aber noch Max von Baden vom Kaiser ernannt worden war (2. Oktober), bestand die OHL darauf, die Parteiführer des Reichstages über die militärische Lage zu informieren. Dies geschah am Vormittag des 2. Oktober durch einen Vortrag des Majors Freiherr von dem Bussche vor einer Gruppe von führenden Politikern des Reichstags. Ausführlich schilderte er die Lage an den verschiedenen Fronten. Der Gegner habe zwar in den letzten Wochen »im Vergleich mit unseren Erfolgen in den Frühjahrsoffensiven« nur geringe Fortschritte erzielt, aber die unerwartet große Anzahl an Tanks habe bei allem Mut der Truppe zu Paniken geführt. Auch sei der Verlust an Front-Offizieren ungeheuer groß gewesen. Wenn der Gegner weiter so angreife wie in den letzten Tagen, werde man »kämpfend ausweichen« müssen. Deutschland könnte auf diese Weise zwar »den Krieg noch auf absehbare Zeit weiterführen, dem Gegner schwere Verluste beibringen, verwüstetes Land hinterlassen, gewinnen können wir damit nicht mehr.« Und weiter:

> *Noch ist das deutsche Heer stark genug, um den Gegner monatelang aufzuhalten, örtliche Erfolge zu erringen und die Entente vor neue*

> *Opfer zu stellen. Aber jeder Tag weiter bringt den Gegner seinem Ziel näher und wird ihn weniger geneigt machen, mit uns einen für uns erträglichen Frieden zu schließen.*

Deshalb müsse sofort gehandelt werden, die Lage könne sich jeden Tag entscheidend verschlechtern. Und abschließend:

> *Heimat und Heer müssen noch fester als bisher zusammenhalten. Gleichzeitig mit dem Friedensangebot muß eine geschlossene Front in der Heimat erstehen, die erkennen lässt, daß der unbeugsame Wille besteht, den Krieg fortzusetzen, wenn der Feind uns keinen Frieden oder nur einen demütigenden Frieden geben will. Sollte dieser Fall eintreten, dann wird das Durchhalten des Heeres entscheidend von der festen Haltung der Heimat und dem Geist, der aus der Heimat zum Heere dringt, abhängen.*[71]

Die wie auch immer unvollständigen Erklärungen seitens der OHL machen deutlich, dass diese keineswegs einen quasi bedingungslosen sofortigen Waffenstillstand forderte, sondern nur eine rasche Friedensinitiative. Gleichzeitig wurde die Versicherung wiederholt, dass man durchaus den Krieg noch eine Weile würde weiter führen können. Allerdings sei – wie aus beiden obigen Zitaten klar ersichtlich – das »Durchhalten« der Heimat entscheidend für das Aushalten des Heeres und die Durchsetzung eines ehrenvollen beziehungsweise erträglichen Waffenstillstands.

Die Parlamentarier waren von den Ausführungen des Vertreters der OHL zutiefst überrascht. »Ebert wurde totenblass und konnte kein Wort herausbringen; der Abgeordnete Stresemann sah aus, als ob ihm etwas zustoßen würde [...].«[72] Man erkannte auch sofort, dass die OHL versuchte, die Verantwortung für das militärische Scheitern auf die Seite der »Zivilisten« zu verlegen. Regierungsmitglieder und Parlamentarier protestierten hiergegen in scharfem Ton. Niemand vermochte einzusehen, dass eine Niederlage wirklich unmittelbar bevorstand und man deshalb um Frieden bitten müsse.

Besonders Max von Baden, der neue Reichskanzler, zeigte sich zunächst äußerst widerstrebend. Noch am Tage seines Regierungsantritts hatte er einen Bericht des Vertreters des Auswärtigen Amtes bei der Obersten Heeresleitung, von Haeften, erhalten, dass »infolge ihrer starken Verluste an Menschen und Material, besonders an Tanks, die Gegner erst nach zehn Tagen in der Lage sein würden, einen neuen großen Durchbruchsversuch zu unternehmen«.[73] Max von Baden bestand deshalb sogar auf einer persönlichen Begegnung mit Generalfeldmarschall Hindenburg, welche auch am Vormittag des 3. Oktober im Generalstabsgebäude von Berlin stattfand. Der neue Kanzler (er war gerade einen Tag im Amt!) legte Hindenburg in schriftlicher Form seine Auffassung dar, dass ein sofortiges Waffenstillstandsangebot weltweit als Eingeständnis der deutschen Niederlage wirken würde. Das ganze Vertrauen des Auslandes, dass die neue und »parlamentarische« Regierung die Herstellung eines guten Friedens beabsichtige, werde zunichte gemacht. Er – Max – wolle in Kürze in einer Rede die Friedensabsichten der neuen Regierung öffentlich machen, worunter auch ein »detailliertes Kriegszielprogramm« in »enger aber nicht würdeloser Anlehnung« an die 14 Punkte Wilsons enthalten sein solle. Es gehe ihm um die große »psychologische Wirkung« eines solchen Angebotes auf die Feindstaaten. Hindenburg entgegnete, ebenfalls in schriftlicher Form, dass die OHL bei ihrer Forderung nach sofortiger »Herausgabe des Friedensangebotes« bleibe, und: »Jeder versäumte Tag kostet Tausenden von tapferen Soldaten das Leben.«

Max gab sich mit dieser Auskunft nicht zufrieden und überbrachte Hindenburg persönlich am selben Nachmittag eine Liste von Fragen. Er wollte wissen, wie lange die Armee den Feind »noch jenseits der deutschen Grenzen halten« könne; in welcher Frist ein »militärischer Zusammenbruch« tatsächlich drohe; ob sich die OHL bewusst sei, dass ein sofortiger Waffenstillstand auch bedeuten könne, dass Deutschland

Kolonien und deutsche Gebiete wie Elsass-Lothringen »und rein polnische Kreise der östlichen Provinzen« verlieren könnte.

Die Antwort der OHL auf diese Fragen, die ja bereits zeigen, dass Reichskanzler Max von Baden wenig genaue Kenntnis und viele Illusionen über den Zustand der Truppe hatte, war ebenso ernüchternd wie entlarvend: Das deutsche Heer stehe gegenwärtig noch »fest«, werde aber Schritt um Schritt zum Rückzug gezwungen. Man hoffe aber, »bis zum nächsten Frühjahr [sic!] deutsches Gebiet schützen« zu können. Ein nicht zu reparierender Einbruch in die Front sei aktuell nicht zu erwarten. Und auf die Frage nach eventuellem Verlust deutschen Staatsgebiets erging die folgende Antwort: »Die Oberste Heeresleitung zieht, falls es nicht anders geht, die Aufgabe geringer, französisch sprechender Teile Elsass-Lothringens in Betracht. Abtretung deutschen Gebietes im Osten kommt für sie nicht in Frage.«[74]

Der Reichskanzler war mit diesen Antworten ganz und gar nicht zufrieden und bohrte dementsprechend nach: Wieso eigentlich ein sofortiger und unbedingter Waffenstillstand gefordert werde, wenn man doch nach Aussage der OHL den Eindruck haben könne, dass »für den Augenblick die Gefahr vorbei sei«.[75] Aber Ludendorff ließ nur wieder antworten: »Wenn auch die Lage im jetzigen Augenblick nicht bedrohlich sei, so sei doch bestimmt in kurzer Zeit mit einer Wiederholung der Großangriffe der Entente auf der ganzen Front zu rechnen. Dann aber – in zwei oder drei Wochen – könne es von entscheidender Bedeutung werden, ob das deutsche Heer 24 Stunden früher oder später die so dringend nötige Waffenruhe erhielte.«[76]

Die Fragen, die Kanzler Max von Baden völlig zu Recht stellte, sind im Grund auch heute noch nicht zufriedenstellend beantwortet. Denn es ist nach wie vor ganz unerfindlich, was Ludendorff genau mit »Waffenstillstand« beziehungsweise »Waffenruhe« gemeint hat. Es hat tatsächlich den Anschein, wie bereits bemerkt, dass er sich vorstellte, in der gegebenen Situation eine echte »Waffenruhe« im traditionellen Sinne erhalten zu können, nach welcher ein u. U. erholtes beziehungsweise mit neuen Kräften versehenes Heer weiterkämpfen könnte. Eine solche Naivität ist zwar nach den vier Jahren des Krieges kaum vorstellbar, aber offensichtlich doch vorhanden gewesen. In der Ludendorff-Literatur und der aktuellen Forschung werden meist die soeben geschilderten Aussagen Ludendorffs von Ende September und Anfang Oktober mit seiner einen Monat später, nämlich am 31. Oktober, verfassten Denkschrift »Das Waffenstillstandsangebot« zusammen gesehen. Aber Letztere wurde in einer völlig veränderten Situation und wenige Tage nach der Entlassung Ludendorffs durch Wilhelm II. niedergeschrieben. Es steht zu bezweifeln, dass diese Selbstrechtfertigung nach dem Ende aller Illusionen das wiedergibt, was ihn Ende September bewogen hatte, eine sofortige »Waffenruhe« zu fordern. Am 31. Oktober schrieb Ludendorff: »Wir waren uns darüber klar, daß unsere ungünstige militärische Lage einen schweren Frieden nach sich ziehen würde, daß wir aber bei Bedingungen, die unser Leben und unsere Ehre berührten, ein Weiterkämpfen vorziehen würden, selbst auf die Gefahr hin, tatsächlich geschlagen zu werden.«[77] Aber einen Monat zuvor hatte er an eine echte »Waffenruhe« gedacht, nach welcher man zumindest für einige Monate hätte weiterkämpfen können – um bessere und »ehrenvolle« Friedensbedingungen zu erhalten.

Max von Baden hat in seinen Erinnerungen begründet, warum er trotz seiner gegenläufigen Überzeugung dann doch bereit war, das »Friedensangebot«, so wie von der OHL gewünscht, unmodifiziert und sofort an Wilson zu senden – was noch in der Nacht zum 4. Oktober geschah. Er habe sich gefügt, »den unseligen Schritt mit seiner Verantwortung zu decken, ja sich sogar den Anschein zu geben, als stände seine politische Initiative dahinter und nicht die der Obersten Heeresleitung«, um den »Schein der Freiwilligkeit« vor dem eigenen Volk zu wahren. Außerdem habe er gehofft, mit einem von ziviler und demokratisch legitimierter Seite abgesandten Friedensangebot die »Anhänger des Friedens in den alliierten Ländern auf den Plan zu rufen«. Das wäre sicherlich nicht möglich gewesen, hätte man darauf bestanden, dass die

Militärs selber ihre Waffenstillstandsbitte unterschrieben. Denn eine solche Aktion hätte ausgesehen wie eine echte »Kapitulation«.[78]

So ging denn in der Nacht vom 3. zum 4. Oktober das »Angebot« an Wilson, »die Herstellung des Friedens in die Hand zu nehmen« und alle kriegführenden Staaten «zwecks Anbahnung von Verhandlungen einzuladen«.[79] Zudem ersuchte die deutsche Regierung den amerikanischen Präsidenten, »den sofortigen Abschluss eines Waffenstillstandes zu Lande und zu Wasser und in der Luft herbeizuführen.« Diese merkwürdig gewundenen und inkohärenten Formulierungen zeigen sehr deutlich, wie schwer sich Max mit der Einschätzung der Lage nach wie vor tat. Es blieb auch vollständig unklar, wie denn nun die »Anbahnung« von Friedensverhandlungen und sofortiger Waffenstillstand konkret miteinander verbunden werden sollten, ob also der Waffenstillstand unmittelbare Voraussetzung der anzubahnenden Verhandlungen sein solle oder nicht.

Natürlich hat Max gewusst, dass dieses Angebot sogleich weltweit veröffentlicht werden würde. Und die vage Formulierung sollte wohl dazu verhelfen, zunächst einmal die Friedensfreunde auch in den alliierten Nationen zu mobilisieren.

b) *Levée en masse* oder lieber aufgeben?

Der Reichskanzler hatte sich also ganz gegen den eigenen Willen bereit erklärt, die Waffenstillstandsnote an Wilson zu schicken. Im Übrigen plante er für den 5. Oktober eine Reichstagsrede, in welcher er auf Wilsons 14 Punkte im Einzelnen eingehen und dabei klar machen wollte, wie Deutschland diese interpretiere und welche davon man sich zu eigen mache. Allerdings rieten ihm die Experten des Auswärtigen Amtes dringend davon ab, Wilson eventuell mit solchen »Modifikationen« zu irritieren. Max begnügte sich dann in seiner Regierungserklärung vom 5. Oktober mit sehr viel allgemeineren Darlegungen über die Kriegsziele seiner Regierung, etwa die vollständige Restitution und Entschädigung Belgiens und die Berücksichtigung von Wünschen der polnischen Nation. Wichtig an dieser Rede – deren innenpolitischer Teil uns heute angesichts der Situation als ganz unverhältnismäßig ausführlich erscheint – war die wiederholte Bekundung, dass Deutschland sich keineswegs als geschlagen ansehe. Man sei froh, wenn dieser schreckliche Krieg nun beendet werden könne, aber die Deutschen seien »starken Herzens und voll von zuversichtlichem Glauben in unsere Kraft, entschlossen, für unsere Ehre und Freiheit und für das Glück unserer Nachkommen auch noch schwerere Opfer zu bringen, wenn das unabänderlich ist.« Und wenig weiter hieß es:

> *Im Westen tobt seit Monaten eine einzige furchtbare menschenmordende Schlacht. Dank dem unvergleichlichen Heldentum unserer Armee, das als unvergängliches Ruhmesblatt in der Geschichte des deutschen Volkes fortleben wird für alle Zeiten, ist die Front ungebrochen. Dieses stolze Bewusstsein lässt uns mit Zuversicht in die Zukunft sehen.*[80]

Dass der Reichskanzler nicht isoliert war mit dieser Auffassung, zeigen die einleitenden und ausführenden Sätze des Reichstagspräsidenten Konstantin Fehrenbach (Zentrum), wahrlich kein Militarist. Zur Eröffnung der Sitzung des Reichstags erklärte dieser im Brustton einer zweifellos ernst gemeinten Überzeugung:

> *Wir sind der festen Zuversicht, dass, wie es dem feindlichen Angriff bisher nicht gelungen ist, die Schutzwehr [der deutschen Truppen an der Westfront] zu durchbrechen, dies auch in der Zukunft nicht der Fall sein wird, dank dem Heldenmut der Söhne aus allen Gauen unseres Vaterlandes, die das Bewusstsein stählt, dort auf fremden Boden Herd und Heimat zu verteidigen.*

Und zum Schluss der Sitzung betonte er, dass ebenso wie die Soldaten an der Front alle Deutschen bereit seien, »für das Vaterland, wenn es gefordert werden soll, jedes Opfer zu bringen.«

Max von Baden war der Überzeugung, dass die Forderung der Militärs nach sofortigem Waffenstillstand unbegründet sei. Er ging sogar so weit, sich wenige Tage später an den international anerkannten, in der Schweiz lebenden deutschen Militärexperten Hermann Stegemann zu wenden, dessen erste Bände der – in der Weimarer Republik stark rezipierten – Weltkriegsgeschichte soeben erschienen waren. Stegemanns Buch ist heute noch gut lesbar, weil neben der militärischen Expertise jederzeit eine große intellektuelle Unabhängigkeit erkennbar ist. Sowohl Max von Baden als auch Hermann Stegemann haben in ihren Memoiren diese Kontakte ausführlich beschrieben. Max lud den Historiker sogar am 8. Oktober dringlich nach Berlin ein, aber das Treffen konnte wegen Erkrankung Stegemanns nicht stattfinden. Allerdings übermittelte dieser bereits am 10. Oktober – in Kenntnis der Antwort Wilsons – eine Expertise nach Berlin, in der es hieß, dass weitere Versuche, die Positionen im Feindesland zu halten, angesichts der politischen und militärischen Gesamtsituation scheitern müssten. Anders sähe es allerdings aus,

> *wenn es gelingt, Truppe und Material ungestört vom Feinde auf die defensive Grundstellung an der Reichsgrenze zurückzuführen […] Natürlich muss die Räumung an die Bedingung geknüpft werden, dass eine Demarkationslinie zu bezeichnen sei, die von den Truppen der Entente nicht überschritten werden darf, bis die Räumung durchgeführt ist […]. Nimmt Wilson dies an, so gewinnt man Zeit und Raum zur Rekonzentration auf die Grenze, sichert die Flanken und kann sich zur Durchführung des Verteidigungskrieges rüsten, der auf fremdem Boden niemals mit heiliger Begeisterung geführt werden kann und durch die vorübergehende Waffenruhe günstig eingeleitet worden wäre. Schweigen aber die Waffen einmal, so wirkt dies so schwächend auf den Kampfwillen des Angreifers, daß dar-*

aus unter Umständen weiter wirkende Folgen entstehen könnten. Es wird gerade bei den französischen und englischen Soldaten von heute schwer halten, den Elan wieder zu wecken, wenn Belgien und Frankreich befreit sind und die moralischen Antriebe fortfallen, die sie während vier Jahren aufrecht erhalten haben. Tritt trotzdem der Kriegszustand wieder ein, so kämpft der deutsche Soldat den Endkampf unter anderen moralischen Bedingungen als heute und darauf kommt für die Regeneration Deutschland viel, wenn nicht alles an.[81]

Wie nicht zuletzt diese Interventionen seitens Max von Baden und Hermann Stegemann zeigen, gab es wohl ein weit verbreitetes, wenn wohl auch zumeist nur unterschwelliges Gefühl, dass man den fernen Krieg nicht entschieden genug von der Heimatfront aus unterstützt hatte. Bezeichnend hierfür sind eine Reihe von Bekundungen und Aufrufen prominenter Zivilisten in den ersten Oktobertagen, als die Waffenstillstandsforderung der OHL veröffentlicht worden war und die Antworten Wilsons Schlimmes erwarten ließen. In erster Linie ist der oft zitierte Aufruf von Walther Rathenau zu nennen, den der mit den militärischen Interna ja überaus vertraute Philosoph und Wirtschaftsführer am 7. Oktober unter dem Titel »Ein dunkler Tag« in der *Vossischen Zeitung* veröffentlichte. In diesem Beitrag erklärte Rathenau die Forderung der OHL nach sofortigem Waffenstillstand und das (weiter unten zu schildernde) Schreiben der Regierung an Wilson zwecks dessen Herbeiführung für verfrüht. Denn: »Das Land ist ungebrochen, seine Mittel unerschöpft, seine Menschen unermüdet. Wir sind gewichen aber nicht geschlagen.« Für den wahrscheinlichen Fall, dass die Forderungen der Alliierten übermäßig beziehungsweise unerfüllbar seien, müsse Deutschland auf neue Weise einen echten Verteidigungskrieg an seiner Westgrenze organisieren:

Die nationale Verteidigung, die Erhebung des Volkes muß eingeleitet, ein Verteidigungsamt errichtet werden. […] Seine Aufgabe ist dreifach.

> *Erstens wendet es sich im Aufruf an das Volk, in einer Sprache der Rückhaltlosigkeit und Wahrheit. Wer sich berufen fühlt, mag sich melden, es gibt ältere Männer genug, die gesund, voll Leidenschaft und bereit sind, ermüdeten Brüdern an der Front mit Leib und Seele zu helfen.*
> *Zweitens müssen all die Feldgrauen zur Front zurück, die man heute in Städten, auf Bahnhöfen und in Eisenbahnen sieht, wenn es auch für manchen hart sein mag, den schwerverdienten Urlaub zu unterbrechen.*
> *Drittens müssen in Ost und West, in Etappen und im Hinterland aus Kanzleien, Wachstuben und Truppenplätzen die Waffentragenden ausgesiebt werden. Was nützen uns heute noch Besatzungen und Expeditionen in Rußland? Schwerlich ist in diesem Augenblick mehr als die Hälfte unserer Truppen an der Westfront.*
> *Einer erneuten Front werden andere Bedingungen geboten als einer ermüdeten. Wir wollen nicht Krieg, sondern Frieden. Doch nicht den Frieden der Unterwerfung.*[82]

Michael Geyer, dem wir die bislang tiefste Untersuchung dieser Ideen und Vorschläge verdanken[83], hat gezeigt, dass Rathenau mit dieser Forderung keineswegs allein stand, auch nicht der Erste war, der solche Überlegungen in den öffentlichen Raum stellte. Ähnliche Ideen wurden schon in radikalerer Form von Staatssekretär von Hintze geäußert. Und der »Interfraktionelle Ausschuss«, das politisch entscheidende Gremium des Reichstags, verlangte bereits Ende September, angesichts der Forderungen Ludendorffs nach Waffenstillstand, die Organisation der nationalen Verteidigung, um wirklich zu einem Verständigungsfrieden gelangen zu können.[84] Interessant in diesem Zusammenhang ist auch, dass sich zu diesem Zeitpunkt führende gewerkschaftliche beziehungsweise sozialdemokratische Gruppen noch keineswegs in die Niederlage gefügt hatten. Bezeichnend hierfür ist ein Aufruf in der gewerkschaftsnahen »Internationalen Korrespondenz« vom 3. Oktober mit der Überschrift: »Das Gebot der Not«. Hier wurde energisch gefordert, »den Feind vom Einbruch ins deutsche Land abzuhalten«. Und das sei der Grund, weshalb die Sozialdemokratie sich an der Regierung beteilige und »die Führung in der nationalen Verteidigung übernommen« habe. Und weiter: »Setzt sich Deutschland jetzt eine parlamentarische Regierung, so tut es das weder, um von den Feinden den Frieden zu erbetteln, noch um eine Forderung der Alliierten zu erfüllen. Die Absicht geht lediglich dahin, der deutschen Notwehr neuen Schwung zu verleihen und den Feinden ein moralisches Kampfmittel zu rauben.«[85]

Wichtiger noch war die Reichstagsrede des Kanzlers Max von Baden vom 5. Oktober, welche zeigt, wie wenig der Regierungschef von den Verhältnissen an der Front wusste. Er verkündete beziehungsweise verlangte die Entschlossenheit der Deutschen, »noch schwerere Opfer zu bringen, wenn das unabänderlich ist. Die Front sei »ungebrochen« und er wolle nur einen Frieden schließen, »der unsere Ehre nicht berührt.« Deutschland sei aber auch bereit zu einem »Endkampf auf Leben und Tod«, wenn die Feinde unbedingt einen Vernichtungssieg erringen wollten. Im deutschen Volk seien noch »gewaltige Kräfte« vorhanden »und ich weiß, daß die unwiderlegliche Überzeugung, um unser Leben als Nation zu kämpfen, diese Kräfte verdoppeln würde.« Allerdings hoffe er, dass es so weit nicht kommen müsse.[86]

Ganz ähnlich hatte sich bereits wenige Tage zuvor der Vorsitzende der MSPD-Fraktion im Reichstag, Scheidemann, in der Parteizeitung *Vorwärts* geäußert. Und auch die Konservative Partei, von der in jenen schwierigen Tagen ansonsten wenig zu vernehmen war, verfasste am 9. Oktober einen Aufruf, in dem es hieß, dass die soeben bekannt gewordene Antwort Wilsons unannehmbar sei und Deutschland die besetzten Gebiete nicht »ohne Gewährleistung angemessener Friedensbedingungen« räumen dürfe. Notfalls müsse »erneut alle Kraft des Volkes zu diesem Entscheidungskampf für die Verteidigung des Vaterlandes« eingesetzt werden.[87]

c) Der Notenkampf mit Wilson

Am 10. Oktober wurde die Antwort Wilsons offiziell übermittelt, sie war allerdings bereits am Tag zuvor in Umlauf gewesen. Der amerikanische Präsident ließ zunächst nachfragen, ob Deutschland wirklich die »14 Punkte« in ihrer ursprünglichen Form vom 8. Januar 1918 annehmen wolle und ob es dem Reichskanzler bei seinen Formulierungen nur um »praktische Einzelheiten ihrer Anwendung« ginge. Weiterhin stellte er aber klar fest, dass von Waffenstillstand keine Rede sein könne, solange deutsche Truppen noch auf feindlichem Boden stünden. Deutschland müsse sich bereit erklären, »sofort die Truppen überall aus den besetzten Gebieten zurückzuziehen«.[88]

Ernst von Wrisberg, der Direktor des »Allgemeinen Kriegsdepartements« im Kriegsministerium und damit eine der wichtigsten Persönlichkeiten im Hinblick auf die Organisation einer militärischen »Heimatfront«, berichtet in seinen Erinnerungen von einer Sitzung im Ministerium am 12. Oktober, in der über die Folgen dieser soeben eingegangenen Antwort Wilsons auf das deutsche Waffenstillstandsersuchen diskutiert wurde.

> *Es wurde betont, dass die Antwort durch die militärische Lage bedingt sei. Diese sei nach dem sorgsam erwogenen Urteil der O.H.L. so, dass die Weiterführung des Krieges dem Feinde immer mehr die Möglichkeit biete, seine Überlegenheit zur Geltung zu bringen. […] Entspräche [aber] der Gang der Verhandlungen nicht den berechtigten Wünschen Deutschlands, so sei man jederzeit in der Lage, aufs Neue zu den Waffen zu greifen und zwar mit einer inzwischen ausgeruhten und ergänzten Armee in verkürzter, besser verteidigungsfähigen Front. Die O.H.L. habe erklärt, dass die Kampfbedingungen unter denen wir dann zu fechten hätten, ganz erheblich günstiger wären als jetzt, und dass wir dem feindlichen Ansturm dann bis auf weiteres sicher standhalten könnten.*[89]

Wie schon die Antwort Ludendorffs auf eine entsprechende Anfrage des Reichskanzlers vom 8. Oktober zeigte, wollten sich die Militärs also keineswegs auf die Zusage einlassen, die Truppen sofort zur Gänze aus dem besetzten Gebiet zurückzuziehen.[90] Im Grunde verlangte man vom Gegner eine Art »Atempause«, um dann in gesicherter Stellung den Kampf wiederaufnehmen zu können.

Auch der von Rathenau unter anderem geforderten Heranziehung aller zum Waffendienst fähigen Männer zur Verteidigung der deutschen Grenzen – das war der Kern der sogenannten *Levée en masse* nach dem Vorbild der Französischen Revolution – standen die Militärs überaus ablehnend gegenüber. Wie Ludendorff am 11. Oktober mitteilte, verspreche man sich nichts davon, sehr viel aber von einer tatsächlichen Heranziehung noch für den Frontdienst verwendungsfähiger Kräfte in der Heimat, insbesondere bei den für die Industrie zurückgestellten Arbeitern.[91] Und Hindenburg mahnte Max von Baden ebenfalls am 14. Oktober,

> *mit allen Mitteln dahin zu wirken, dass eine einheitliche vaterländische Stimmung in allen Stämmen und Schichten des deutschen Volkes lebendig wird und deutlich erkennbar in Erscheinung tritt. An dem felsenfesten Willen des Volkes, gegen jede demütigende Bedingung sich bis aufs Äußerste zu wehren, darf niemand zu zweifeln Veranlassung haben. Nur dann findet das Heer die Kraft, der Übermacht zu trotzen; nur dann finden unsere Unterhändler den Rückhalt für ihre schweren Aufgaben am Verhandlungstisch.*[92]

Die alliierte Seite erkannte sofort die deutsche Absicht, nur eine Ruhepause zu gewinnen, und in Wilsons zweiter Note, vom 14. Oktober, die in Berlin am 16. Oktober eintraf, hieß es dementsprechend kategorisch, dass der amerikanische Präsident keine Regelung annehmen könne, »die nicht völlig befriedigende Sicherheiten und Bürgschaften für die Fortdauer der gegenwärtigen militärischen Überlegenheit der

Armeen der Vereinigten Staaten und der Alliierten an der Front« schaffe. Außerdem werde man überhaupt keinen Waffenstillstand annehmen, solange »die unmenschlichen Handlungen, Plünderungen und Verwüstungen« anhielten, die die deutschen Truppen bei ihren aktuellen Rückzugsbewegungen anrichteten.[93]

Am 17. Oktober führte diese Frage zu einer scharfen Debatte in einer »Großen Sitzung beim Reichskanzler«, zu der die wichtigsten Regierungsmitglieder sowie Ludendorff mit zwei Begleitern aus der OHL (Hoffmann, Heye) (ein)geladen waren.[94] Im Folgenden soll diese Unterredung – oder war es ein Verhör? – etwas ausführlicher geschildert werden, weil sie paradigmatisch ist für die ganz grundsätzlich differierenden Sichtweisen der Zivilisten und Militärs, für die beiderseitigen Hoffnungen und Irrungen.

Max wollte mit dieser Befragung endlich *coram publico* von Ludendorff die Einschätzung der militärischen Lage erfragen, bevor er der zweiten Wilson-Note antwortete. Zwei Fragen stellten sich deshalb für den Reichskanzler: zunächst das Problem, ob durch Truppenverschiebungen aus dem Osten die Front im Westen so verstärkt werden könne, »dass man auf ein längeres Durchhalten rechnen darf«. Weiterhin wollte Max wissen, ob es für das Durchhalten im Westen sinnvoll sei, noch mehr »Truppenmaterial aus der Heimat« an die Front zu bringen. Zur ersten Frage antwortete Ludendorff extrem ausweichend und beharrte vor allem darauf, dass man die Ost-Divisionen nicht nach Westen verbringen könne, weil diese die Nahrungsmittelvorräte aus der Ukraine, die für Deutschland unverzichtbar seien, schützen müssten. Auf Max' klare Nachfrage erklärte er aber auch, dass diese Truppen im Osten keine Stoßkraft mehr hätten, jedenfalls nicht so viel, wie es bräuchte, um – das hatte Max gefragt – »die Feinde an den Verhandlungstisch« zu bringen.

Auf eine Frage Scheidemanns, zu diesem Zeitpunkt Staatssekretär ohne Portefeuille, ob Truppenverschiebungen denn überhaupt noch zu einer Stabilisierung der Westfront führen könnten, sodass ein Durchbruch der Alliierten nicht zu befürchten sei, wollte Ludendorff wiederum nicht antworten. Allerdings gab der Kriegsminister Scheüch auf Nachfrage ziemlich präzise Zahlen, die auch für das Weitere Bedeutung haben sollten: Der normale Nachschub für das Feldheer liege bei 190 000 Mann (Einberufung der Jahrgänge 1900 und 1901!). Man könne aber auch an eine einmalige Aktion zur Beibringung von 600 000 Mann denken, die man unter dem Risiko der schweren Störung der Heimatwirtschaft aus dieser abziehen könne.[95]

Diese ihm offensichtlich neue Information veranlasste Ludendorff zu der Behauptung, dass er mit einem einmaligen Zuwachs in dieser Höhe die Lage wesentlich ändern könnte, »weil solcher Zuwachs auch die Moral der an der Front stehenden Truppen sehr verstärken würde.« Ludendorff nutzte die Gelegenheit, gleich auch wieder das Problem der Unzufriedenheit in der Heimat anzusprechen, welche natürlich auf die Truppe durchschlage. Er müsse also »dringend bitten, nicht nur für Menschen, sondern auch für die Stimmung zu sorgen«. Dies griff Scheidemann auf und gab seinem Bedenken Ausdruck, dass bei der überall herrschenden schlechten Stimmung die Zufuhr von einigen Hunderttausend Männern an die Front die Moral dort in keinem Fall verbessern könne. Stimmung und Moral seien eben eine »Kartoffelfrage«. Angesichts der grotesken Nahrungsmittelknappheit etwa in Berlin sei es ausgeschlossen, diese Haltung aktuell zu bessern. Vizekanzler Payer wollte so pessimistisch nicht sein, sondern gab zu bedenken, dass man angesichts der mit der zweiten Wilson-Note gegebenen Drohung einer Vernichtung Deutschlands eine patriotische Aufwallung »doch noch mal bekommen« könne. Woraufhin Ludendorff sehr zufrieden einwarf: »Packen Sie das Volk. Reißen Sie es hoch. Kann das nicht Herr Ebert tun?« Auf Nachfrage des Reichskanzlers musste Ludendorff dann schließlich aber doch zugeben, dass selbst bei einer besseren Moral an der Front die Lage so sei, »dass wir jeden Tag eingedrückt und geschlagen werden können. Vorgestern ist es gut gegangen. Es kann auch schlecht gehen.«

Noch am 22. Oktober, in Erwartung der wohl definitiven Antwort Wilsons auf die deutschen Vorschläge beziehungsweise Gegenvorschläge, ergriff Max von Baden vor dem Reichstag abermals das Wort, um in aller Deutlichkeit zu erklären, dass ein »Gewaltfrieden« für Deutschland nicht infrage käme:

> *Zur letzten Not müsse man sich zur Wehr setzen mit der ganzen Kraft eines Volkes, das man zum äußersten treibt. Wenn diese Notwendigkeit eintritt, so habe ich keinen Zweifel, dass die deutsche Regierung im Namen des deutschen Volkes zur nationalen Verteidigung aufrufen darf [...].*[96]

Ebenfalls vom 22. Oktober datiert eine Art abschließendes »Fanal«, nämlich eine gemeinsame Erklärung aller (!) Fraktionen des Reichstags sowie der wichtigsten Verbände Deutschlands mit dem Titel »Ein ernstes Wort in ernster Stunde!«. Hier hieß es, dass alle Parteien das Ziel hätten, »dem unmenschlichen Blutvergießen ein baldiges Ende« zu bereiten. Man wolle aber keinen »Frieden um jeden Preis«, sondern nur einen Frieden der Ehre und der Zukunft des deutschen Volkes. Aus diesem Grunde müsse eine große Geschlossenheit der »inneren Front« erreicht werden. Und:

> *Sollte unsere Regierung durch die Unerbittlichkeit und den Übermut gegnerischer Gewalthaber gezwungen sein, das Volk zum Entscheidungskampfe aufzurufen, um die Vernichtung unseres Reiches abzuwehren, dann müssen alle wie ein Mann aufstehen und auch das Letzte hergeben für die Freiheit und die Zukunft unseres Vaterlandes.*

Es sei bemerkt, dass auch in diesen letzten und recht »markigen« Verlautbarungen ein direkter Aufruf »zu den Waffen« vermieden wurde. Der »Entscheidungskampf« konnte, so wie es Ludendorff und Hindenburg gefordert hatten, dabei durchaus allein dem Heer überlassen bleiben. Dessen Kampfmoral aber, so die offensichtlich parteiübergreifende große Hoffnung, könnte durch eine entschiedene und zu allen Opfern – auch zum Widerstand! – bereite Bevölkerung moralisch und materiell vielleicht entscheidend verstärkt werden. Es ist schwer erklärlich, wieso die politischen Repräsentanten knapp eine Woche vor Ausbruch der Revolution noch an einen solchen einheitlichen Verteidigungswillen des Volkes glauben konnten beziehungsweise glauben wollten.

Wie dem auch sei: So diffus und für die beteiligten Zivilisten unglaubwürdig war Ludendorffs Standpunkt, dass etwas gelingen könne oder auch nicht, dass bereits tags darauf Minister Solf an den Kriegsminister Scheüch schrieb, man wolle unbedingt noch weitere Armeeführer anhören, allerdings erst, wenn Wilsons Replik auf die deutsche Antwortnote eingetroffen sei.[97] In dieser (am 20. Oktober an Wilson geschickt) wurde eigentlich nur betont, dass der eventuelle Frieden nunmehr von einer das deutsche Volk repräsentierenden Regierung geschlossen werden solle, dem die militärische Gewalt vollkommen untergeordnet sei. Des Weiteren verwahrte man sich wiederum gegen die Vorwürfe, einen völkerrechtswidrigen, unmenschlichen Krieg zu führen.

Wilsons Antwort – die dritte Lansing-Note vom 23. Oktober – stellte eine nochmalige und wohl entscheidende Verschärfung der Forderungen dar, die inzwischen mit den Alliierten genau abgesprochen worden waren. Man werde nur einen Waffenstillstand zulassen, der eine »Wiederaufnahme der Feindseligkeiten seitens Deutschlands unmöglich« mache. Außerdem werde man keinen Vertrag abschließen, solange nicht sicher sei, dass die »militärischen Beherrscher und monarchischen Autokraten Deutschlands« nicht definitiv entmachtet seien. Solange diese noch herrschten, »kann Deutschland nicht über Friedensbedingungen verhandeln, sondern muss sich ergeben.«

Nun kam es zu einer Art Zwischenspiel, weil Hindenburg die regelrechte Ohrfeige, die Wilsons dritte Note darstellte, am 24. Oktober mit einer »Bekanntgabe an alle Truppen« konterte, die in keiner Weise mit der politischen Führung abgesprochen war. Wilsons Note fordere eine regelrechte Kapitulation, sie

> *ist deshalb für uns Soldaten unannehmbar. Sie ist der Beweis, dass der Vernichtungswille unserer Feinde, der 1914 den Krieg entfesselte, unvermindert fortbesteht. [...] Wilsons Antwort kann daher für uns Soldaten nur die Aufforderung sein, den Widerstand mit äußersten Kräften fortzusetzen. Wenn die Feinde erkennen werden, dass die deutsche Front mit allen Opfern nicht zu durchbrechen ist, werden sie zu einem Frieden bereit sein, der Deutschlands Zukunft [...] sichert.*[98]

Dieser Aufruf Hindenburgs wurde tatsächlich auf Korps-Ebene weitergegeben, jedoch konnte die Reichsregierung noch intervenieren und eine Veröffentlichung unterbinden.

Mit dieser Intervention[99] wurde der tiefgreifende Zwist zwischen OHL und Regierung in der Frage des Weiterkämpfens klar. Die Idee einer wie auch immer gearteten *Levée en masse* war für die Regierungsseite nicht mehr aktuell. Und als weiteres Zeichen, dass eine Insubordination der militärischen Führung nicht weiter geduldet würde, ist die Entlassung Ludendorffs durch den Kaiser zwei Tage später (26. Oktober) zu werten, mit der Wilhelm II. einer entschiedenen Forderung des Reichskanzlers nachkam.

Auch wenn Hindenburg nach Ludendorffs erzwungener »Demission« im Amt blieb, so war durch diese in solcher Form noch nie da gewesene und vorher auch undenkbare Intervention des Reichskanzlers klar, dass die Zivilisten den Sieg über das Militär davongetragen hatten. Dementsprechend betonte die deutsche Antwort auf Wilsons Note nur, dass die aktuellen Verhandlungen von einer »Volksregierung« geführt würden, der auch »die militärischen Gewalten unterstellt« seien. Dies war ja auch tatsächlich als abschließender Akt der »Parlamentarisierung« der Reichsverfassung per Kabinettsorder Wilhelms II. vom 30. September verfügt worden.

Vor weiteren Aktionen und in Erwartung der definitiven Waffenstillstandsbedingungen rief die Regierung am 28. Oktober zwei Armeeführer, die nicht zur OHL gehörten, zu einer Besprechung.[100] Die Generale von Mudra und Gallwitz wurden intensiv befragt, wie denn die militärischen Durchhalte-Aussichten seien. Von Gallwitz beklagte, dass »diese fortgesetzten Bitten um Waffenstillstand« die ohnehin vorhandene schwache Moral im Heer noch weiter untergraben hätten. Auch habe den Gegner dadurch ein noch »wilderer Kriegstaumel« ergriffen. Es käme alles darauf an, die Alliierten davon zu überzeugen »dass wir noch nicht aus dem letzten Loche pfiffen«. Deshalb müsse »ein großer markiger Appell von der alten Gewalt und von der neuen Regierung an Volk und Marine ergehen«.

Diesen Ausführungen stimmte General Mudra vollinhaltlich zu. Und die weitere Frage von Vizekanzler Payer, ob denn solche Aufrufe militärisch etwas bewirken könnten, wurde rundum bejaht: Man könne noch über den Winter in defensiver Stellung aushalten, und »dann würden wir einen besseren Frieden bekommen«. Jedenfalls sei aktuell eigentlich nur eine Kapitulation möglich. Schlimmer als diese könnten die späteren Forderungen auch nicht mehr sein. Deshalb wünschten beide Generale einen Aufruf an das Volk, auch auf die Gefahr hin, dass weitere Verhandlungen mit Wilson dadurch unmöglich würden. Von Gallwitz: »Es kann nicht mehr schlechter werden. Vom Standpunkt der nationalen Ehre dürfe man nicht Schicht machen, solange die Armee noch in Widerstandskraft dastehe.«

Es zeigte sich bei dieser Unterredung allerdings wieder, dass die Zivilisten durchaus der Ansicht waren, es könne sehr wohl noch schlimmer kommen und dass die »Ehrenfrage« ihnen lange nicht so wichtig war wie den Militärs. Der Zentrums-Chef Gröber stellte infrage, ob man »nur mit Rücksicht auf Ehrenstandpunkt Kampf fortsetzen [könne], der aussichtslos ist und nur Gegner veranlasst, uns später noch härtere Bedingungen aufzuerlegen.«[101] Oder, wie Vizekanzler Payer Ludendorff erklärte, als dieser von der »Soldatenehre« sprach: »Ich kenne keine Soldatenehre, ich bin einfacher schlichter Bürger und Zivilist. Ich sehe nur das hungernde Volk.«[102]

Am 5. November, nahezu eine Woche nach der großen Unterredung mit den führenden Generalen, hörte die Reichsregierung noch einmal den nach Hindenburg ranghöchsten Militär an, nämlich General Groener, den Nachfolger Ludendorffs. Ein weiteres Verschieben von Truppen nach dem Westen sei technisch nicht möglich, außerdem seien diese »den Anforderungen des Westens nicht gewachsen, ihr innerer moralischer Wert durch die östlichen Einflüsse erschüttert. Es liegt die Gefahr der Infizierung der noch braven Truppen des Westheeres vor.« Im Übrigen seien die militärischen Aussichten im Westen inzwischen dramatisch gesunken. Was von der Heimat erwartet werde, sei »nicht Kritik und Polemik«, sondern »Stärkung von Herz und Seele der Armee«. Dazu gehöre vor allem, dass »die Hetze« gegen den Kaiser aufhöre, denn dessen Abdankung sei, so habe Hindenburg noch einmal gesagt, für die Soldaten unerträglich. Es sei zu befürchten, dass das Heer ungeordnet zurückflute. »In der nach der Heimat zurückströmenden Soldateska bricht die menschliche Bestie hervor.«

Auf das energische Nachfragen der Zivilisten (Scheidemann, Erzberger) erklärte Groener allerdings nur noch, dass eine Verbesserung der militärischen Lage nicht zu erwarten sei. Er könne auch nicht angeben, wie lange sich das Heer im Westen noch halten werde. Man könne aber »Zeit gewinnen für die Fortsetzung der Verhandlungen.« Das allerdings sei nur möglich, wenn die Heimat fest hinter der Armee stehe. Jedenfalls könne das Heer die »nötige Zeit für Verhandlungen« sicher schaffen.[103]

Einen Tag später, am 6. November, traf Wilsons vierte Note ein. Diese gab im Wesentlichen bekannt, dass die Alliierten seinen Vorschlägen zustimmten, allerdings mit der Präzisierung, dass die besetzten Gebiete nicht nur geräumt, sondern auch wiederhergestellt werden müssten. Deutschland habe also »für alle durch seine Angriffe zu Wasser und zu Land und in der Luft der Zivilbevölkerung der Alliierten ihrem Eigentum zugefügten Schaden Ersatz zu leisten.«

Wichtig ist, dass in dieser letzten Note Wilsons ein etwaiger Rückzug der Deutschen auf die Grenze vor Aufnahme von Verhandlungen überhaupt nicht mehr diskutiert wurde. Und neu war der für die Zukunft so bedeutende Passus, dass Deutschland für alle Schäden verantwortlich sei. Auf die Tatsache, dass diese Forderung bereits im Waffenstillstand von den Deutschen akzeptiert werden musste, wird bei der Diskussion über den Artikel 231 des Versailler Vertrages zurückzukommen sein.

Nach Wilsons Note gab es kein Verhandeln mehr, auch sind weitere Versuche, jetzt noch einmal eine »Mobilisierung« des Volkes anzugehen, überhaupt nicht mehr erwähnt. Die Revolution der Soldaten war ja seit Ende Oktober massiv im Gange und zwei Tage darauf, am 8. November, wurde in München bereits die Republik ausgerufen, wie im nächsten Kapitel genauer beschrieben wird.

d) Ein Ende mit Schrecken

So blieb dem Reichskanzler Max von Baden nur noch, die Bevölkerung aufzurufen, die nun anstehenden Waffenstillstandsverhandlungen nicht durch »Unruhe und disziplinloses Verhalten« zu gefährden. Die Pflicht jedes Staatsbürgers bestehe nun darin, die »bisher gewahrte Ordnung in freiwilliger Manneszucht« aufrechtzuerhalten. Gefordert wurde also gewissermaßen eine Revolution in Ruhe und Ordnung.

Sieht man all diese Stellungnahmen der verschiedenen Parteien, Persönlichkeiten und staatlichen Gremien im Zusammenhang, ist zu erkennen, dass unter dem Aufruf zur Verstärkung der nationalen Verteidigung ganz unterschiedliche Verhaltensweisen gemeint waren, die diffus nebeneinander standen und zu keiner gemeinsamen Aktion führen konnten. Einerseits der Rathenau'sche Standpunkt, dass es möglich sein müsse, gleichsam die Zivilisten zu den Waffen greifen zu lassen und an der Grenze zu Deutschland eine Art lebendigen Wall zu errichten. Die Hoffnung war, dass ein solches Verhalten dazu führen könnte, dass man auch bei der feindlichen Zivilbevölkerung und in den Armeen der Alliierten zögern würde, den Krieg als Angriffskrieg nach Deutschland hineinzutragen. Andererseits war in vielen solcher Aufrufe wenig zu spüren von wirklicher Kampfbereitschaft beziehungsweise dem Willen, die Bevölkerung zu den Waffen zu rufen. Meist ging es um die Forderung, dass irgendetwas zu unternehmen sei, um eine Art kämpferische Stimmung in der Heimat zu erzeugen, sogar den Geist des »August 14« wieder zu wecken, wie es gerade die OHL seit August immer wieder gefordert hatte, um Wilson und die Alliierten verhandlungsbereit zu machen beziehungsweise zu Zugeständnissen zu bewegen.[104]

Wenn schon die politisch und militärisch Verantwortlichen sowie die wichtigsten Parlamentarier noch bis Mitte Oktober 1918 hofften, auf welche Weise auch immer einen ehrenvollen Frieden aushandeln beziehungsweise durch die Drohung mit einer *Levée en masse* von den Feinden erhalten zu können, so kann dann das Entsetzen von Millionen Soldaten, dass nun plötzlich alle Leiden und Entbehrungen von mehr als vier Jahren Krieg umsonst und vorbei sein sollten, nicht verwundern. Genaue Zahlen wird man niemals nennen können, aber es lässt sich zumindest sagen, dass es zu Ende des Krieges genügend deutsche Soldaten gab, die nicht davon zu überzeugen waren, dass der Krieg wirklich allein aus ersichtlichen militärischen Gründen verloren gegangen war. Fraglos waren die allermeisten von ihnen froh, endlich wieder nach Hause zu kommen und das Gewehr in die Ecke stellen zu dürfen.[105] Doch blieb nach all dem, was man im Dienste des Vaterlandes erlebt und erlitten hatte, eine offene Wunde beziehungsweise ein großes Fragezeichen. In seinen letzten Briefen aus dem Feld schreibt der am 12. Oktober 1918 vor Verdun gefallene Theologiestudent Paul Boelicke:

> *Verdun, ein furchtbares Wort! Unzählige Menschen jung und hoffnungsvoll haben hier ihr Leben lassen müssen […] Die Front wankt, heute hat der Feind die Höhe, morgen wir, irgendwo ist hier immer verzweifelter Kampf […]. Der Mensch wird zum Wurm und sucht sich das tiefste Loch […]. 22 km Marsch; es war schwer heut nacht, und man wundert sich, dass die Leute noch durchhalten. Aber es ist ein Jammer, sie stöhnen zu hören, weil sie fast nicht mehr können. – Man darf nichts denken. Wenn man eine Zeitung liest, könnte man ohnmächtig werden. Man muss alle Seelenkräfte zusammennehmen, um bestehen zu können. Ich kann's nicht glauben, dass wir unterliegen sollen, ich kann's nicht!*[106]

Dieses Entsetzen über die in dieser Form nicht erwartete Niederlage, die Sinnlosigkeit des Leidens und Sterbens findet sich in den Regimentsgeschichten, der soldatischen Literatur der 1920er-Jahre, in überlieferten individuellen Briefen tausendfach.

Aktuell, im Oktober 1918, war allerdings das »Verdünnisieren« von Hunderttausenden von Soldaten von der Front das hervorstechende Phänomen und für die militärischen und politischen Entwicklungen entscheidend. Seit Ende September, als die deutschen Waffenstillstandsabsichten auch bis zur Truppe vorgedrungen waren, nahm diese Bewegung geradezu lawinenartig zu.[107]

Man mag argumentieren, dass diese von der alliierten Propaganda »begleitete« Selbstauflösung des Heeres insofern kein »Dolchstoß« war, als der Krieg wegen der Überlegenheit der Alliierten und der großen Fehler der deutschen Militärführung ohnehin verloren war. Das ist zweifellos zutreffend und wird auch in dieser Arbeit in keiner Weise bestritten. Anders aber dürfte die Beurteilung ausfallen, wenn man nach der *damaligen* Glaubwürdigkeit beziehungsweise Überzeugungskraft von Argumenten fragt. Und in dieser Hinsicht gibt es keinen Zweifel: Durch die Selbstauflösung der Armee und die vor-revolutionäre Situation in der Heimat war es nicht mehr möglich, die Front so zu befestigen, dass man noch ernsthaft um die Friedensbedingungen hätte verhandeln können.

3. Revolution und Waffenstillstand

a) Die Revolution der Soldaten

Trotz nahezu hundert Jahren Forschung zur Geschichte Weimars ist es noch nicht gelungen, einen Konsens über den Charakter der Revolution von 1918/19 herzustellen. Viel zu wenig wird gemeinhin beachtet, dass der entscheidende Umsturz des alten Systems – also die Revolution im engsten Sinne – von Soldaten ausgelöst wurde, die kein revolutionäres Programm hatten, sondern nur noch vermeiden wollten, in den inzwischen aussichtslosen Kampf geworfen zu werden. Schon Ende 1918 formulierte Walther Rathenau dies folgendermaßen: »Den Generalstreik einer besiegten Armee nennen wir Deutsche Revolution.« Und weiter:

> *Bis in die Novembertage von 1918 gab es keine Revolutionsstimmung, nur Müdigkeit im Lande und Verdrossenheit an der Front […] Die Revolution war kein Produkt des Willens, sondern ein Ergebnis des Widerwillens. […] Es gab nicht einmal eine revolutionäre Sehnsucht.*[108]

In einer etwas späteren Reflexion beharrte Rathenau noch einmal auf diesem Aspekt:

> *Vergessen wir nie: Wir haben keine Revolution gemacht. Einen Heeresstreik, eine militärische Sabotage, eine parlamentarische Palastrevolte haben wir erlebt, und diese Dinge haben teilweise revolutionäre Wirkungen gehabt. Das Volk blieb politisch unbeteiligt, und die alten Männer herrschen in neuer Zusammensetzung.*[109]

Ganz ähnlich äußerte sich Ernst Troeltsch, ein weiterer scharfer Beobachter der aktuellen politischen Entwicklung, als er in seinen »Spektator-Briefen« Ende Juli 1919 die Ereignisse der so bewegten vergangenen Monate resümierte:

> *Eine Revolution, die nicht aus Ideen geboren war und außer der russischen Räte-Idee auch weiterhin keine Ideen hatte, konnte kein glänzendes Parlament der moralischen und geistigen Neuordnung schaffen.*[110]

Diese Beobachtungen und Folgerungen intelligenter Zeitgenossen sind zwar sicherlich nicht in jeder Hinsicht unanfechtbar, aber sie legen den Finger auf die entscheidende Wunde der Weimarer Republik. Ihr Initialereignis war der »verdeckte Militärstreik« (Wilhelm Deist) der einfachen Soldaten, der mit Beginn des Waffenstillstandsangebots ungeheure Ausmaße annahm und direkt in den Aufruhr von Ende Oktober und Anfang November mündete. Das »Verdünnisieren« von Hunderttausenden in der Etappe, auf dem Weg zur Front oder zum Heimaturlaub folgte, wie zu betonen ist, keiner politischen Doktrin und war auch in keiner Weise organisiert. Aber diese spontane Massenbewegung des individuellen Rückzugs aus dem Krieg wurde in dem Moment zur politischen Aktion, als die Matrosen und andere Soldaten des »Heimatheeres« sich in nunmehr kollektiver Form weigerten, weiterzukämpfen. Daraufhin kam es dann sofort zur Konstituierung von Soldatenräten, denen bald die Arbeiterräte folgten.

Ein bezeichnendes Beispiel hierfür ist die Situation im eigentlich recht konservativen Großherzogtum Baden. Hier versuchte das Stellvertretende Generalkommando angesichts der Friedensbedingungen der Entente noch am 23. Oktober, den »Einsatz aller Kräfte für den bevorstehenden Endkampf« vorzubereiten. Dies scheiterte allerdings daran, dass sich die dienstpflichtigen und freigestellten Soldaten weigerten, sich am Bahnhof einzufinden, wie das Bezirkskommando

Mannheim am 28. Oktober resigniert feststellte. Die Eingezogenen, so berichtete die Inspektion Karlsruhe, seien missmutig und gleichgültig. Grußvorschriften könnten nicht mehr durchgesetzt werden, und man habe auch nicht gegen lautstarke Proteste »Wir wollen Frieden haben« einschreiten können. Bei der Bevölkerung habe diese Machtlosigkeit der Behörden »peinliches Aufsehen« erregt.[111]

Dieser zunächst spontane und dann organisierte Protest war eine direkte Reaktion auf die verschiedenen Aufrufe und Befehle, den militärischen Widerstand neu zu organisieren und dafür erhebliche Kontingente der für die Industrie freigestellten Soldaten des »Heimatheeres«, der »Reklamierten«, an die Front zu schicken. Rathenaus Aufruf zur *Levée en masse*, der ja von einer Vielzahl ähnlicher Aufrufe und Aktionen begleitet wurde, war also in gewisser Weise der Auslöser dieser kollektiven Weigerung der Soldaten.[112]

Im Zusammenhang mit der bald entflammenden Dolchstoßdiskussion sei betont, dass diese Bewegung eben nicht von revolutionär »infizierten« Soldaten des Feldheeres ausging, sondern strikt auf die Garnisonen und Häfen des Heimatheeres beschränkt blieb.[113]

Den Anfang machten die auf Reede liegenden Soldaten von Kriegsschiffen in Wilhelmshaven und Kiel. Dort bereitete die Seekriegsleitung ab dem 22. Oktober einen rein demonstrativen und bewusst selbstmörderischen Angriff auf die britische Flotte vor, was die dort stationierten mehr als 20 000 Matrosen auch bald erfuhren.[114] Ab dem 27. Oktober kam es deshalb zu Dienstverweigerungen. Die wohl erste kollektive Aktion war die Weigerung von 40 Heizern, die Maschinen für die Ausfahrt vorzubereiten. Diese Art von Streik, die etwas ganz anderes war als das »Verdünnisieren« der Soldaten des Feldheeres, wurde gegenüber den Offizieren immer wieder damit begründet, dass man sein Leben angesichts des baldigen Waffenstillstandes nicht mehr aufs Spiel setzen wolle.[115] Auch der Beruhigungsversuch durch Admiral Hipper, der den Matrosen versicherte, dass die Marineleitung keinen Prestigeangriff plane, sondern nur beabsichtige, »uns mit starken Waffen vor die Tore der Heimat (zu) stellen, bis der Frieden wirklich da ist«, fruchtete nichts.[116]

Eine entscheidende Verschärfung der Situation ergab sich am 3. November, als es bei einer weiteren Matrosendemonstration im Stadtzentrum von Kiel zu Zusammenstößen mit bewaffneten Patrouillen der Marinepolizei kam. Neun Tote und 29 Verletzte waren zu verzeichnen, was dazu führte, dass sich die diffuse Aufregung in kollektive Erregung verwandelte. Jetzt begann die Menge, die Kasernen zu stürmen und Gefangene zu befreien, und zum ersten Mal wurden am 4. November in einer Kaserne »Vertrauensleute oder Soldatenräte« gewählt. Dem Divisionskommandeur wurden dann die Forderungen dieser Versammlung vorgelegt. Dies waren insbesondere: Freilassung der verhafteten meuternden Matrosen, Beendigung des Krieges, Frieden ohne Annexionen, Abdankung der Hohenzollern und des Kaisers, Einführung eines demokratischen Wahlrechts zu allen Volksvertretungen. Am Nachmittag desselben Tages kam es dann im Gewerkschaftshaus zu einer Vereinigung der streikenden Matrosen und Soldaten mit der Industriearbeiterschaft. Man beschloss, sich keinen Anordnungen der Militärführung mehr zu unterwerfen, denn schließlich verfüge man über mindestens 20 000 Gewehre.

Am Abend des 4. November kamen dann der von der örtlichen SPD herbeigerufene Parteiführer Noske und sein linksliberaler Kollege Konrad Haußmann, ebenfalls Mitglied der Regierung, in Kiel an. Es gelang ihnen binnen kurzer Frist, die Proteste zu kanalisieren.

b) Kurt Eisner und die Revolution in München

Anders verliefen die Ereignisse in München, wo dieselbe revolutionäre Stimmung in kurzer Zeit zum Sturz des bayerischen Königshauses und zur Ausrufung der Republik führte. Initiator der Revolution wurde Kurt Eisner, USPD-Politiker und Schwabinger »Litterat« – wie ihn

Max Weber immer wieder bespöttelte. Über Eisner und seine für die Revolution (vor)entscheidende Ausrufung der Republik in Bayern am 8. November 1918 gibt es sehr viel und solide Forschung sowie einen »dichten« Quellenkorpus, aus dem im Folgenden zusammenfassend berichtet werden soll.[117]

Kurt Eisner war zu Beginn des Krieges fest überzeugt gewesen, dass Deutschland einen legitimen Verteidigungskrieg führte. Er war aber bald zu den Kritikern des Kriegskurses der Mehrheitssozialdemokraten gestoßen und aktives Mitglied der USPD geworden. Am Januarstreik 1918 war er führend beteiligt und wollte diesen schon zum revolutionären Sturz der Monarchie eskalieren lassen.[118] Danach für mehr als ein halbes Jahr in Haft, hatte er ab Mitte Oktober 1918 seine Agitation gegen den Krieg wieder aufgenommen.

Sehr viel stärker als die anderen USPDler beharrte Eisner schon vor Kriegsende auf der alleinigen Kriegsschuld Deutschlands. So sagte er in einer Münchener Rede: »Deutschland muss zugeben, dass es schuldig ist, und muss auch die nötigen Opfer bringen.«[119] Allerdings – und das ist weniger bekannt – war auch Eisner offensichtlich noch im Oktober 1918 der Auffassung, dass Deutschland eventuell für den Fall, dass unannehmbare Friedensbedingungen gestellt würden, die nationale Verteidigung organisieren müsse. Da er aber in derselben Rede wohl auch betonte, dass eine *Levée en masse* sinnlos sei, stellte sich Verwirrung ein, und ein Polizeibericht über diese Versammlung kam zu dem Schluss, dass die Zuhörer unzufrieden gewesen seien. »Während manche seine Mäßigung auf die lange Haft zurückführten, bezeichneten andere seine Ausführungen als sinnloses Geschwätz.«[120] Bereits am 3. November allerdings forderte Eisner bei einer Münchener Friedensdemonstration dazu auf, »wenn nicht anders, so durch Gewalt eine Volksregierung zu schaffen, die sofort Frieden schließen« müsse und nicht erst die Berliner Entscheidungen abwarte. Schon am 5. November kam es in München auf der Theresienwiese zu einer Veranstaltung der USPD, an der mehrere Tausend Menschen teilnahmen, darunter besonders viele junge Männer, die fürchteten, noch zur Front verschickt zu werden. Die Redner wandten sich scharf gegen alle Vorhaben, die nationale Verteidigung neu zu organisieren, und wollten auch in München einen Arbeiter- und Soldatenrat bilden. So weit wollte Eisner noch nicht gehen, sondern zuerst den Friedensschluss erzwingen. Diesem Zweck (!) sollte für Eisner und die USPD eine Großversammlung dienen, die MSPD, USPD und Freie Gewerkschaften am 7. November ebenfalls auf der Theresienwiese abhielten. Hier kamen um die 50 000 Menschen zusammen.[121] Die MSPD unter Führung von Erhard Auer glaubte, die Menge mit Friedensbekundungen allgemeiner Art beruhigen zu können, aber Eisner wollte nun mehr: Noch während der Kundgebung organisierte er mit einigen Getreuen eine weitere Demonstration, an der hauptsächlich Soldaten der Münchener Garnisonen – ungefähr 1000 Mann – teilnahmen, welche sämtliche Kasernen und öffentlichen Gebäude der Stadt besetzten, kurioserweise mit Ausnahme des Polizeipräsidiums. Diese Aktion fiel umso leichter, als sie fast ausschließlich von Soldaten durchgeführt wurde.[122] Noch am Spätabend des 7. November wurde unter Führung Eisners ein Arbeiter- und Soldatenrat gebildet. In einem Aufruf verkündete er, die Regierungsgewalt übernommen zu haben, und bat die Bevölkerung um Vertrauen für eine Regierung, die »Euch den Frieden bringt und Befreiung von elendem Drucke.«[123] Und noch am Morgen des 8. November erließ Eisner zusammen mit dem nun »Arbeiter-, Soldaten- und Bauernrat« genannten Gremium einen weiteren Aufruf »An die Bevölkerung Münchens«. Dessen wesentliche Punkte hatten folgenden Wortlaut:

> *Eine neue Zeit hebt an! Bayern will Deutschland für den Völkerbund rüsten. Die demokratische und soziale Republik Bayern hat die moralische Kraft, für Deutschland einen Frieden zu erwirken, der es vor dem Schlimmsten bewahrt. Die jetzige Umwälzung war notwendig, um im letzten Augenblick durch die Selbstregierung des Volkes die Entwicklung der Zustände ohne allzu schwere Erschütte-*

> *rung zu ermöglichen, bevor die feindlichen Heere die Grenze überfluten oder nach dem Waffenstillstand die demobilisierten deutschen Truppen das Chaos herbeiführen. [Es folgen eine Reihe von Maßregeln und Bitten, die Ruhe und Ordnung betreffend.] In dieser Zeit des sinnlos wilden Mordens verabscheuen wir alles Blutvergießen. Jedes Menschenleben soll heilig sein!«*[124]

Am Nachmittag des 8. November konstituierte sich dann ein »provisorischer Nationalrat«, der sich aus Führern der Arbeiter- und Soldatenräte sowie links stehenden Parlamentariern zusammensetzte und Eisner zum Ministerpräsidenten und Minister für Auswärtige Angelegenheiten wählte.[125] In dessen erster Sitzung – die Waffenstillstandsbedingungen der Alliierten waren soeben bekannt geworden – wurde beschlossen, eine »Proklamation« an die Entente-Staaten zu schicken, um diese zur Mäßigung zu veranlassen. Dies geschah und Eisner versuchte, in seiner Funktion als Außenminister der neuen Regierung, auf dem Weg über den Berner Bundesrat diese Erklärung an Wilson gelangen zu lassen. Dies und andere Bemühungen scheiterten aber.[126]

Diese »Proklamation« sei hier ebenfalls und ausführlich zitiert, weil sie nachdrücklich belegt, wie sehr man auf Seiten der Revolutionäre der Überzeugung war, mit Schuldeingeständnissen die Alliierten dazu bewegen zu können, der neuen Demokratie verträgliche Friedensbedingungen zu stellen.

> *An die Regierungen und Völker Amerikas, Frankreichs, Englands, Italiens, an die Proletarier aller Länder!*
> *Das bayerische Volk hat zuerst in Deutschland, unter Führung von Männern, die seit Beginn des Krieges den leidenschaftlichsten Kampf gegen die frevelhafte Politik der deutschen Regierungen und Fürsten geführt haben, in einer stürmischen und vom endgültigen Erfolg gekrönten Bewegung Alle und Alles beseitigt, was schuldig und mitschuldig an dem Weltkrieg war. […] In diesem Augenblick stürzt*

> *auf die junge Republik Bayern die Veröffentlichung der Waffenstillstandsbedingungen der alliierten Mächte herein. Alle Hoffnungen, die wir durch den Erfolg der Revolution hegen durften, sind damit zerstört. Die neue Republik wird, wenn diese entsetzlichen Bedingungen unabänderlich sein sollten, in kurzer Zeit Wüste und Chaos sein. Wir verstünden wohl die Empfindungen, die die alliierten Mächte veranlassten, solche Bedingungen zu stellen, wenn sie damit die Schuldigen treffen würden. Die deutschen Autokraten und Militaristen verdienten keine Schonung. Jetzt aber hat das Volk sich befreit und die Bedingungen, die ihm jetzt auferlegt werden, bedeuten seine Vernichtung. […] Wir beschwören Euch, die Regierungen wie die Völker, in einer Tat erhabener Selbstüberwindung, die für Alle verhängnisvolle Liquidierung des Weltkrieges in gemeinsamer Arbeit der Sieger und Besiegten zu unternehmen […] Die alliierten Demokratien dürfen nicht vergessen, wieviel stumm ertragene Opfer unzähliger namenloser Deutscher seit Beginn dieses Krieges in klarer Erkenntnis der Schuld gebracht worden sind […].*[127]

Falk Wiesemann hat zu Recht von einer »absoluten Vertrauensseligkeit« Eisners vor allem gegenüber Wilson gesprochen.[128] Bis zu seiner Ermordung im Februar 1919 hat Eisner noch vielfach versucht, als Beweis für die Gutwilligkeit des neuen Deutschlands die Schuld der alten Gewalten am Krieg anzuerkennen und damit die Grundlage für wahre Völkerverständigung zu legen. Seine schwerwiegendste Aktion war dann folgerichtig die Publikation – allerdings in gekürzter und zuspitzender Form – von bayerischen Dokumenten aus der Julikrise von 1914. Hierauf wird im Kapitel III zurückzukommen sein.

Eisner war mit seinen Einstellungen keineswegs isoliert. Bei allen anderen großen Differenzen mit den gemäßigten Sozialdemokraten hatte man auf der Linken doch die Hoffnung gemein, dass ein demokratisch erneuertes Deutschland bessere Friedensbedingungen erhalten werde als das alte System. Dies zeigt mit aller Deutlichkeit die »Erklärung der Vollversammlung der Berliner Arbeiter- und Soldatenräte« vom 10. November 1918, einen Tag vor Unterzeichnung des Waffenstillstands. Zu einem Zeitpunkt also, als zwar gerade die Republik (doppelt) ausgerufen worden war, aber noch völlige Unklarheit über Machtverhältnisse und künftige Regierungsgewalt herrschte. In diesem wahrhaft revolutionären Augenblick war die Versammlung von ungefähr 3000 Arbeiter- und Soldatenräten im Zirkus Busch das entscheidende politische Gremium der neuen Republik. Die Erklärung hatte in ihren wichtigsten Passagen den folgenden Wortlaut:

> *An das werktätige Volk!*
> *Das alte Deutschland ist nicht mehr. […] Der vielgerühmte, der ganzen Welt zur Nachahmung empfohlene Militarismus ist zusammengebrochen.[…]*
> *Die Aufgabe der provisorischen Regierung, die von dem Arbeiter- und Soldatenrat bestätigt ist, wird in erster Linie sein, den Waffenstillstand abzuschließen und dem blutigen Gemetzel ein Ende zu machen. Sofortiger Friede ist die Parole der Revolution. Wie auch der Friede aussehen wird, er ist besser als die Fortsetzung des ungeheuren Massenschlachtens. […] Der Arbeiter- und Soldatenrat ist von der Überzeugung durchdrungen, dass in der ganzen Welt sich eine Umwälzung in der gleichen Richtung vorbereitet. Er erwartet mit Zuversicht, dass das Proletariat der anderen Länder seine ganze Kraft einsetzen wird, um eine Vergewaltigung des deutschen Volkes bei Abschluss des Krieges zu verhindern.*[129]

Bei all diesen Bewegungen und Aufständen der Revolutionstage hat die Auffassung eine kaum zu unterschätzende Rolle gespielt, dass ein zur Demokratie gewandeltes Deutschland vom Sieger bessere Waffenstillstands- und Friedensbedingungen erhalten werde als die alten Gewalten des Wilhelminismus. Wilsons Äußerungen ließen sich ja auch in dieser Weise interpretieren, denn er hatte schließlich gesagt, dass ein Waffenstillstand ohne vorherige demokratische Erneuerung in Deutschland nur als Kapitulation angenommen werden würde. Also war die Folgerung evident, dass eine demokratisch legitimierte Regierung bessere Bedingungen erhalten werde, nicht einfach kapitulieren müsse. Dies war aber, wie wir gesehen haben, nicht der Fall, was im Übrigen auch zum Hass auf diejenigen beitrug, die diesen Waffenstillstand dann doch hatten abschließen müssen. Für das Verhalten der protestierenden Soldaten und der diese bald unterstützenden linken Parteien war dieses Argument allerdings von großem Gewicht. Hinzu kam noch, dass man sich damals offensichtlich in einer Art »Traumland der Waffenstillstandsperiode« bewegt hat, so die elegante Formulierung von Ernst Troeltsch, wo – so Troeltsch weiter – »jeder sich ohne die Bedingungen und realen Sachfolgen des bevorstehenden Friedens die Zukunft phantastisch, pessimistisch oder heroisch ausmalen konnte«.[130] Wenn derselbe Beobachter allerdings wenig später von einer »revolutionären Selbstentwaffnung Deutschlands« spricht,[131] so verfällt er der irrigen Auffassung so vieler Menschen damals, dass erst die Revolution das Heer »erdolcht« habe. Nachvollziehbar aber ist sicherlich die Überzeugung, dass die Unerbittlichkeit der Waffenstillstandsbedingungen nicht unwesentlich davon beeinflusst wurde, dass sich die Alliierten – wie gezeigt – ab Ende Oktober und dem Ausbruch der Revolution sicher sein konnten, dass Deutschland auf keinen Fall weiterkämpfen konnte.

c) Der Waffenstillstand von Compiègne, 11. November 1918

Im alliierten Hauptquartier beziehungsweise in Paris erfuhr man erstaunlich wenig über die Ereignisse in Deutschland. Die Aussage des militärischen Verbindungsmannes von Clemenceau, Mordacq, man habe davon bis zur Revolution nichts erfahren, ist allerdings nicht stimmig.[132] Wie die jüngst publizierten *Documents diplomatiques fran-*

çais zeigen, war bereits am 7. November via Kopenhagen bekannt geworden, dass in München eine Revolution stattfand. Auch ist klar ersichtlich, dass die ursprünglich von Foch formulierten Waffenstillstandsbedingungen in dem Maße unerbittlich wurden, wie die Situation in Deutschland eskalierte. In einer ersten Sitzung der Alliierten vom 29. Oktober bestand lediglich Einigkeit darin, dass die Bedingungen so sein sollten, dass Deutschland auf keinen Fall wieder Kriegshandlungen aufnehmen könne.[133] Man wollte aber keine Bedingungen stellen, die so streng seien, dass die Deutschen sich entschließen würden, weiterzukämpfen.

Am 31. Oktober kam es nach diesem Vorgespräch zu einer ersten Sitzung des Obersten Kriegsrates der Alliierten. Hier warnte Foch erneut vor Bedingungen, welche die Deutschen nicht annehmen könnten. Deutschland werde den Krieg zweifellos verlieren, aber die Kämpfe könnten noch lange fortgeführt werden und würden zu schrecklichen Verlusten und Zerstörungen führen. Auch Lloyd George verlangte, von allzu schweren Bedingungen abzusehen, denn die Deutschen seien noch lange nicht endgültig geschlagen. Clemenceau gab sogar zu bedenken, dass die Moral der alliierten Heere stark nachlassen könnte, wenn die Soldaten weiterkämpfen müssten, obwohl der Friede doch so nahe sei. Auf Einzelheiten dieser Besprechungen ist hier nicht einzugehen, aber es kann kein Zweifel daran bestehen, dass die am 4. November abschließend festgelegten Waffenstillstandsbedingungen so intransigent waren, weil sich die Lage in Deutschland kontinuierlich zuspitzte.[134]

Mit den Waffenstillstandsverhandlungen wurde Matthias Erzberger, Staatsekretär ohne Portefeuille, beauftragt, der von zwei Militärs, General von Winterfeld und Kapitän z. S. Vanselow, begleitet wurde.[135] Hinzu kam noch der Gesandte Oberndorff als Experte für Fragen der auswärtigen Politik. Da Wilson von vornherein Verhandlungen mit Repräsentanten des alten Kaiserreichs verweigert hatte, wurde leider die Frage, ob nicht Hindenburg und eventuell sogar der Kaiser die

Niederlage unterschreiben sollte, nicht diskutiert. Es war wohl auch zu diesem Zeitpunkt noch nicht ersichtlich, dass sich die Dolchstoßlegende gerade an der Tatsache festmachen würde, dass die durch die revolutionären Ereignisse an die Macht gekommenen Zivilisten den Waffenstillstand unterschrieben hatten.

Genau dies aber geschah, zumal die Alliierten nicht darauf bestanden, dass der militärische Waffenstillstand auch von den verantwortlichen Militärs unterzeichnet wurde.

Die deutsche Delegation, die am 6. November aus Berlin abgereist war, traf am 7. November im Hauptquartier der OHL im belgischen Spa ein. Wie von der französischen Militärführung angeordnet, begab sie sich in der Nacht vom 7. zum 8. November an die französischen Linien, von wo aus sie in den Wald von Rethondes, bei Compiègne, verbracht wurde und wo die Verhandlungen am 8. November morgens im Salonwagen des Maréchal Foch begannen. Im Grunde waren es allerdings gar keine Verhandlungen, was schon bei der »Begrüßung« sichtbar wurde: Auf die Worte der deutschen Delegierten, man sei gekommen, um die »Vorschläge« der Alliierten zu diskutieren, erwiderte Foch einfach: »Ich habe keine Vorschläge zu machen.« Der Oberkommandierende der alliierten Armeen forderte dann seinen Generalstabschef auf, den Deutschen die »Bedingungen« des Waffenstillstands zu verlesen.

Diese Bedingungen umfassten 35 Artikel.[136] Die politisch wichtigsten Punkte seien hier kurz zusammengefasst. Deutschland verpflichtete sich:

- zur Räumung der besetzten Gebiete innerhalb von 14 Tagen, wobei das Kriegsmaterial im Wesentlichen nicht mitgeführt werden durfte. 5000 Kanonen, 25 000 Maschinengewehre, 3000 Minenwerfer und 1700 Flugzeuge waren »an Ort und Stelle auszuliefern« (Art. II–VI).
- Räumung des linksrheinischen Gebiets von deutschen Truppen. Hier setzten die Deutschen die Modifikation durch,

dass in den besetzten Gebieten keine Verfolgungen wegen vor dem Waffenstillstand vorgenommener Maßnahmen kriegerischer Art stattfinden sollten. Es gab keinen Austausch von Kriegsgefangenen, die Deutschen hatten die alliierten Gefangenen sofort zu befreien, während es keine Rückführung von deutschen Kriegsgefangenen gab, mit Ausnahme der wenigen in der Schweiz und Holland internierten Gefangenen (Art. X und XXI).

- Die im ursprünglichen Text (Art. XII) geforderte unmittelbare Rückführung aller deutschen Truppen aus den besetzten Gebieten im Osten wurde interessanterweise aufgrund der Bitte der Deutschen modifiziert: Die auf russischem Gebiet stehenden deutschen Truppen durften dort verbleiben und mussten erst zurückkehren, »sobald die Alliierten, unter Berücksichtigung der inneren Lage dieser Gebiete, den Augenblick für gekommen erachten«. Das war ganz eindeutig eine positive Reaktion auf die Bitte der Deutschen, die Truppen dort belassen zu dürfen, weil sonst »die dortige Bevölkerung den Gräueltaten des Bolschewismus schutzlos preisgegeben würde«.

Wichtig war auch die Klausel des Artikels XXVI, dass die Blockade Deutschlands auch nach dem Waffenstillstand aufrechterhalten werde. Der dringenden Bitte der deutschen Delegation, durch eine klare Regelung des deutschen Schiffsverkehrs »eine genügende Versorgung der deutschen Zivilbevölkerung« mit Lebensmitteln zu ermöglichen, folgte der definitive Text mit dem folgenden Zusatz: »Die Alliierten und die Vereinigten Staaten nehmen in Aussicht, während der Dauer des Waffenstillstands Deutschland in dem als notwendig erkannten Maße mit Lebensmitteln zu versorgen.« Es sollte sogar in den folgenden Monaten zu Auseinandersetzungen zwischen den USA und Frankreich kommen über das »anerkannte Maß« dieser Versorgung, da noch bis in den April 1919 hinein auf Drängen Frankreichs die Blockade nahezu gänzlich aufrechterhalten wurde, als Druckmittel für die deutsche Zustimmung zum Friedensvertrag. Ernsthafte Berechnungen gehen von ca. 100 000 zusätzlichen Hungertoten in der deutschen Zivilbevölkerung aus.[137]

Die alliierten Bedingungen wurden verlesen, übersetzt, und dann konnten in einem kurzen Gespräch die Deutschen ihre Bedenken vorbringen und zum geringen Teil auch in den Vertrag einbringen, was Foch zunächst abgelehnt hatte.[138] Erzberger übermittelte noch am 8. November die Ergebnisse an das Hauptquartier, welches diese am selben Tag nach Berlin weiterleitete. In Spa hatte man sich im Übrigen inzwischen mit einem Soldatenrat auseinanderzusetzen, und den Offizieren waren schon verschiedentlich Epauletten abgerissen worden – geradezu das wichtigste Symbol für deren Entmachtung durch die Soldaten. Einen Tag später wurde in Deutschland die Republik doppelt ausgerufen, erst von Scheidemann, dann von Liebknecht die »sozialistische Republik«. Inmitten dieser Umwälzung, die selbstverständlich auch den Alliierten nicht verborgen blieb, brachte Hindenburg einen Tag später, am 10. November, noch einmal seine hauptsächlichen Bedenken vor. Diese betrafen die Räumungsfristen, eine »ehrenvolle Kapitulation« der Truppen in Afrika, eine Verringerung des abzugebenden Eisenbahnmaterials, der LKW und Flugzeuge, gerechtere Bedingungen bei der »Kriegsgefangenenabgabe« sowie der Blockade. Allerdings wusste Hindenburg selber, dass nun absolut kein Spielraum mehr bestand, denn die Schlusssätze seines Telegramms nach Berlin lauteten: »Gelingt Durchsetzung dieser Punkte nicht, so wäre trotzdem abzuschließen.« Gleichzeitig sei »flammender Protest unter Berufung auf Wilson« einzulegen.[139]

Dies geschah dann auch in der Schlusssitzung, in der Nacht vom 10. zum 11. November im Eisenbahnwaggon auf der Lichtung von Rethondes im Wald bei Compiègne. Hier kam es tatsächlich zu einer – allerdings recht kargen – Diskussion bei einer Vielzahl von Einzelpunkten. Es ging wieder um die Menge der abzuliefernden Gerätschaften aller Art, um Räumungsfristen und andere technische Details. Bei den Lastwagen hatte Erzberger insofern sogar Erfolg, als Foch, quasi mit einer Handbewegung, die Anzahl der zu übergebenden Fahrzeuge um die Hälfte reduzierte. Andere Fragen, ob etwa die abzugebenden Schiffe deutsches Eigentum bleiben könnten, wurden dilatorisch auf die Friedensregelungen verschoben. Intensiv beziehungsweise erregt wurde die Sitzung allein bei den Fragen, die direkt die Versorgung der deutschen Bevölkerung betrafen. Zum Abschluss dieser ungefähr dreistündigen Verhandlung verlas Erzberger den von Hindenburg verlangten »flammenden Protest«. Er bestand darauf

> *noch einmal mit allem Nachdruck darauf hinzuweisen, dass die Durchführung dieses Abkommens das deutsche Volk in Anarchie und Hungersnot stürzen muss. Nach den Kundgebungen, die den Waffenstillstand eingeleitet haben*[140]*, mussten Bedingungen erwartet werden, die – bei voller militärischer Sicherung unserer Gegner – die Qualen der am Kampfe Unbeteiligten, der Frauen und Kinder, beendet hätten. Das deutsche Volk, das fünfzig Monate lang standgehalten hat gegen eine Welt von Feinden, wird ungeachtet jeder Gewalt seine Freiheit und Einheit wahren. Ein Volk von siebzig Millionen leidet, aber es stirbt nicht.*

Diese verzweifelt emphatische Bekundung rief allerdings nur ein einziges, ironisch desinteressiertes »Très bien« seitens des General Foch hervor.

Laut Protokoll »verabschiedeten sich die beiderseitigen Delegationen durch Erheben von den Sitzen.« Für einen einfachen Händedruck zwischen den Kriegsgegnern war die Zeit noch lange nicht reif.

Insgesamt zeigten die wenigen Modifikationen, dass in Compiègne von einem ernsthaft verhandelten Waffenstillstand eigentlich keine Rede sein konnte. Deutschland hatte keinerlei Druckmittel mehr, um die Verhandlungen ein wenig ausgewogener zu gestalten. Im Grunde war dieser Waffenstillstand eine kaum verschleierte Kapitulation. Eine

Kapitulation inmitten einer Revolution mit durchaus ungewissem Ausgang. Ernst Troeltsch, der so aufmerksame Beobachter, hat dies schon Ende November 1918 folgendermaßen kommentiert:

> *In den nächsten Tagen [nach dem 11. November] kamen dann die Einzelheiten über die Waffenstillstandsbedingungen, die uns darüber belehrten, dass wir absolut auch über die militärische Lage nicht im Bilde waren, wenn wir meinten, das demokratisierte Deutschland werde sich mit Hilfe einer festen Defensivlinie einen erträglichen Frieden noch erwerben können. Denn dieser Waffenstillstand ist eine verschleierte Kapitulation, kein Waffenstillstand.*[141]

III. Kriegsschuld und Dolchstoß

1. Die Kriegsschuldfrage

a) Während des Krieges

Noch bevor er überhaupt ausgebrochen war, wurde der Weltkrieg von allen Seiten als Verteidigungskrieg stilisiert. Denn die politischen und militärischen Verantwortlichen wussten genau, dass man die großen Massen der wehrpflichtigen Zivilisten aller Nationen nur unter dem Banner der nationalen Verteidigung »ins Feld« bringen und »bei der Stange halten« konnte. Schon in der Julikrise war das Argument geläufig, dass man einen Krieg nicht führen könne, ohne dass die gesamte Bevölkerung davon überzeugt sei, dass nicht das eigene Land, sondern die anderen der Angreifer seien.

Um diese Überzeugung zu erhalten und zu verstärken, begann bereits mit den ersten Tagen des Krieges ein erbittertes Ringen um die »Kriegsschuld«. Die Zeitungen der Alliierten und Deutschen waren voller Berichte über böswillige Absichten und langfristige Planungen der Feinde. Auf dem brutalen Durchmarsch der deutschen Truppen durch Belgien[1] gelangten auch Dokumente aus den belgischen Archiven in die Hand der Deutschen. Diese wurden alsbald publiziert, um nachzuweisen, dass der Einfall in Belgien keineswegs ein willkürlicher

Bruch des Völkerrechts gewesen war, sondern dass die Belgier bereits lange vor dem Krieg ihre Neutralität missachtet und mit Engländern und Franzosen gemeinsame militärische Maßnahmen gegen Deutschland geplant hatten.[2] Auch wenn dieser Nachweis in keiner Weise gelang, blieben die Dokumente aus den belgischen Archiven ein Eckpfeiler der deutschen Unschuldsbehauptung. Denn die diplomatische Korrespondenz der belgischen Regierung zeigte, dass auch diese skeptisch gewesen war angesichts des Aufflammens des französischen Nationalismus in den Jahren vor 1914 und der als aggressiv empfundenen Beziehungen zwischen Russland und Frankreich.[3]

Ein weiteres und signifikantes Beispiel aus der frühen Kriegszeit: Im Oktober 1914 publizierte die regierungsnahe *Norddeutsche Allgemeine Zeitung* nicht allein die genannten Berichte über den belgischen Neutralitätsbruch vor 1914, sondern auch Dokumente zu englisch-russisch-französischen militärischen Absprachen und Planungen, die der deutschen Regierung schon vor dem Kriege durch einen Spion in der russischen Botschaft in London zugegangen waren. Dabei handelte es sich insbesondere um den Briefwechsel des französischen Botschafters in London, Paul Cambon, mit dem englischen Außenminister Grey vom November 1912 und die englisch-russischen Besprechungen über eine mögliche Marinekonvention mit Spitze gegen das Deutsche Reich.[4]

Das wichtigste Instrument, um die anfängliche »Kriegsbegeisterung«, die ja im Wesentlichen ein gemeinsamer Elan für die Verteidigung des angeblich bedrohten Vaterlandes war, anzuspornen und zu zementieren, waren die sogenannten »Farbbücher«, welche die am Kriege beteiligten Regierungen in den ersten Monaten des Krieges herausbrachten.[5] Der Reigen dieser Publikationen begann mit dem deutschen Weißbuch[6], welches bereits im August 1914 erschien. Es enthielt wichtige Quellenstücke aus der Zeit der Julikrise und war selbstverständlich vollständig auf die deutsche Friedfertigkeit, die Berechtigung der Unterstützung Österreich-Ungarns gegen die serbische Gefahr und ganz besonders auf die russische Generalmobilmachung ausgerichtet, die Deutschland zur Kriegserklärung gezwungen habe. Dieses Weißbuch publizierte auch die große Rechtfertigungsrede des Reichskanzlers Bethmann Hollweg am 4. August 1914 vor dem Reichstag. In deren Zentrum stand ebenfalls das Argument, dass die russischen Kriegsvorbereitungen bis hin zur Generalmobilmachung vom 30. Juli die deutsche Mobilmachung und Kriegserklärung unausweichlich gemacht hätten.

Die Kriegspropaganda wurde durch weitere offizielle Publikationen zur Schuld am Kriege gestützt. So fand sich nach der russischen Oktoberrevolution die Gewissheit der Deutschen, vor 1914 Opfer hinterlistiger Einkreisungs- und Aggressionsabsichten der Kriegsgegner gewesen zu sein, durch Dokumente aus den russischen Archiven gestärkt. Die Sowjets hatten sie ab Ende 1917 veröffentlicht, um damit den als abscheulich verurteilten Charakter der Geheimdiplomatie der Vorkriegszeit zu beweisen. Für die Deutschen war das Wasser auf die Mühlen der Unschuldspropaganda, denn in den Publikationen der Sowjets ging es vor allem um die »kriegstreiberischen« Aktivitäten des russischen Botschafters in Paris, Iswolski, und dessen Berichte über seine Besprechungen unter anderem mit Poincaré über gemeinsame französisch-russische Kriegsvorbereitungen, Pressebeeinflussung etc. Der diplomatische Schriftwechsel Iswolskis ist in den 1920er-Jahren mehrfach neu aufgelegt worden und wurde eine wirksame Waffe im »Kampf wider Versailles«. Denn diese Korrespondenz machte deutlich, wie stark sich sowohl Frankreich als auch Russland um eine gemeinsame Rüstungspolitik gegen Deutschland bemühten und wie sehr die französische Regierung an einem Ausbau der strategischen Eisenbahnlinien Russlands an der deutschen Ostgrenze interessiert war.[7]

Im Gegenzug publizierten die Alliierten immer wieder Dokumente, die beweisen sollten, dass nur der maßlose Imperialismus des Deutschen Reiches und die kriegslüsterne Brutalität des preußischen Militarismus den Weltkrieg entfesselt hätten. Verwiesen wurde ganz besonders auf Friedrich Nietzsches »Übermenschen«, auf Heinrich von

Treitschkes Nationalismus und Herabwürdigung Frankreichs und auf die Schrift des Militärs Friedrich von Bernhardi, der 1912 das Buch »Deutschland und der nächste Krieg« veröffentlicht hatte. »Kernsätze« dieser und anderer bekannter deutscher Persönlichkeiten wurden von der alliierten Propaganda in großer Auflage publiziert. Bernhardi bot sich besonders gut als »Kronzeuge« an, da in seinem Buch von der »Pflicht zum Kriege« und vom »Recht zum Kriege« für das dynamische und expansive Deutschland die Rede war.[8] Eine offensichtlich vom französischen Geheimdienst »alimentierte« Publikation des mit Kriegsbeginn in die Schweiz emigrierten Elsässers Salomon Grumbach über das »annexionistische Deutschland« wurde ebenfalls in drei Sprachen veröffentlicht.[9] Diese heute noch für die historische Forschung unentbehrliche Quellenpublikation aller denkbaren deutschen Äußerungen zu Eroberungsabsichten und Kriegszielen Deutschlands aus der Zeit vor und während des Weltkrieges war und blieb für die alliierte Seite der entscheidende Nachweis für den deutschen Kriegswillen. Gelegentlich publizierten auch emigrierte Deutsche Materialien und Erinnerungen, die dies belegen sollten. Ein Beispiel hierfür ist das Tagebuch des ehemaligen Krupp-Direktors Muehlon über Gespräche mit Offiziellen des deutschen Auswärtigen Amtes im Juli 1914. Diese zeigten sich aggressiv gegenüber Russland und Frankreich und waren sich eines raschen Sieges sowohl im Westen als auch im Osten sicher. »Dr. Muehlon's Diary« wurde von der alliierten Propaganda vertrieben und sorgte bei den deutschen Offiziellen für große Besorgnis.[10] Noch schwerwiegender für das deutsche Renommee waren allerdings die Enthüllungen von Fürst Lichnowsky, deutscher Botschafter in London, der bereits während der Julikrise in seinen Depeschen das Verhalten der deutschen Militärs und Politiker in Frage gestellt hatte.[11] Lichnowsky verfasste 1915 eine Denkschrift über die Ereignisse des Juli 1914, insbesondere über seine vergeblichen Warnungen vor einer Unterschätzung der englischen Irritation über das Verhalten Österreich-Ungarns und Deutschlands gegenüber Serbien. Diese Schrift ließ Lichnowsky einer Reihe von Berliner Politikern zukommen. Sie gelangte auf ungeklärtem Wege auch in die Hand der Alliierten und wurde dann bis zum Kriegsende und weit darüber hinaus zu einer regelrechten Waffe im Kampf gegen das »kriegslüsterne« Deutschland.[12] Die Denkschrift wurde sogar von der alliierten Frontpropaganda in millionenfacher Auflage über den deutschen Schützengräben an der Westfront abgeworfen.[13]

b) Die »Lansing-Note« vom 5. November 1918

Der am 11. November in Compiègne unterzeichnete Waffenstillstand enthielt interessanterweise keine Ausführungen oder Maßgaben zur Schuld am Kriege und die daraus erwachsende Pflicht der Deutschen für Reparationen. Dies lag daran, dass sich die alliierten Unterhändler nicht auf eine gemeinsame Erklärung zu dieser Frage hatten einigen können. Gegen die von französischer Seite vorgeschlagene Formulierung, dass die Deutschen wegen ihrer Schuld am Krieg auch für alle Kriegszerstörungen verantwortlich seien und deshalb bezahlen müssten, wandte sich die italienische Delegation. Man befürchtete auf italienischer Seite, dass ein solcher Passus Österreich nachträglich von der Pflicht zur Schadensregulierung befreien würde, weil Vergleichbares im zuvor geschlossenen Waffenstillstand mit Österreich-Ungarn nicht enthalten war.[14]

Diese offensichtliche Lücke im Vertrag führte dazu, dass künftig die Reparationspflicht der Deutschen von den Alliierten immer mit der »Lansing-Note« vom 5. November begründet wurde, die Deutschland ja explizit anerkannt hatte.

Der entsprechende Passus der »Lansing-Note«, also die vierte Note Wilsons im Vorfeld des Waffenstillstands, hatte nach der heute noch am weitesten verbreiteten deutschen Übersetzung folgenden Wortlaut:

Die alliierten Regierungen sind der Ansicht, dass über den Sinn dieser Bedingungen kein Zweifel bestehen darf. Sie verstehen darunter,

> *dass Deutschland für alle durch seine Angriffe zu Wasser und zu Lande und in der Luft der Zivilbevölkerung der Allliierten ihrem Eigentum zugefügten Schaden Ersatz leisten soll.*[15]

Vergleicht man aber diese Übersetzung mit der »autorisierten Ausgabe mit Ermächtigung des Auswärtigen Amtes« vom Mai 1919, so fällt ein krasser Unterschied, nämlich die Ersetzung von »Angriffe« durch »Aggression« auf:

> *Nach Ansicht der verbündeten Regierungen sollte nicht zugelassen werden, dass ein Zweifel darüber bestehe, was diese Vorschrift in sich schließt. Sie verstehen sie dahin, daß von Deutschland Ersatz für allen Schaden geleistet werden wird, der der Zivilbevölkerung der Alliierten und ihrem Eigentum durch die Aggression Deutschlands zu Lande, zu Wasser und aus der Luft zugefügt worden ist.*[16]

In der offiziellen deutschen Übersetzung »mit Genehmigung des Auswärtigen Amtes« ist wiederum nur davon die Rede, dass Deutschland »für alle durch seine Angriffe zu Wasser und zu Lande und in der Luft der Zivilbevölkerung der Alliierten und ihrem Eigentum zugefügten Schaden Ersatz leisten soll.«[17]

Der englische Originaltext ist allerdings eindeutig:

> *The Allied Governments feel that no doubt ought to be allowed to exist as to what this provision implies. By it they understand that compensation will be made by Germany for all damage done to the civilian population of the Allies and their property by the aggression of Germany, by land, by sea, and from the air.*[18]

Der Unterschied zwischen »Angriffe« und »Aggression« ist bemerkenswert, zumal er sich dann auch im – später noch zu diskutierenden – »Kriegsschuld«-Artikel 231 des Versailler Vertrags wiederfindet, wo die deutsche Übersetzung die in den französischen und englischen Originalurkunden klar benannte »Aggression« mit »Angriff« übersetzt und somit erheblich abmildert.[19]

Wie konnte es zu dieser falschen beziehungsweise höchst problematischen Übersetzung kommen? Wörterbücher auch der damaligen Zeit geben in der Tat »Angriff« als Übersetzungsmöglichkeit für das englische »aggression« beziehungsweise französische »agression« an. Allerdings klingt im Wort »a(g)gression« im Unterschied zu dem in dieser Beziehung synonymen »attack« beziehungsweise »attaque« ein aggressives Verhalten mit. Wie mir ein perfekt deutsch sprechender amerikanischer Deutschland-Historiker auf meine diesbezügliche Frage mitteilte, hat »aggression viel mehr mit der Angriffslustigkeit oder einem systematischen Hang zum Angreifen zu tun« als nur die »attack«.[20] Es ist bislang keine Quelle bekannt, die erlaubt zu entscheiden, ob die deutsche Regierung, die Delegierten in Compiègne und die Waffenstillstandskommission nur einer verharmlosenden Übersetzung gefolgt sind oder ob man bewusst versucht hat, die als unerträglich empfundene Beschuldigung, eine »Aggression« begangen zu haben, die Deutschland auch für alle daraus erfolgenden Schäden verantwortlich machte, auf diese Weise zu deuten und deshalb politisch angreifen zu können.

Schon zu Beginn der Waffenstillstandsverhandlungen zeigte sich diese grundlegende Differenz beziehungsweise dieses Missverständnis zwischen den Vertretern Deutschlands und denen der Alliierten. Bei Ansicht der Bedingungen verlasen die Deutschen den eben zitierten abgeschwächten Text der Lansing-Note mit dem Hinweis, dass die zu unterzeichnenden Waffenstillstandsforderungen der Alliierten doch um ein Vielfaches über das hinausgingen, was man mit der Akzeptierung der Lansing-Note zugestanden hatte. Deutschland solle und wolle nur diejenigen Schäden begleichen, die von deutschen Truppen im Laufe der Kriegshandlungen angerichtet worden waren, nicht aber die von den alliierten Heeren verursachten Schäden. Foch verweigerte allerdings jegliche Diskussion – ob er die deutsche Begründung überhaupt verstanden hat, sei hier dahingestellt. Unterschrieben werden musste auf jeden Fall. Und Erzberger tat dies ja auch ohne weiteren Protest, nachdem ihn die Regierung mit Zustimmung Hindenburgs dazu ermächtigt hatte.[21] Es sollte sich später zeigen, dass im Vorfeld des Versailler Vertrages die deutsche Regierung exakt dieselbe Auffassung zur Schadensbegleichung vertrat und diese noch verfeinerte, die schon beim Waffenstillstand zu einem massiven Dissens zwischen Alliierten und Deutschen geführt hatte.[22]

c) Anklagen und Selbstbeschuldigungen

Mit dem Waffenstillstand vom November 1918 und dessen überaus harten Bedingungen verschärfte sich die Kriegsschulddiskussion in Deutschland. Dies lag nicht zuletzt daran, dass die deutschen Revolutionäre die Liquidierung des Wilhelminischen Reiches und die Ausrufung der Republik gegen den bereits schwelenden Dolchstoßvorwurf der Rechten mit der verbrecherischen Kriegsschuld des Kaisers, der Berliner Politiker und der Militärs sowie des »imperialistischen Systems« überhaupt zu rechtfertigen suchten. Die USPD-Zeitung *Republik* veröffentlichte ab Dezember 1918 eine tägliche Rubrik »Der Pranger«, in der die Untaten all derjenigen, die Deutschland 1914 ins Unglück gestürzt hatten, gebrandmarkt wurden.[23]

Von ganz besonderer Bedeutung war in diesem Zusammenhang die Publikation einer Auswahl von Dokumenten aus der Julikrise durch den bayerischen Ministerpräsidenten Kurt Eisner. Eisner, dessen Ausrufung einer bayerischen Republik am 8. Dezember 1918 der erste staatsrechtliche Akt der Revolution in Deutschland war, ließ diese Quellen aus den Akten des bayerischen Gesandten in Berlin zunächst in der Presse, dann als eigenständige Publikation veröffentlichen, um nachzuweisen, dass Deutschland den Krieg vom Zaun gebrochen hatte. Eisner und seine Genossen auf der Linken hofften, dass eine solche ehrliche Abrechnung der neuen deutschen Demokratie mit dem *Ancien Régime* des Wilhelminismus die Alliierten zu einer milderen, ja freundschaftlichen Behandlung der Deutschen Republik bewegen könnte. Dies war wohl von vornherein illusorisch, wurde aber dadurch noch problematischer, dass Eisner ein besonders wichtiges Dokument nur in verstümmelter Form veröffentlichte. In der Kriegsschuldforschung und Literatur zu Kurt Eisner ist bis heute strittig, ob es sich bei diesen Auslassungen und Hervorhebungen um bedeutsame Verfälschungen oder nur um geringfügige und sachlich recht unbedeutende Kürzungen handelte.[24] Es lohnt sich, diese Frage hier etwas weiter zu verfolgen und eventuell zu klären.

Stein des Anstoßes war damals und ist bis heute die Veröffentlichung eines Berichts des bayerischen Gesandten in Berlin, Graf Lerchenfeld, vom 28. Juli 1914 geblieben, ein Bericht, der allerdings nicht von Lerchenfeld selber, sondern von dessen Legationsrat Hans von Schoen unterzeichnet war. In diesem Schriftstück ging es um das österreichische Ultimatum an Serbien und die Haltung der deutschen Regierung dazu. Es wurde darin betont, dass Deutschland einen Krieg Österreich-Ungarns gegen Serbien befürworte, um die serbische Gefahr für die Donaumonarchie endgültig zu beseitigen. Sollten die anderen Großmächte in den Konflikt hineingezogen werden, so wolle die Berliner Regierung gleichwohl zum Bündnispartner stehen, auch auf die Gefahr eines Großen Krieges hin.

Eisner hat dieses Dokument am 23. November 1918 der Presse übergeben, und es erzeugte in den folgenden Monaten im In- und Ausland riesigen Wirbel und stärkte auch im unmittelbaren Vorfeld des Versailler Vertrages massiv die Auffassung der Alliierten von der unbedingten Kriegsschuld Deutschlands. Bereits in seiner Eröffnungsansprache zur Konferenz der Siegermächte erklärte der französische Staatspräsident Poincaré mit Verweis auf Eisners Publikation am 18. Januar 1919, dass »die blutdurchtränkte Wahrheit bereits aus den kaiserlichen Archiven entwichen« sei.[25] Und der »Lerchenfeld-Bericht« spielte dann auch im Bericht der Kommission, die zur Untersuchung der besonderen Schuld Deutschlands am Ausbruch des Krieges von den Alliierten eingesetzt worden war,[26] eine wichtige Rolle, genauso wie im Abschlussbericht der französischen Regierung in Parlament und Senat.[27]

Was genau hat Eisner nun am »Lerchenfeld-Bericht« geändert? Die synchronoptische Reproduktion in der Edition von Pius Dirr zeigt, dass nichts hinzugefügt worden ist. Es geht im Grunde um eine große Auslassung und einige resümierende Einschübe. Hinzu kommt, dass Eisner zur Betonung der ihm als besonders skandalös erscheinenden Elemente des Berichts einige Wörter oder Halbsätze gesperrt drucken ließ, um deren besondere Bedeutung zu zeigen. Ausgelassen wurde der lange Passus, wo die Meinung der Berliner Verantwortlichen wiedergegeben wird, dass sich der Konflikt sicherlich auf Österreich-Ungarn und Serbien begrenzen, also »lokalisieren« ließe, wie das in der Juli-Krise so häufig gebrauchte Reizwort lautete. Eisner war allein die Tatsache wichtig, dass Deutschland laut diesem Bericht entschlossen war, seinen Bündnispartner auch dann zu unterstützen, wenn die anderen Großmächte eingreifen würden, auch auf die Gefahr eines europäischen Krieges hin. Und er gab Einzelheiten in gesperrter Schrift wieder, wenn diese ihm zu belegen schienen, dass die deutsche Regierung eindeutig aggressive Absichten hatte und entschlossen gewesen sei, es zum Großen Krieg kommen zu lassen.

Schaut man auf die Forschung zur Julikrise seit den 1960er-Jahren, so wird schnell erkennbar, dass sich die Auffassungen der Historiker nach wie vor exakt an dieser Stelle polarisieren. War die Forderung, den Konflikt zu »lokalisieren«, ein Beweis für die im Grunde friedlichen Absichten der deutschen Regierung, oder war das nur ein Feigenblatt bei bereits beschlossenem Kriegskurs? Die Frage muss hier nicht entschieden werden.[28] Aber die Dauerhaftigkeit des Problems erweist, dass Eisner sicherlich *bona fide* gehandelt hat. Er hielt, wie so viele Historiker heute noch, die »Lokalisierungs«-Absicht für höchstens nebensächlich und war so sehr von der alleinigen Kriegsschuld Deutschlands überzeugt, dass er alles, was in dem »Lerchenfeld-Bericht« dagegen sprechen konnte, nur als »allerlei Betrachtungen« oder »Geplauder« qualifizierte.[29] Er griff damit das Hauptargument der Verteidiger Deutschlands zentral an, denn diese hatten immer die Absicht der deutschen Regierung betont, den Krieg auf Österreich-Ungarn und Serbien zu begrenzen, ihn eben zu »lokalisieren«. Und dies beweise, dass Deutschland in keiner Weise die Intention gehabt habe, einen europäischen Krieg zwischen den Großmächten auszulösen. Genau dies war aber der Vorwurf, der im Vorfeld des Versailler Kongresses von den Alliierten gemacht wurde und dann in der »Mantelnote« zu den Friedensbedingungen exemplarisch formuliert wurde.[30]

Eisner entfaltete noch einige weitere Aktivitäten, um Deutschlands Schuld zu beweisen und so die Alliierten auf einen versöhnlichen Kurs gegenüber dem erneuerten demokratischen Deutschland zu bringen. Immer wieder verkündete er auf Versammlungen die »alleinige Schuld« Deutschlands. Auf der Berliner »Reichskonferenz« der Arbeiter- und Soldatenräte vom 25. November 1918 kam es dabei zu einem scharfen Wortwechsel mit Scheidemann, der ihn bezichtigte, Deutschland mit dieser Veröffentlichung einen »Keulenschlag« versetzt zu haben. Eisner, der diese Gelegenheit (und viele weitere) nutzte, um mit den Führern der Kriegs-MSPD abzurechnen, forderte, dass Politiker wie Jagow, Zimmermann und Erzberger nicht mehr frei herumlaufen dürften. Denn sie seien »kriminell« wegen ihrer Verantwortungslosigkeit vor und während des Krieges. Und wenige Tage später erklärte er auf der Landestagung der Arbeiter-, Soldaten- und Bauernräte in München, es stehe fest, dass 1914 in Berlin ein regelrechtes »Verbrechen ausgeheckt« worden sei. Er habe die Veröffentlichung unter anderem auch deshalb vorgenommen, weil im Auswärtigen Amt immer noch Politiker säßen, die nach wie vor keinen Frieden wollten. Im Übrigen sei er der Überzeugung, dass die von den Alliierten trotz des Waffenstillstands weitergeführte Lebensmittelblockade mit eben dieser Tatsache zusammenhänge. Die Alliierten würden sicher milder gestimmt sein, wenn endlich diese »Treibereien gegen die Entente«, vor allem das ständige Aufrechnen von Schuld und Gegenschuld am Krieg, aufhörten.

Der ehemalige Reichskanzler Bethmann Hollweg, in der Juli-Krise ja der entscheidende Politiker, nahm bereits am 27. November 1918 in der *Deutschen Allgemeinen Zeitung* ausführlich Stellung zu den Veröffentlichungen. Es sei zutreffend, dass man im Juli 1914 auch »weitere kriegerische Komplikationen« in Kauf genommen habe, um das Bündnis mit Österreich-Ungarn, dem einzigen Helfer Deutschlands, zu retten. Auch sei sicherlich das Ultimatum Österreich-Ungarns an Serbien zu scharf gewesen. Aber niemals habe die deutsche Regierung geplant, einen Weltkrieg zu entfesseln. Entscheidend sei die russische Generalmobilmachung gewesen. Auch wies Bethmann darauf hin, dass 1914 der Krieg wirklich noch als Fortsetzung der Politik mit anderen Mitteln angesehen wurde. Das waren alles durchaus selbstkritische Einwände, die auch heute noch, hundert Forschungsjahre später, bedenkenswert sind.

Eisners Publikation galt als so skandalös beziehungsweise als für Deutschland dermaßen schädlich, dass sich auch renommierte Linke und Pazifisten, etwa Ludwig Quidde, entschieden gegen ihn wandten.[31] Hans Delbrück, ein sehr bekannter kritischer Militärhistoriker, erklärte in einem Kommentar zu dem Eisners Aktivitäten bagatellisierenden Aufsatz des Pazifisten Friedrich W. Foerster: »Die Eisnersche Publikation ist eine der frechsten und niederträchtigsten diplomatischen Fälschungen der Weltgeschichte. Dass Herr Prof. Foerster imstande ist, eine solche Tat zu entschuldigen, zeugt von einer moralischen Unempfindlichkeit, die ich ihm nicht zugetraut hätte.«[32]

Max Weber, damals Professor an der Universität München, der in seinen Publikationen und Briefen immer wieder auf Eisner und dessen revolutionären »Karneval« zurückkam, verfasste in diesem Zusammenhang den ebenso kurzen wie schneidenden Artikel »Zum Thema der Kriegsschuld«. Dieser sei hier kurz resümiert, weil er überaus typisch für die damalige Argumentation der Deutschen ist und zudem von einem weltbekannten und eigentlich äußerst systemkritischen Wissenschaftler stammt. Max Weber war überdies Mitglied der Expertenkommission, welche die deutsche Delegation in Versailles beriet. Am 17. Januar 1919, einen Tag vor Eröffnung der Versailler Konferenz, veröffentlichte Weber in der *Frankfurter Zeitung* einen Beitrag zu diesem Thema. Hier sprach er zunächst rückblickend auf die zwei Monate des Waffenstillstands von einer Periode der »vollendeten Erbärmlichkeit«, in der »Litteraten« aller Art versuchten, den schrecklichen Ausgang des Krieges mit einer teleologischen »Schuld am Kriege« zu erklären. Anschließend formulierte er in Form von Vorschlägen zu einem neuen Kriegsvölkerrecht den Vorwurf an Russland, durch seine Mobilmachung den Krieg ausgelöst zu haben:

> *Für den diesmaligen Krieg nun gab es eine, und nur eine Macht, die unbedingt und unter allen Umständen den Krieg um seiner selbst willen wollte und, nach ihren politischen Zielen, wollen musste: Rußland, d. h.: der Zarismus als System [...]. In dem Rußland von 1914 gab es keine Schicht von irgendwelchem positiven Einfluss, die den Krieg nicht gewollt hätte.*

Also müsse der erste Satz eines neuen Kriegsvölkerrechts lauten: »Ein Staat der mobil macht, während noch verhandelt wird, verfällt dem internationalen Verruf.« Ähnliches müsse auch für Frankreich gelten, da es auf die deutsche Anfrage, ob es neutral bleiben werde, keine eindeutige Antwort gegeben habe. Frankreich, das damals zu seinem Bündnis mit Russland gestanden habe, habe in keiner Weise das Recht, sich heute zum »unvermutet Überfallenen« zu stilisieren. Im Übrigen warnte Weber in diesem Beitrag sehr weitsichtig vor den Folgen, die der internationale Friede durch zu große territoriale Einbußen Deutschlands haben würde. Eine unbedachte Beutepolitik der Alliierten würde auch den revolutionärsten deutschen Arbeiter zum Chauvinisten machen und das 80-Millionen-Volk der Deutschen könne sicherlich eine höchst effiziente Aufstandsbewegung – ähnlich der italienischen *Irredenta* im 19. Jahrhundert – aufbauen. Abschließend warnte er die Alliierten, einen Friedenskongress durchzuführen, ohne auch nur »deutsche repräsentative Persönlichkeiten, deren Hände rein sind, eingehend oder auch nur überhaupt angehört zu haben«.[33]

Aber weder Eisners Eingeständnisse noch Bethmann Hollwegs oder Webers Klarstellungen hatten damals irgendeinen positiven Einfluss auf das Verhalten der Alliierten.[34] Die Überzeugung von der alleinigen deutschen Kriegsschuld wurde nun durch die Schuldeingeständnisse von Muehlon, Lichnowsky und nicht zuletzt Eisner bei der großen Mehrzahl der alliierten Politiker und in der öffentlichen Meinung in Frankreich, England und den USA zur vollendeten Gewissheit und zum Hauptargument für die Beschuldigung Deutschlands, den Krieg aus verbrecherischen Motiven ausgelöst zu haben.[35]

d) Die Kriegsschuldfrage auf dem Versailler Kongress

Aus diesen Veröffentlichungen leitete der französische Präsident Raymond Poincaré bereits in seiner Ansprache an die Delegierten der 31 Siegernationen zur Eröffnung des Versailler Friedenskongresses am 18. Januar 1919 den definitiven Beweis für das Verbrechen Deutschlands ab:

> *Was Ihnen die Autorität verleiht, einen Frieden der Gerechtigkeit zu schaffen, ist die Tatsache, dass keines der von Ihnen vertretenen Völker irgendeinen Anteil an diesem Verbrechen hat, das zu einem noch nie dagewesenen Unheil geführt hat [...] Die blutdurchtränkte Wahrheit ist bereits aus den kaiserlichen Archiven ans Licht gekommen. Der vorsätzliche Charakter des Anschlags ist schon jetzt erwiesen.*

So blieben die Deutschen zunächst von den Friedensverhandlungen ausgeschlossen. Sie durften erst im April eine Delegation entsenden, die allerdings nicht mitdiskutierte, sondern in ihrem Hotel wie eingesperrt festsaß und die Bedingungen der Alliierten nur in schriftlicher Form erhielt und kommentieren durfte.

Die Berliner Regierung hoffte zunächst, den Vorwurf, den Krieg freventlich ausgelöst zu haben, mit der Publikation der diplomatischen Korrespondenz während der Julikrise widerlegen zu können. Man forderte die Alliierten wiederholt auf, dem deutschen Beispiel zu folgen und ihre diplomatischen Aktivitäten im Juli 1914 offenzulegen sowie eine neutrale Kommission zur Klärung der Schuldfrage einzusetzen. Aber es war auch für die Deutschen ungemein schwierig, eine auch nur einigermaßen objektive Aktenpublikation zu erstellen, da es ihnen ja vor allem um die Widerlegung der »Kriegsschuldlüge« und nicht um die historische Wahrheit ging. Das zeigte sich, als der von der Revolutionsregierung Ende 1918 beauftragte Sozialistenführer Karl Kautsky dem Auswärtigen Amt im März 1919 seine Dokumentation vorlegte. Deren Veröffentlichung wurde aber verschoben, da Kautsky beim Studium der Akten zu der Überzeugung gelangt war, dass die deutsche Regierung erheblichen, wenn nicht maßgeblichen Anteil am Kriegsausbruch gehabt hatte. Die Regierung zog es deshalb vor, im Juni 1919 ein neues »Weißbuch« – nicht zu verwechseln mit dem von 1914! – herauszugeben, das indessen keine Dokumente zur Julikrise selber enthielt, sondern nur Materialien aus den Versailler Verhandlungen sowie – wichtiger noch – eine Reihe von Dokumenten der Vorkriegszeit, die man aus den Publikationen der Sowjets und den belgischen Archiven ausgewählt hatte.[36]

Die Situation der Regierung Scheidemann gegenüber dem Vertragsentwurf der Alliierten war sehr schwierig. Denn eigentlich war man mehrheitlich der Auffassung, dass versucht werden sollte, die Frage der Schuld am Kriege so weit wie möglich aus den kommenden Verhandlungen auszuklammern und sich auf »Sachfragen« zu konzentrieren.

Etwa auf das Problem der Grenzziehung bei den unvermeidlichen Gebietsabtretungen im Osten, wofür man unbedingt Volksabstimmungen in den Vertrag einbringen wollte.

Die Diskussionen im Rahmen der Kabinettssitzungen der deutschen Regierung, die in jenen krisenhaften Monaten beinahe täglich stattfanden, lassen aber erkennen, wie weit auch bei den hier versammelten prominenten Regierungsmitgliedern Unkenntnis und Illusionen bezüglich der tatsächlichen Verhältnisse herrschten. Sie glaubten, dass man eigentlich von ganz beschränkten und auch noch diskussionsfähigen Entschädigungen der Alliierten ausgehen könne. Ausgesprochen bezeichnend für diese in Deutschland sehr stark verbreitete Denkweise ist folgender Meinungsaustausch in der Kabinettsitzung vom 21. März:[37]

> Reichspräsident Ebert: *Was ist die äußerste Grenze dessen, was wir tragen können?*
> Graf Rantzau: *Ermächtigung zur Erklärung, daß wir [alle Verhandlungen] sofort abbrechen, wenn Forderungen kommen, die unsere Existenz unterbinden?*
> Erzberger: *Festhalten, daß nach Note vom 5.11. Ersatzpflicht nur für Schaden im besetzten Gebiete. Davon nicht abweichen. Dann kommt es auf Gegenforderungen nicht an. Die werden doch nicht anerkannt.*
> Graf Rantzau: *Einverstanden.*
> Erzberger: *Reichsentschädigungskommission hat berechnet, was wir danach zahlen müssen, insgesamt 20–25 Milliarden. Darauf anrechnen Lieferungen aus Waffenstillstand, evtl. abgetretene Kolonien. Dann erträgliche Summe. Zahlung in Natura. Darlehen fordern zur Anschaffung der Rohstoffe usw. Pauschalierung ablehnen und auf Spezialisierung drängen. Beachten, daß französisches Kabinett rein kapitalistisch; Hauptsorge, Einkommen des kleinen Rentners nicht zu belasten.*

Man war im Kabinett zu diesem Zeitpunkt auch noch der Überzeugung, dass Deutschland wegen der »Hungerblockade« berechtigt sei, Gegenforderungen an die Alliierten zu stellen!

Am Tag darauf gab der Regierungschef Scheidemann sogar eine öffentliche Erklärung ab, dass seine Regierung auf keinen Fall einem Diktatfrieden zustimmen werde. Auch sei Deutschland gemäß der Wilson-Note vom 5. November 1918 lediglich verpflichtet, Ausgleich für Schäden zu leisten, die es selber während des Krieges herbeigeführt hatte. Der Regierungschef erinnerte in diesem Zusammenhang besonders daran, dass ja die Alliierten einen großen Teil der von den Deutschen in Nordfrankreich besetzten Städte und Dörfer in Schutt und Asche gelegt hätten, wofür Deutschland in keiner Weise reparationspflichtig sei. Dieses in historischer Perspektive höchst fadenscheinige Argument wurde in jenen Wochen auch von anderen Regierungsmitgliedern immer wieder vorgebracht. Es erschien den Deutschen als umso plausibler, als es die direkte Verlängerung der deutschen Kriegspropaganda war. Diese hatte schon seit Beginn des Krieges immer wieder betont, dass keineswegs die deutschen »Barbaren«, sondern die französischen und englischen Heere rücksichtslos gegen ihre eigenen Städte vorgingen, um die Deutschen daraus zu vertreiben, und hierfür auch wertvolle historische Gebäude, wie Kathedralen oder Rathäuser, nicht schonten.[38]

In ihrer wichtigen und detaillierten Untersuchung zur Schulddiskussion jener Zeit haben Dreyer und Lembcke gezeigt, dass die deutsche Öffentlichkeit sich in den ersten zwei Monaten nach Beginn der Versailler Verhandlungen wenig für die Schuldfrage und deren Verknüpfung mit den Reparationsforderungen interessierte. Diese beiden Probleme wurden bis Ende April auch nur im Rahmen der hierfür eingesetzten Kommissionen erörtert und deren Diskussionen und Folgerungen nur stückweise öffentlich bekannt. So konnte es geschehen, dass das Kabinett Scheidemann zum ersten Mal am 8. April 1919 über die Schuldfrage diskutierte, kurz nachdem am 29. März der Bericht der alliierten »Schuldkommission«[39] durch unautorisierte Zeitungsveröffentlichungen bekannt geworden war. Die deutsche Regierung erhielt allerdings bereits unmittelbar nach Vorlage ein Exemplar auf dem Umweg über die deutsche Botschaft in Den Haag zur Kenntnis. Offiziell wurde ihr der Text trotz wiederholter Bitten erst Ende Mai zugestellt!

Der Kommissionsbericht umfasste zwei »Kapitel«, zunächst eines über die »Verantwortlichkeit der Urheber des Krieges« und ein zweites über die »Verletzung der Kriegsgesetze und -bräuche«.

Nach Prüfung der »zahlreichen Unterlagen« habe die Kommission festgestellt, »dass die Verantwortung in vollem Umfange den Mächten zukommt, die ihn erklärt haben, um einer Angriffspolitik zu dienen, deren Verheimlichung dem Ursprunge dieses Krieges den Charakter einer geheimen Verschwörung gegen den europäischen Frieden verleiht.«[40] Verantwortlich für den Krieg seien in erster Linie Deutschland und Österreich, dann die Türkei und Bulgarien.

Kernsatz des umfänglichen Berichtes ist, dass Deutschland (und Österreich) eine »vorgefasste Absicht« gehabt hätten, den Krieg auszulösen. Um dies zu beweisen, wird in dem Bericht die Julikrise von 1914 nahezu Tag für Tag durchgegangen, wobei als Quellen lediglich die »Farbbücher« und – das ist von großer Bedeutung – die Veröffentlichungen Lichnowskys, Eisners und Muehlons dienen. Die klaren Schlussfolgerungen aus diesen Einzelerörterungen lauteten dann:

> *Der Krieg ist von den Zentralmächten ebenso wie von ihren Verbündeten, der Türkei und Bulgarien, mit Vorbedacht geplant worden, und er ist das Ergebnis von Handlungen, die vorsätzlich und in der Absicht begangen wurden, ihn unabwendbar zu machen.*
> *In Übereinstimmung mit Österreich-Ungarn hat Deutschland vorsätzlich daran gearbeitet, die zahlreichen vermittelnden Vorschläge der Ententemächte auf die Seite zu schieben und ihre wiederholten Bemühungen, den Krieg zu verhüten, zunichte zu machen.*

Wie wichtig die Schuldfrage auch dem »Viererrat« der Vertreter der Haupt-Siegermächte, Wilson, Lloyd George, Clemenceau und Orlando, war, zeigen zur Genüge deren Diskussionen, die entscheidend wurden für die endgültige Fassung des Vertrages. Am 5. April, kurz nach Fertigstellung des Berichts der »Schuldkommission«, legte Lloyd George dar, dass die britische Öffentlichkeit, genau wie die französische, der Überzeugung sei, dass die Deutschen zunächst ihre Verpflichtung anerkennen müssten, alle »Folgen ihrer Aggression« zu bezahlen. Erst wenn das geschehen sei, wolle man über die Fragen der Zahlungsfähigkeit Deutschlands diskutieren. Woraufhin Norman Davis, ein zu der Sitzung herbeigerufenes amerikanisches Mitglied der Reparationskommission, den folgenden Vorschlag machte:

> *Wir können schreiben, dass Deutschland moralisch für den Krieg und alle seine Konsequenzen verantwortlich ist, und dass es juristisch verantwortlich ist für alle Personen- und Sachschäden.*

Woraufhin Clemenceau mit dem ihm eigenen bissigen Lakonismus abschließend folgerte: »Das ist nur eine redaktionelle Frage. Ich glaube, dass wir die bewältigen.«[41]

Am 12. Juni kam es im »Viererrat« zu einer Diskussion über das soeben publizierte deutsche »Weißbuch«. Man war sich rasch einig in der Auffassung, dass, wie Wilson es formulierte, man sich damit begnügen könne, »die deutsche Behauptung zurückzuweisen, dass Deutschland nicht am Krieg schuld ist.« Und David Lloyd George schlug vor, eine Antwort auf die deutschen Unschuldsbehauptungen zu verfassen, da diese

> *nützlich sein kann, wenn wir später einmal verpflichtet sein sollten, die Feindseligkeiten wieder aufzunehmen, weil die Deutschen die Unterschrift unter den Vertrag verweigern. Dann müssen wir unseren Bevölkerungen die Verantwortlichkeit der Deutschen in Erinne-*

rung rufen, nämlich die Lehren ihrer Universitäten seit 50 Jahren, und die Vorbereitung der ganzen Nation auf den Krieg.[42]

Diese Diskussionen bestätigten wieder die heftige Insistenz der Alliierten auf der deutschen Schuld am Kriege, die ja die moralische Grundlage aller Reparationsforderungen darstellte. Aus diesem Grund war das Kabinett Scheidemann bald einig, dass die deutsche Verteidigungsstrategie darauf beruhen solle, zwischen kurz- und langfristigen Ursachen des Weltkriegs zu unterscheiden. Für die Julikrise von 1914 und die Auslösung des Krieges seien Fehler und Schuld der deutschen Regierung einzugestehen. Auch sei unbestreitbar, dass Deutschland eine Art Präventivkrieg geführt habe. Dies sei aber alles auf der Folie der Ereignisse und Konstellationen seit ca. 1890 zu erklären, also vor allem mit der Ein- beziehungsweise Auskreisung Deutschlands durch die anderen Großmächte.

Auf eine solche Sprachreglung zu achten, bat die Regierung auch den preußischen Ministerpräsidenten und andere regionale Verantwortliche.

Graf Brockdorff-Rantzau, der Außenminister und Leiter der deutschen Delegation in Versailles, war allerdings ganz anderer Ansicht. Er spürte, dass die Kriegsschuldfrage international im Zentrum der Aufmerksamkeit stand, und entschloss sich, die Argumentation der deutschen Delegation hierauf zu konzentrieren. Einige Delegationsmitglieder wollten – wie die Regierung – die Schuldfrage allerdings ausklammern und versuchen, die Alliierten durch eine große Bereitschaft der Deutschen, Reparationen zu zahlen, zu konkreten Verhandlungen zu bewegen. Brockdorffs Kurs der (relativen) Intransigenz wurde dahingegen von Mitgliedern der Expertenkommission, die die Delegation in Versailles beriet, unter anderem von Max Weber, unterstützt. Weber war sogar der Auffassung, dass Deutschland eine Unterschrift unter einen Kriegsschuld-Artikel auf jeden Fall verweigern sollte, auch auf die Gefahr hin, dass die Alliierten Deutschland besetzen würden. Er war allerdings überzeugt, dass sich auch die Bevölkerungen der alliierten Staaten so sehr nach Frieden sehnten, dass deren Regierungen den Krieg gegen ein sich nicht mehr wehrendes Deutschland nicht würden fortsetzen können.

Am 7. Mai 1919 erhielt die Delegation schließlich die Friedensbedingungen präsentiert. Brockdorff-Rantzau hatte zwei verschiedene Erklärungen vorbereitet. Angesichts der schroffen Formulierungen der alliierten Bedingungen entschloss er sich, die weitergehende und schärfere Ablehnungs-Antwort zu verlesen. Dass er dies im Sitzen tat, während sein Gegenüber, Georges Clemenceau, im Stehen verharrte, war sicherlich eine überflüssige Provokation und wird ihm heute noch vorgehalten.[43] Sachlich allerdings klingt seine (mit der Regierung nicht abgesprochene!) Erklärung heute relativ gemäßigt. Damals aber erregte sie die alliierten Regierungen und die Bevölkerung der »Feindstaaten« zutiefst.

> *Es wird von uns verlangt, dass wir uns als die allein Schuldigen am Kriege bekennen; ein solches Bekenntnis wäre in meinem Munde eine Lüge. Wir sind fern davon, jede Verantwortung dafür, dass es zu diesem Weltkrieg kam, und dass er so geführt wurde, von Deutschland abzuwälzen. […] Aber wir bestreiten nachdrücklich, dass Deutschland, dessen Volk überzeugt war, einen Verteidigungskrieg zu führen, allein mit der Schuld belastet wird. […] Wir wiederholen die Erklärung, die bei Beginn des Krieges im Deutschen Reichstag abgegeben wurde: Belgien ist Unrecht geschehen, und wir wollen es wieder gutmachen. Aber auch in der Art der Kriegführung hat nicht Deutschland allein gefehlt. […] Ich will nicht Vorwürfe mit Vorwürfen erwidern, aber […] die Hunderttausende von Nichtkämpfern, die seit dem 11. November an der Blockade zugrunde gingen, wurden mit kalter Überlegung getötet, nachdem für unsere Gegner der Sieg errungen und verbürgt war. Daran denken Sie, wenn Sie von Schuld und Sühne sprechen.*

Am 9. Mai überreichte die deutsche Delegation ihre offizielle Antwort:

> *Der Vertragsentwurf enthält Forderungen, die für kein Volk erträglich sind. Vieles ist außerdem nach Ansicht unserer Sachverständigen unerfüllbar. Die deutsche Friedensdelegation wird den Nachweis im einzelnen erbringen und den alliierten und assoziierten Regierungen ihre Bemerkungen und ihr Material fortlaufend zugehen lassen.*[44]

Clemenceaus Antwort auf diesen Vorwurf der deutschen Delegation war kategorisch: Er erinnerte die Deutschen daran, dass die Vertragsbestimmungen nichts anderes seien als eine Fortsetzung der von den Deutschen akzeptierten Waffenstillstandsbedingungen. Im Übrigen behielten sich die Alliierten ihr Recht vor, »die grundsätzlichen Bedingungen des Friedens, so wie sie sie festgesetzt haben, aufrechtzuerhalten.« Die Deutschen dürften ihnen »nur Anregungen praktischer Art« unterbreiten.[45]

Im Laufe des Monats Mai entspann sich ein regelrechter Notenkrieg über zentrale Fragen des Vertragsentwurfs, wobei Brockdorff-Rantzau sich keineswegs allein an die »praktischen Fragen« hielt, wie Clemenceau es gefordert hatte.

Am 13. Mai übersandte Brockdorff den Alliierten im Namen der Delegation eine Note betreffend die Schuld am Kriege. Hier ging er frontal auf den Artikel 231 des Vertragsentwurfs ein, demzufolge Deutschland und seine Verbündeten »als Urheber«[46] für alle Verluste und Schäden verantwortlich seien, die die alliierten Nationen »durch den Angriff Deutschlands« erlitten hatten. Brockdorff betonte, dass in der von Deutschland akzeptierten Lansing-Note vom 5. November 1918 keine Kriegsschuld angesprochen worden sei. Man wolle deshalb nicht anerkennen, dass der Entschädigungsanspruch nunmehr von den Alliierten mit der Kriegsschuld begründet werde. Das deutsche Volk habe diesen Krieg als Verteidigungskrieg verstanden und auch die Frage, wer denn wirklich »Urheber« des Krieges gewesen sei, bleibe umstritten.[47]

In seiner Antwort vom 20. Mai wies Clemenceau diese Argumentation rundweg zurück. Die Verantwortlichkeit für ihre Aggression hätten die Deutschen bereits in der Zustimmung zur Lansing-Note zugestanden. Denn diese habe sich ausdrücklich auf die deutsche Aggression bezogen. Und »heute ist es zu spät für den Versuch, sie zu leugnen«.[48] Clemenceau weigerte sich auch, der deutschen Delegation den Bericht der alliierten Schuldkommission zu übergeben. Dieser Bericht sei »interner« Natur. Aber dies war nur eine formale Frage, denn der Bericht war den Deutschen ja seit Langem durch die Presseveröffentlichungen und das von der Botschaft in Den Haag übersandte Exemplar bekannt. In der deutschen Antwort vom 24. Mai ging es dann um die Interpretation der Lansing-Note, die nach Brockdorffs Auffassung einen durchaus anderen Sinn hatte, als ihn Clemenceau ihr gebe. Mit Rückgriff auf Wilsons »14 Punkte« vom 8. Januar 1918 versuchte Brockdorff zu beweisen, dass sich eine deutsche Reparationspflicht ausschließlich auf die tatsächlich von Deutschland zu verantwortenden Zerstörungen beziehe. »Dieser Angriff [auf Belgien und Nordfrankreich] war es, für den die deutsche Regierung Deutschlands Verantwortlichkeit zugab, nicht aber eine angebliche Schuld Deutschlands am Ausbruch des Krieges oder die äußerliche Tatsache, dass die formelle Kriegserklärung von seiner [Deutschlands] Seite ausgegangen war.« Nach deutscher Auffassung habe die Lansing-Note nicht gefordert, dass Deutschland alle Schäden zu begleichen habe, die »im Verlauf der Kriegshandlungen zu Lande, zu Wasser oder von der Luft aus herbeigeführt« worden waren. Und abschließend: Das deutsche Volk verlange Auskunft darüber, »aus welchen Gründen und mit welchen Beweismitteln sie seine Schuld an allen Schäden und Leiden dieses Krieges zur Unterlage der Friedensbedingungen machen.« Deshalb verlange man auch, den alliierten Bericht über die Verantwortlichkeiten zu erhalten, und lasse sich nicht damit »abspeisen«, dass dieses zentrale Dokument eine innere Angelegenheit der alliierten Regierungen sei.[49] Auf diese Note erhielt die Delegation keine Antwort mehr. Ihr Inhalt wurde in den offiziellen »deutschen Gegenvorschlägen zu den Friedensbedingungen« vom 29. Mai wieder aufgenommen und detailliert dargestellt.[50]

Als weiteren und letzten Akt in diesem »Notenkampf« des Mai 1919 überreichte und publizierte die deutsche Delegation am 28. Mai eine ausführliche Note »betreffend den Kommissionsbericht zur Schuldfrage«. Es handelte sich dabei um eine von den wissenschaftlichen Beratern der Delegation (Max Weber, Hans Delbrück, Albrecht Mendelsohn-Bartholdy, Max Graf Montgelas) verfassten Bericht zur Schuldfrage, mit dem die Tatsachenbehauptungen und Vorwürfe des »internen« Berichts der alliierten Kommission über die »Verantwortlichkeiten der Urheber des Krieges« entkräftet werden sollten. In diesem sollte allerdings nicht eine Schuld Deutschlands pauschal zurückgewiesen werden, sondern es ging darum, die Verantwortlichkeiten der einzelnen Mächte gerecht zu gewichten. Offensichtlich unter maßgeblicher Beteiligung von Max Weber insistierte dieser Bericht ganz besonders auf der Verantwortlichkeit Russlands für den Ausbruch des Krieges. Dieser sei allein durch die russische Mobilmachung vom 30. Juli 1914 unausweichlich geworden. – Hundert Jahre später diskutieren wir übrigens noch genau über diese Frage.[51]

Spätere Historikergenerationen haben argumentiert – um internationalen Ausgleich und Völkerverständigung löblich bemüht – dass der Artikel 231 und der Kriegsschuldvorwurf relativ nebensächlich gewesen sei, dass er lediglich die Reparationsforderungen habe technisch abstützen sollen. Dies ist ja auch die These von Pierre Renouvin, der Anfang der 1930er-Jahre in einer vielbeachteten Veröffentlichung versucht hat nachzuweisen, dass es dem »Kriegsschuld«-Artikel 231 des Versailler Vertrages überhaupt nicht um eine moralische Verantwortung gegangen sei, sondern nur um eine legale Absicherung der Reparationsansprüche. Es sei leider die deutsche Delegation bei den Friedensverhandlungen in Versailles gewesen, die völlig überflüssigerweise den »Kriegsschuld«-Aspekt immer in den Vordergrund geschoben habe.[52] Vor allem ihr Führer, Graf Brockdorff-Rantzau, habe auf diese Weise die Chefs der alliierten Regierungen und die Öffentlichkeit der Siegernationen dermaßen erzürnt, dass man sich im Laufe der Wochen und Monate bis zum Vertragsabschluss auch immer stärker auf diese moralische Seite des Vertrages kapriziert habe.

Es trifft zu, dass die Regierung Scheidemann mehrheitlich einen anderen Kurs verfolgte als die Delegation in Versailles und deren wissenschaftliche Berater. Scheidemann hat sogar die Kommission mehrfach gebeten, sich in Fragen der Schuld am Kriege deutlich zurückzuhalten, was aber nicht geschah.[53] Dieser Dissens ging sogar so weit, dass das Kabinett der Delegation die Übermittlung von Memoranden betr. die Schuldfrage untersagte, woran sich diese aber nicht hielt. Selbst wenn deshalb zu Recht von Historikern gerügt wird, dass Brockdorff-Rantzau und die Delegation diese Frage zu sehr betont haben, so bleibt doch wahr, dass die Schuldfrage auch ganz ohne Mitwirken der Deutschen im Mittelpunkt der Argumentation der alliierten Regierungen und ihrer Nationen stand.

Auch sollte die Differenz in der politischen Taktik zwischen Delegation und Regierung nicht zu dem Schluss führen, dass man auf Regierungsseite nicht ebenfalls über die Massivität des Alleinschuld-Vorwurfs empört gewesen wäre. Brockdorffs auch von der Regierung insgesamt geteilte Absicht war, wie er in der Sitzung der Delegation am 9. Mai 1919 mitteilen ließ, »die Entente mit Noten zu überschütten, in denen wir auf die Rechtlosigkeit einzelner gegnerischer Forderungen hinweisen, um durch ein Herausgreifen einzelner Punkte, die wichtig genug sind, die öffentliche Meinung der ganzen Welt zu interessieren und zu unseren Gunsten umzustellen.« [54]

Was die Deutschen damals am meisten erzürnte, waren nicht etwa die territorialen Einbußen – dass man das 1871 annektierte Elsass-Lothringen wieder hergeben musste, verstand sich quasi von selbst, und in der Frage der neuen Ostgrenze zu Polen, der strittigen Gebiete in Oberschlesien, war das letzte Wort noch nicht gesprochen. Aber dass der Kaiser, Politiker und Militärs als Kriegsverbrecher ausgeliefert werden sollten und dass Deutschland Reparationen zahlen sollte, weil es die Welt mit seiner »Aggression« überzogen hatte, das war kollektiv nicht aushaltbar. So milderte die offizielle deutsche Übersetzung des »Kriegsschuldartikels« 231 die im offiziellen englischen und französischen Text enthaltene »Aggression« in »Angriff« ab, wie man es ja bereits bei der Übersetzung der Lansing-Note im Rahmen der Waffenstillstandsverhandlungen getan hatte.[55]

e) Die Unterschrift wird erzwungen

Die Reichsregierung schritt zu einer regelrechten Mobilisierung der Öffentlichkeit gegen den Vertrag. Zunächst erließ sie, gemeinsam mit dem Reichspräsidenten, am 8. Mai 1919, dem Tag nach Eintreffen der Friedensbedingungen, einen »Aufruf an das deutsche Volk!« Hier wurde zunächst der »ehrliche Friedenswille unseres schwer duldenden Volkes« beschworen und wiederholt, wie enttäuscht man von dem Vertrauensbruch der Alliierten sei. Denn diese hätten doch mit der Lansing-Note vom 5. November 1918 zugesagt, »dass der Friede ein Friede des Rechts auf der Grundlage der 14 Punkte Wilsons sein würde.« Der jetzt vorliegende Vertragsentwurf sei allerdings »unerfüllbar« und wolle dem deutschen Volk »Gewalt ohne Maßen und Grenzen« antun. Hieraus könne nur »neuer Hass zwischen den Völkern und im Verlauf der Geschichte neues Morden erwachsen.« Und man rief abschließend »alle Volksgenossen« auf, »auszuharren in wechselseitigem Vertrauen auf dem Wege der Pflicht und im Glauben an den Sieg der Vernunft und des Rechts.«

Gleichzeitig erfolgte ein Aufruf an die Regierungen der deutschen Staaten, als Ausdruck der gemeinsamen Empörung und Trauer eine Woche lang alle »öffentlichen Lustbarkeiten« zu untersagen.

Der Friedensausschuss der Nationalversammlung nahm ebenfalls öffentlich Stellung. Der Vertragsentwurf sei ein »Dokument des Hasses und der Verblendung«, er sei unerträglich und unerfüllbar. Genauso äußerte sich die verfassungsgebende Versammlung in Preußen, die Preußische Landesversammlung. Dem stimmten dort sogar die »Unabhängigen Sozialisten« zu, für die Adolf Hoffmann eine Erklärung abgab, in welcher der Vertrag »aufs allerschärfste« abgelehnt wurde. Aber solche Bedingungen seien das notwendige Resultat des Imperialismus, der ja schon den Weltkrieg verschuldet habe. Die USPD habe im Frühjahr 1918 den von Deutschland erzwungenen Gewaltfrieden von Brest-Litowsk verurteilt und protestiere nunmehr »mit aller Schärfe gegen den Gewaltfrieden von Versailles. Wir appellieren an die Proletarier aller Länder. Sie werden den Gewaltfrieden der Entente zunichtemachen durch die soziale Revolution.«[56]

Höhepunkt der Agitation war eine Sitzung der Nationalversammlung am 12. Mai, die extra in die Aula der Berliner Universität verlegt worden war, um die Zusammengehörigkeit des ganzen Volkes zu demonstrieren, wie der Rektor der Universität zur Begrüßung erläuterte.[57] Hier beschwor Scheidemann in höchst dramatischen Worten die Folgen einer Unterzeichnung des Vertrages, die dazu führen würde, dass »60 Millionen hinter Stacheldraht und Kerkergittern« leben müssten. Daran schlossen sich die berühmt gewordenen Worte an, dass eine Hand, die diesen schändlichen Vertrag unterzeichne, »verdorren« müsse. Andere Parteiredner sowohl der Linken als auch der Rechten variierten die ökonomischen Argumente gegen den Vertrag. Sowohl Haußmann (DDP) als auch Stresemann (DVP) fügten hinzu, dass man sicherlich im November 1918 nicht die Waffen gestreckt hätte, wenn man geahnt hätte, dass die Sieger sich so wenig an die Versprechungen Wilsons halten würden.[58]

Allerdings wurde in all diesen Reden die »Schuldfrage« nicht angesprochen. Scheidemann lag offensichtlich daran, diese sehr strittige Frage, exemplifiziert im Streit um die Veröffentlichungen Eisners und anderer, hier nicht zum Austragen kommen zu lassen. Der einzige Redner, der überhaupt die »Schuldfrage« ansprach, war Ludwig Quidde, unbestrittener Führer des deutschen Pazifismus und international hoch angesehener Kämpfer für den Frieden:

> *Wir internationalen Pazifisten haben mehr als irgendein anderer Veranlassung, mit größter Schärfe gegen diese Friedensbedingungen aufzutreten. Wenn man das Bekenntnis von mir verlangen wollte, dass unsere Regierung am Kriege schuld ist, so müsste ich eine Lüge aussprechen. Wenn unsere Gegner das Gegenteil behaupten, so mögen sie den Beweis dafür erbringen. Wir wollen als vollkommen gleichberechtigtes Mitglied in den Völkerbund hinein, der kommen wird, trotzdem und alledem. Diese Bedingungen, die uns hier vorgelegt werden, sind geradezu ein Hohn auf den Frieden der Völkerverständigung, der uns versprochen worden ist. Darum heißt es: Nein, nochmals und zum drittenmal nein!*

Aber solche Bekundungen halfen nicht im Geringsten, auch wenn es den Deutschen gelang, in den letzten Wochen vor Vertragsunterzeichnung noch einige Modifikationen des ursprünglichen Textes durchzusetzen. Dazu gehörte etwa die Maßgabe, dass über die endgültige Grenzziehung zwischen Deutschland und Polen eine Volksabstimmung für die umstrittenen Grenzgebiete zwischen den beiden Nationen und Staaten abgehalten werden solle.

Die Grundlage des Versailler Diktats aber blieb unangetastet, nämlich der Vorwurf an Deutschland, einen verbrecherischen Krieg geplant und diesen wie Verbrecher geführt zu haben.

Am 12. Juni kam es im »Viererrat« zu einer Diskussion über das soeben publizierte deutsche »Weißbuch«. Man war sich rasch einig in der Auffassung, dass, wie Wilson es formulierte, man sich damit begnügen könne, »die deutsche Behauptung zurückzuweisen, dass Deutschland nicht am Krieg schuld ist.« Und David Lloyd George schlug vor, eine

Antwort auf die deutschen Unschuldsbehauptungen zu verfassen, da diese

> *nützlich sein kann, wenn wir später einmal verpflichtet sein sollten, die Feindseligkeiten wieder aufzunehmen, weil die Deutschen die Unterschrift unter den Vertrag verweigern. Dann müssen wir unseren Bevölkerungen die Verantwortlichkeit der Deutschen in Erinnerung rufen, nämlich die Lehren ihrer Universitäten seit fünfzig Jahren, und die Vorbereitung der ganzen Nation auf den Krieg.*[59]

Bei der Übergabe der definitiven Friedensbedingungen an die deutsche Delegation, am 16. Juni, sprach Clemenceau dies tatsächlich noch einmal mit äußerster Deutlichkeit aus:

> *Das Verhalten Deutschlands ist in der Geschichte der Menschheit fast beispiellos. Die schreckliche Verantwortung, die auf ihm lastet, lässt sich in der Tatsache zusammenfassen, dass wenigstens sieben Millionen Tote in Europa begraben liegen, während mehr als zwanzig Millionen Lebender durch ihre Wunden und ihre Leiden von der Tatsache Zeugnis ablegen, dass Deutschland durch den Krieg seine Leidenschaft für die Tyrannei hat befriedigen wollen.*[60]

Im Anschluss daran wurden auf drei langen Seiten die deutschen Untaten ausgebreitet: Deutschlands Aggression 1914, die Verletzung der belgischen Neutralität, der Gebrauch der Gaswaffe und die Bombardierung von Städten mittels Flugzeugen sowie der unbeschränkte U-Boot-Krieg. Letztere hätten eine große Menge unbeteiligter Zivilisten getötet. Außerdem hätten die Deutschen »mit brutaler Wildheit tausende von Männern und Frauen als Sklaven in andere Länder verbracht«.

Die Deutschen hatten es jetzt schwarz auf weiß: Die Reparationen sollten sie nicht leisten, weil sie den Krieg verloren hatten, wie es seit Jahrtausenden üblich war und auch heute noch bleibt, sondern weil sie ein Verbrechen an der Menschheit begangen und sich im Krieg wie Verbrecher verhalten hatten.

Die Regierung Scheidemann trat am 20. Juni zurück, nicht willens, den »Schandfrieden« zu unterzeichnen. Zuvor hatte sie noch bei Hindenburg angefragt, ob Deutschland unter Umständen wieder zu den Waffen greifen könne. Am 17. Juni übersandte der Feldmarschall die folgende Stellungnahme:

> *Wir sind bei der Wiederaufnahme der Feindseligkeiten militärisch in der Lage, im Osten die Provinz Posen zurückzuerobern und unsere Grenzen zu halten. Im Westen können wir bei ernstlichem Angriff unserer Gegner angesichts der numerischen Überlegenheit der Entente und deren Möglichkeit, uns auf beiden Flügeln zu umfassen, kaum auf Erfolg rechnen. Ein günstiger Ausgang der Gesamtoperationen ist daher sehr fraglich, aber ich muss als Soldat den ehrenvollen Untergang einem schmählichen Frieden vorziehen.*

Nachfolger Scheidemanns wurde der Sozialdemokrat Gustav Bauer. Er versuchte noch im letzten Moment, das Gesicht der Deutschen zu wahren, indem er zwar dem Vertrag zustimmte, dabei aber erklärte, dass dies nur bedingt gelte:

> *Die Regierung der deutschen Republik ist bereit, den Friedensvertrag zu unterzeichnen, ohne jedoch damit anzuerkennen, dass das deutsche Volk Urheber des Krieges sei, und ohne eine Verpflichtung zur Auslieferung nach Artikel 227 bis 230 des Friedensvertrages zu übernehmen.*[61]

Clemenceau ließ sich von einer solchen Einschränkung jedoch nicht beeindrucken und legte schroff dar, dass die Unterzeichnung ohne jeglichen Vorbehalt zu erfolgen habe, anderenfalls der Kriegszustand wieder eintrete (20. Juni). Wenige Stunden vor Ablauf des alliierten

Ultimatums erklärte Bauer sein Einverständnis, denn es stand zu befürchten, dass die Truppen der Alliierten tatsächlich einmarschierten und eventuell das Deutsche Reich in Einzelteile zerlegten, wie es die Absicht der Franzosen war.[62]

f) Der Kampf gegen die »Kriegsschuldlüge«

So wurde am 28. Juni 1919 im Spiegelsaal von Versailles der Friedensvertrag unterzeichnet, wobei die Inszenierung dieses Aktes eine schreckliche Dimension hatte, die offensichtlich so traumatisch war, dass keiner der daran beteiligten Deutschen später davon sprechen wollte oder konnte – jedenfalls findet sich nichts in den Memoiren der deutschen Delegierten. Denn gegenüber der deutschen Delegation war eine Gruppe von fünf »gueules cassées« platziert worden, Soldaten mit schwersten Gesichtswunden. Sie standen da wie ein Menetekel des deutschen Menschheitsverbrechens. Es gibt keine Fotos dieser Szene, und die einzig vorhandene Filmaufnahme aus dem Spiegelsaal erfasst diese Gruppe nicht. Aber Berichte sind vorhanden, genau wie Zeichnungen der Szene, etwa in der *Illustration*, der verbreiteten illustrierten Zeitschrift Frankreichs.[63]

Der »Kriegsschuld-Paragraf« des Versailler Vertrages fachte die ohnehin erbitterte Diskussion zu einem wahren Großbrand an, der über viele Jahre wütete. Gegen den Artikel 231 des Vertragswerkes, in welchem Deutschland die alleinige Schuld für seine »Aggression« anerkennen musste, erhob sich ein öffentlicher Protestschrei ohnegleichen.

Pars pro toto sei hier ein Autor zitiert, den man in diesem Zusammenhang eigentlich nicht erwarten würde, nämlich Kurt Tucholsky, berühmt für seine schneidende Kritik des wilhelminischen Militarismus vor, während und nach dem Krieg. Am 13. Juni 1919, also kurz vor der schließlichen Unterzeichnung des Versailler Vertrages, veröffentlichte er in der Zeitschrift *Ulk* ein – heute kaum bekanntes – Gedicht mit dem Titel »Krieg dem Kriege«. In vielen Strophen ging er auch hier mit dem Militarismus und dem Kaiser ins Gericht, etwa so:

> *Der Kapitän hat den Abschied genommen / Und ist etwas plötzlich von dannen geschwommen. / Ratlos stehn die Feldgrauen da. / Für wen das alles? Pro Patria?*

Aber darauf folgt eine Strophe die man hier nicht erwarten konnte und die zeigt, wie unendlich tief die deutsche Betroffenheit über die Zuweisung der Kriegsschuld war.

> *Brüder! Brüder! Schließt die Reihn! / Brüder! Das darf nicht wieder sein! / Geben sie uns den Vernichtungsfrieden, / ist das gleiche Los beschieden / unsern Söhnen und euren Enkeln. / Sollen sie wieder blutrot besprenkeln / Die Ackergräben, das grüne Gras? / Brüder! Pfeift den Burschen was! / Es darf und soll so nicht weitergehen. / Wir haben alle, alle gesehen, / wohin ein solcher Wahnsinn führt – / Das Feuer brannte, das sie geschürt, / Löscht es aus! Die Imperialisten, / Die da drüben bei jenen nisten, / schenken uns wieder Nationalisten. / Und nach abermals zwanzig Jahren / Kommen neue Kanonen gefahren. / Das wäre kein Friede. / Das wäre Wahn. / Der alte Tanz auf dem alten Vulkan. / Du sollst nicht töten! Hat einer gesagt. / Und die Menschheit hört´s, und die Menschheit klagt. / Will das niemals anders werden? / Krieg dem Kriege! / Und Friede auf Erden.*[64]

In den folgenden Jahren wurde der deutsche Büchermarkt von Publikationen aller Art zur Kriegsschuldfrage geradezu überschwemmt. Die erste bedeutende Veröffentlichung war die von Karl Kautsky bereits Ende 1918 begonnene, dann unterbrochene Edition der deutschen Akten zum Kriegsausbruch. Diese erschien Ende 1919 unter dem Namen der international renommierten und als integer beziehungsweise pazifistisch eingestuften Persönlichkeiten Max Graf Montgelas und Walther Schücking. Kautsky, der, wenngleich wegen seiner sehr kritischen Haltung gegenüber der deutschen Politik in der Julikrise von 1914 »ausgebootet«, seine Einwilligung auch zu den gemäßigten beziehungsweise leicht apologetischen Formulierungen der Einleitung gegeben hatte, war offensichtlich gleichwohl nicht zufrieden. Denn er publizierte noch vor Erscheinen der Dokumente eine Broschüre »Wie der Weltkrieg entstand«, in deren Vorwort er sich bitter über den Mangel an regierungsoffizieller Unterstützung für seine Forschungen beschwerte. Auf nahezu 200 Seiten stellte Kautsky in dieser Schrift die längere und unmittelbare Vorgeschichte des Weltkrieges nach den von ihm durchgesehenen Akten dar. Dabei ging er gnadenlos mit der deutschen und österreichischen Regierung ins Gericht. Er scheute sich nicht, von einer »Verschwörung« zu sprechen, die beide gemeinsam gegen den europäischen Frieden ausgeheckt hätten. Kautskys Streitschrift entfachte leidenschaftliche Diskussionen.[65]

Die Publikation der von Kautsky begonnenen und von Montgelas und Schücking fortgeführten »Deutschen Dokumente zum Kriegsausbruch« erfolgte schließlich noch im Jahre 1919, wodurch die anderen Mächte gezwungen wurden, ihrerseits bereits vor der Veröffentlichung der überall geplanten großen Publikationsreihen kurz gefasste amtliche Dokumentationen der Julikrise herauszugeben, insbesondere die »British Documents on the Origins of the War« und die Aktenpublikation der Sowjetregierung. Nur die französische Regierung wollte aus bislang noch nicht erforschten Gründen eine solche interimistische Aktenpublikation nicht vorlegen.[66]

1925 erschien bereits eine 200-seitige Bibliografie. Ein »Leitfaden zur Kriegsschuldfrage« hatte mehrere Auflagen; es gab ein besonders für den Schulunterricht konzipiertes Werk oder sogar »Bilddokumente zur Kriegsschuldfrage«. Am bedeutendsten in dieser ganzen Flut an Veröffentlichungen aller Art war die Zeitschrift *Die Kriegsschuldfrage*, die zwischen 1922 und 1944 erschien und von Regierungsseite finanziert wurde.[67]

»Clémenceau der Vampyr«: Der französische Regierungschef Georges Clemenceau will mit dem Versailler Vertrag Deutschland aussaugen.

Simson Germanicus

Einst wird kommen der Tag, da auch diesem Simson die Locken wieder wachsen

„Kladderadatsch" Nr. 4, 1920.

»Schmachfrieden«. Der von den feiernden Alliierten in Ketten gelegte deutsche Held wird sich auf Dauer dem Versailler Vertrag nicht beugen.

Das weite Feld der »Kriegsschuldforschung« blieb in Deutschland allerdings weitgehend Amateurhistorikern wie dem Militär Alfred von Wegerer überlassen, die mit unermüdlichem Elan und Fanatismus, gestützt auch von politischen Gruppen und den Behörden, die »Wahrheitsfindung« an sich reißen konnten, was nicht unbedingt zum Vorteil der »deutschen Sache« war.[68]

Aber immer wieder flackerte das Kriegsschuldproblem im Diskurs der Parteien und der Regierung auf, denn diese Frage war und blieb – das wird von der kritischen Forschung zu stark übersehen – ein Kernbestand der nicht bewältigten und zutiefst traumatischen Niederlage.

Solange diese Frage nicht »vom Tisch« war, konnten, so eine weithin geteilte Überzeugung keineswegs nur auf der nationalistischen Seite, die Toten nicht ruhen, wären sie doch für einen Aggressionskrieg des Deutschen Reiches gefallen und nicht zum Schutze der Heimat.[69]

So kann es nicht verwundern, dass die Regierung mehrfach Protest gegen den Kriegsschuld-Artikel einlegte. So etwa die »Amtliche Kundgebung« vom 29. August 1924, anlässlich der »10 Jahre Kriegsbeginn«:

> *Die uns durch den Versailler Vertrag unter dem Druck übermächtiger Gewalt auferlegte Feststellung, daß Deutschland den Weltkrieg durch seinen Angriff entfesselt habe, widerspricht den Tatsachen der Geschichte. Die Reichsregierung erklärt daher, dass sie diese Festlegung nicht anerkennt. Es ist eine gerechte Forderung des deutschen Volkes, von der Bürde dieser falschen Anklage befreit zu werden. Solange das nicht geschehen ist und solange ein Mitglied der Völkergemeinschaft zum Verbrecher an der Menschheit gestempelt wird, kann die wahre Verständigung und Versöhnung zwischen den Völkern nicht vollendet werden.*[70]

Dem folgend sandte die Reichsregierung am 26. September 1925 eine Verbalnote an die Siegermächte des Weltkriegs, in welcher die deutsche Kriegsschuld nachdrücklich zurückgewiesen wurde – was allerdings keinerlei Erfolg hatte, zumal die Regierung sich wohlweislich hütete, eine Rücknahme des Artikel 231 zur Bedingung der Unterzeichnung des Locarno-Vertrages zu machen.

Aber die Frage wurde auch durch die Zeitschrift *Die Kriegsschuldfrage* und die große Menge an Publikationen aus vielen Ländern weiterhin im Bewusstsein gehalten. Zehn Jahre nach Unterzeichnung des Versailler Vertrages hieß es in einer gemeinsamen Kundgebung des Reichspräsidenten und der Reichsregierung:

> *»Der heutige Tag ist ein Tag der Trauer. Zehn Jahre sind verflossen, seit in Versailles deutsche Friedensunterhändler gezwungen waren, ihre Unterschrift unter eine Urkunde zu setzen, die für alle Freunde des Rechts und eines wahren Friedens eine bittere Enttäuschung bedeutete. […] Deutschland hat den Vertrag unterzeichnet, ohne damit anzuerkennen, dass das deutsche Volk der Urheber des Krieges sei. Dieser Vorwurf lässt unser Volk nicht zur Ruhe kommen und stört das Vertrauen unter den Nationen. Wir wissen uns eins mit allen Deutschen in der Zurückweisung der Behauptung der alleinigen Schuld Deutschlands am Kriege […].*[71]

2. Dolchstoß: Lüge, Legende oder doch ein wenig wahr?

Ernst Troeltsch hat in seinem »Spektator-Brief« vom 26. Juni 1919, dem Tag der Zustimmung der Nationalversammlung zum Versailler Vertrag, nicht allein den vielzitierten Satz vom Ende des »Traumlands der Waffenstillstandsperiode« geschrieben. Wichtiger noch war ihm die anschließende Feststellung, dass das deutsche Volk wegen seiner inneren Zerrissenheit nicht fähig gewesen sei, gemeinsam und entschlossen das »Unannehmbar«, wie es Graf Brockdorff-Rantzau in Versailles formuliert und wie es die Regierung Scheidemann übernommen hatte, auszuhalten. Troeltsch war, wie schon Max Weber und Rathenau unter anderem der festen Überzeugung, dass ein Nicht-Unterschreiben des Vertrages zum Nachgeben der Alliierten geführt hätte. Denn deren Völker hätten eine Weiterführung des Krieges gegen ein demokratisches Deutschland, das einen gerechten Frieden forderte, nicht mitgemacht. In Deutschland aber habe man politisch laviert, vor allem wegen des »absoluten Friedensbedürfnisses« der Massen, »die nicht mehr wollten und nach der Äußerung von kundigen Führern auch nicht mehr konnten.«[72]

Ganz ähnlich war auch die Position des bekannten liberalen Journalisten und Herausgebers des *Berliner Tageblatts*, Theodor Wolff. In einem Gespräch mit Brockdorff-Rantzau vom 18. Dezember 1918 stellte er sich auf den – von Brockdorff geteilten – Standpunkt,

> *man dürfe nicht ein Atom mehr zugestehen, als in den 14 Punkten Wilsons enthalten sei, müsse jeden Millimeter Boden verteidigen und, wenn der Frieden unerträglich werde, abbrechen und die Unterzeichnung ablehnen. Man werde dann ja sehen, ob die Alliirten (sic) Deutschland besetzt halten u. ihre Heere ewig mobilisirt (sic) lassen würden.*[73]

Die Deutschen hatten also den Krieg nicht mehr führen können, nicht mehr weiter durchhalten wollen und sie hatten fälschlicherweise angenommen, dass der Sieger sie freundlich behandeln werde, wenn sich Deutschland als Demokratie präsentiere.

In der radikalen Ablehnung der »Schuld am Kriege« und der »Schuld im Kriege« waren die Deutschen weitestgehend einer Meinung. Aber sie waren und blieben unfähig, aus der »Schmach von Versailles« einen gemeinsamen Abwehrwillen, eine Art Minimalkonsens zu entwickeln. Was von Anfang an strittig war und im Laufe der folgenden Jahre zum Krebsgeschwür der jungen Republik mutieren sollte, war die Frage, wie es denn überhaupt zu dieser Niederlage mit so schrecklichen Konsequenzen hatte kommen können. In dem Maße, wie durch die Versailler Verhandlungen die »Schmach« der Schuld am Kriege und die daraus resultierenden Forderungen der Alliierten in den Vordergrund rückten, wurde die Suche nach den Gründen für die Niederlage immer zwingender, aber auch aufgeregter und hassvoller.

Wie Dreyer und Lembcke betont haben, stand die Frage nach dem »Warum« der Niederlage in den ersten zwei Monaten nach Kriegsende nicht unbedingt im Mittelpunkt des öffentlichen Interesses.[74] Dazu kam es erst, als sich die Versailler Verhandlungen zuspitzten. Man kann wohl die Ermordung Kurt Eisners durch einen fanatisierten bayerischen Nationalisten, den Grafen Arco, als ein erstes Fanal für diese neue Ausrichtung des Streites um die Verantwortlichkeit für die Niederlage betrachten.

a) Wer hat den Waffenstillstand zu verantworten?

Der Streit war zunächst in erster Linie eine Auseinandersetzung zwischen Militärs und Zivilisten, wie schon oben in Kapitel II angesprochen worden ist. Sehr früh hatte man von militärischer Seite begonnen, für den Fall einer Niederlage die »Heimat«, die streikenden Arbeiter sowie die mangelnde Bereitschaft der zivilen Behörden und der Gerichte, für Ruhe und Ordnung zu sorgen, verantwortlich zu machen. Ludendorffs Bemerkung vom September 1918, dass nunmehr die Zivilisten »die Suppe essen sollen, die sie uns eingebrockt haben«, ist nur eine Zuspitzung dieser Gesamthaltung der Militärs.[75] Diese wurde nach den schweren Streiks und Unruhen schon im Juli 1917 sehr klar von Generalmajor von Seeckt formuliert: »Wozu fechten wir eigentlich noch? Die Heimat ist uns in den Rücken gefallen, und damit ist der Krieg verloren.«[76]

Die zivile Seite erkannte die Stoßrichtung dieser Polemik sofort. Bereits unmittelbar nach der Bildung des Kabinetts Max von Baden am 2. Oktober 1918 wurde im Interfraktionellen Ausschuss gefordert, die Frage, wer für den militärischen Zusammenbruch verantwortlich sei, so weit wie möglich zu dokumentieren.[77] Zunächst geschah dann nichts in dieser Richtung. Aber ab Ende Februar 1919 konkretisierte sich der Wunsch nach einer Veröffentlichung der Akten, weil die Agitation der Rechten und der Militärs angesichts der Versailler Verhandlungen und des kommenden »Schmachfriedens« massiv zunahm. Allerdings sah das Kabinett Scheidemann von einer Aktenveröffentlichung ab, zumal Kriegsministerium und Generalstab vor einer solchen Publikation warnten, solange in Versailles noch verhandelt werde. Selbst über eine so einfache Faktenfrage, ob Erzberger – wie er behauptete – am 5. November vom Kabinett die Aufforderung erhalten hatte, den Waffenstillstand unter allen Umständen zu unterzeichnen, konnte keine Einigkeit erzielt werden.

Den Ausschlag für eine sofortige Veröffentlichung der Akten gab eine Anfang Juni von Oberst Bauer, Abteilungschef beim Chef des Generalstabs und enger Mitarbeiter Ludendorffs, veröffentlichte Flugschrift mit dem Titel: »Konnten wir den Krieg vermeiden, gewinnen, abbrechen?«, die vorgeblich nach amtlichen Akten gearbeitet war und von der in den ersten zwei Monaten nach ihrem Erscheinen 20 000 Exemplare verkauft wurden.[78] Bauer behauptete mit der Autorität des militärischen Fachmanns, die Bevölkerung der Entente-Staaten sei »kriegsmüde« gewesen, und hätte man in Deutschland nicht die Nerven verloren, sei ein besseres Kriegsergebnis möglich gewesen: »Deutschland ist eine Nasenlänge vor dem Ziel ruhmlos zu Fall gebracht worden.«[79] Dieser, in der Flugschrift gesperrt gedruckte Satz ist typisch für eine sehr scharfe, aber noch im Rahmen der sachlichen Debatte verbleibenden Variante des Dolchstoßvorwurfs, denn als »Ziel« wurde hier nicht der »Sieg« angesehen. Das zeigt ein weiterer Kernsatz aus Bauers Pamphlet: »Insbesondere hat die Revolution im schwersten Augenblick Deutschlands Schicksal besiegelt. Ein festes, einiges Deutschland hätte sicher noch solange standhalten können, bis unsere Gegner friedensbereit gewesen wären. Wir haben den Krieg durch *eigene* Schuld um eine Nasenlänge verloren.«[80]

Das Kabinett Scheidemann beschloss, als Entgegnung auf diese massiven Vorwürfe gegen die zivile Regierung, die Akten zur Vorgeschichte des Waffenstillstands unmittelbar nach Friedensschluss zu veröffentlichen. Dies geschah auch bereits im August 1919. Das umfängliche Vorwort war eine deutliche Anklage gegen die OHL, die ganz gegen den Willen der Regierung und den sich »auf das heftigste sträubenden« Kanzler Max von Baden auf einen sofortigen Waffenstillstand gedrängt habe. Schuld sei die OHL, deren »Offenbarung der schlechten Lage nach vierjähriger Behauptung des sicheren Sieges [...] inzwischen im Ausland und im Inland ihre Wirkung getan« habe.[81] Ludendorff, dessen »Kriegserinnerungen« zum Zeitpunkt des Erscheinens der »Amtlichen Urkunden« schon vorlagen, antwortete auf diese in Form von drei Pamphleten, die ebenfalls 1919 erschienen. Das dritte und letzte dieser Hefte hatte den Titel: »Das Verschieben der Verantwortlichkeit«. Ergebnis dieser Abrechnung war, dass in der 1924 publizierten 2. Auflage der »Amtlichen Urkunden« das ursprüngliche militärkritische Vorwort fortgelassen wurde.

In dieser initialen Auseinandersetzung wird das Kernproblem der Dolchstoßagitation sehr gut fassbar, nämlich die immer wieder heiß diskutierte Frage, ob und wie lange das Heer noch hätte durchhalten können, wenn nicht die Revolution gekommen wäre. Und ob Deutschland nicht viel bessere Friedensbedingungen hätte erhalten können, wenn man nicht wegen der Revolution fast bedingungslos hätte kapitulieren müssen. In der ersten Phase der Dolchstoßdiskussion war eigentlich nie von geplantem und tückischem Verrat die Rede. Diskutiert wurde über die Frage, ob die »Heimat« mehr oder weniger fahrlässig versagt habe. So konnte beispielsweise beklagt werden, dass schon die Friedensresolution des Reichstags vom Juli 1917 »in den Rücken des Heeres fallend« gewesen sei.[82] Aber »Verrat« war das noch nicht. Das gilt im Übrigen auch für das so häufig – auch in dieser Arbeit – zitierte Wort von Ludendorff im September 1918, dass er den Kaiser gebeten habe, »jetzt auch diejenigen Kreise an die Regierung zu bringen, denen wir es in der Hauptsache zu danken haben, dass wir so weit gekommen sind.«[83] Insgesamt bleibt diese Diskussion während und kurz nach dem Krieg klar zu unterscheiden von den hetzerischen Varianten, die auch sehr bald entstehen sollten, etwa dem Vorwurf, dass »die Juden« gemeinsam mit den Bolschewisten oder gar die »jüdischen Bolschewisten« das siegreich voranstürmende Heer von hinten erdolcht hätten, um eben einen Sieg Deutschland zu verhindern.[84]

Wie angespannt und intensiv die Diskussion um diese realistischen Varianten des »Dolchstoßes« von vornherein war und über die ersten Jahre der Weimarer Republik blieb, zeigen bereits die Auseinandersetzungen in der Nationalversammlung bei der Ratifizierung des Friedensvertrages am 9. Juli und bei den anschließenden Diskussionen über allgemeine politische Fragen, etwa die Haushaltsdebatte ab dem 23. Juli 1919. Während die Ratifizierung noch in relativer Harmonie vollzogen wurde, mit den üblichen Protestbekundungen gegen den Gewaltvertrag, kam es wenige Tage später in der Haushaltsdebatte und bei der Darstellung des Programms der Reichsregierung bereits zu den extremen Polarisierungen, Verdächtigungen und Anklagen, von denen die folgenden Jahre bestimmt blieben. Mit Blick auf die ökonomische Entwicklung Deutschlands sprach Außenminister Müller von der Notwendigkeit, »die Welt von unserem unerschütterlichen Friedenswillen [zu] überzeugen«. Dazu gehöre auch die Wiedergutmachung in Belgien und der »Wiederaufbau der verwüsteten Gegenden« Nordfrankreichs. Das führte sofort zu grundsätzlichen Erwägungen von Abgeordneten der Rechten, dass erst die »Wühlarbeit« der Linken Deutschland in die Niederlage getrieben habe. Durch die Revolution sei man gezwungen worden, die Waffenstillstandsbedingungen anzunehmen, was eine »untilgbare Schuld« der aktuell regierenden Parteien sei. Diese Polemik mündete in Beschuldigungen und Beschimpfungen Erzbergers, der sich dagegen heftig zur Wehr setzte. Die Revolution habe nichts mit dem Waffenstillstand zu tun. »Der Zusammenbruch ist erfolgt durch den Mangel an innerer und äußerer Einsicht der Konservativen und der OHL.« Und gegen die DNVP gewandt: »Wir haben die Verantwortung übernehmen müssen für das, was Sie verbrochen haben.« Im Anschluss hieran verlangten die Sozialdemokraten den Druck der Rede Erzbergers, für den auch eine Mehrheit der Versammlung stimmte. Anschließend konnte über den eigentlichen Tagesordnungspunkt, nämlich Stromerzeugung, Sozialisierung der Braunkohle, Devisen und Planwirtschaft weiterdiskutiert werden.[85]

b) Hindenburgs Intervention

Ziemlich genau ein Jahr nach Unterzeichnung des Waffenstillstandes kam es am 18. November 1919 zu einer Stellungnahme des Generalfeldmarschalls Hindenburg vor dem 4. Unterausschuss des parlamentarischen Untersuchungsausschusses. Im Unterschied zu Ludendorff hatte das Ansehen Hindenburgs durch die Niederlage nicht gelitten – was trotz aller Forschung zum Hindenburg-Mythos noch erklärungsbedürftig bleibt.[86] Hindenburg war schon seit 1914 »Kaiserersatz« der Deutschen gewesen, eine Art *pater patriae*, gemessen an den ihm gewidmeten Devotionalien, vom Aschenbecher bis zur gigantischen Hamburger Statue. So beliebt in allen Schichten des Volkes war der »Sieger von Tannenberg« nach wie vor, dass er zweifellos die Reichspräsidenten-Wahlen von 1920 gewonnen hätte, sofern er sich, wie seine Umgebung plante, schon damals für dieses Amt beworben hätte.[87] So hatte sein Auftritt vor dem Untersuchungsausschuss eine ungeheure Breitenwirkung.[88] Auf Befragung erklärte er dem Ausschuss, dass der Zusammenbruch des Heeres wegen der »revolutionären Zermürbung« gekommen sei. Auch sei die mehrfache Forderung der Obersten Heeresleitung, solchen Bestrebungen mit neuen Gesetzen, Verurteilungen von Rädelsführern und anderen Maßnahmen zu begegnen, leider ungehört geblieben.[89] Und in Anspielung auf eine bereits Ende 1918 veröffentlichte und damals stark kommentierte Stellungnahme des britischen Generals Sir Frederick Maurice fuhr er fort:

> *Ein englischer General sagte mit Recht: ›Die deutsche Armee ist von hinten erdolcht worden.‹ […] Wo die Schuld liegt, ist klar erwiesen. Bedurfte es noch eines Beweises, so liegt er in dem angeführten Ausspruche des englischen Generals und in dem maßlosen Staunen unserer Feinde über ihren Sieg.*[90]

In seinen ebenfalls im Spätherbst 1919 publizierten Erinnerungen »Aus meinem Leben«, die eine ungeheure Verbreitung fanden, drückte Hindenburg dies noch polemischer aus: »Wir waren am Ende! Wie Siegfried unter dem Speerwurf des grimmen Hagen, so stürzte unsere ermattete Front.« Und an anderer Stelle, bei der Schilderung der Vorgeschichte des Waffenstillstandes, sprach er von »entfesselten Leidenschaften«, die den »ganzen Volkskörper« wie im Fieber geschüttelt hätten:

> *Man denkt nicht mehr an die Folgen für das Ganze sondern nur noch an das Durchsetzen eigener Leidenschaften. Diese machen nicht mehr halt vor den wahnwitzigsten Plänen. Denn gibt es einen wahnwitzigeren, als den, dem Heere das weitere Leben unmöglich zu machen? War je ein größeres Verbrechen menschlichem Denken und menschlichem Hasse entsprungen?*[91]

Bei aller Schärfe waren diese Anklagen noch recht unspezifisch gehalten. Unter den »wahnwitzigen Plänen« war sicherlich in erster Linie der Januarstreik von 1918[92] gemeint, sowie die von Spartakus 1918 verbreiteten Flugblätter. Und die Metapher vom »Speerwurf des grimmen Hagen« hatte die interessante Besonderheit, dass davon keineswegs der üblicherweise kraftstrotzende beziehungsweise gestählte Siegfried getroffen wurde, sondern eine bereits zuvor schon »ermattete Front.«

Man mag daran erkennen, dass Hindenburg nicht auf den Kurs einer radikalen Abrechnung mit Revolution und Republik ging, nicht von ungefähr war er ja auch vier Jahre später ohne Weiteres als Präsident der Republik wählbar, der er dann nicht mit Begeisterung, aber viele Jahre lang pflichtbewusst gedient hat.

Gerade wegen des recht unspezifischen Charakters hatten Hindenburgs Worte wohl den stärksten und dauerhaftesten Nachhall über die Jahre und Jahrzehnte hinweg. Durch Hindenburg war der »Dolchstoß« in den Rang eines nahezu unbezweifelbaren Verdiktes gehoben worden. Das führte auch sofort zu Protesten, etwa wenn der MSPD-Abgeordnete Eduard David, eigentlich dem gemäßigten und betont »nationalen« Flügel der Partei angehörend, sich im Reichstag darüber beschwerte, dass Hindenburg den antirepublikanischen Parteien mit seiner Aussage eine Art »Losungswort« für den innenpolitischen Kampf geliefert habe. Hindenburgs Aussage vor dem Untersuchungsausschuss sei das verhängnisvollste Element bei der Vertiefung der inneren Gegensätze in der Republik gewesen. David sprach sogar von einer »Dolchstoß-Lüge«. Es sei darauf hingewiesen, dass diese Bezeichnung auch heute wieder verwendet beziehungsweise eingefordert wird.[93]

Es versteht sich, dass die rechten Parteien im Wahlkampf für die Reichstagswahlen von 1920 diese Thematik weidlich auszunutzen suchten. So massiv geschah dies, dass das *Berliner Tageblatt* im Mai 1920 ironisch zu bedenken gab, dass der Dolch inzwischen abgenutzt sei – was aber leider ganz und gar nicht stimmte.[94]

Im Verlauf dieser Kämpfe gerann der Dolchstoßtopos zum rein parteipolitischen Vehikel. Es ging schließlich nur noch um die Frage, ob die gesamte Linke einschließlich der Mehrheits-Sozialdemokratie am Versagen der Heimat schuld gewesen sei, oder ob dies nur für die antimilitaristischen Außenseiter, Spartakus und Teile der USPD, zu gelten hatte.

So wollte es das in den heutigen bildlichen Repräsentationen dominierende »Dolchstoß«-Wahlplakat der DNVP vom November 1924. Aber, wie Gerhard Paul gezeigt hat, hatte es damals lange nicht den symbolischen Wert beziehungsweise die politische Zugkraft, die ihm die ikonographische Tradition seit dem Zweiten Weltkrieg – aber nicht vorher! – zuspricht.[95]

»Der Dolchstoß«: Wahlplakat der DNVP vom November 1924

c) Die Diskussion im Untersuchungsausschuss

Diese politische Frage war auch ein sehr wichtiges Thema in den Gutachten für den Untersuchungsausschuss des Reichstages und für die zum Teil sehr heftige Diskussion für oder wider diese Expertisen. Auch bei denjenigen Experten, die wie General Kuhl oder Major Erich Otto Volkmann, Mitarbeiter des Reichsarchivs, von einer Schuld der Heimat am Zusammenbruch ausgingen, bestand eine recht versöhnliche Tendenz, die MSPD vom Vorwurf etwa der »vaterlandslosen Propaganda« und der Vorbereitung der Revolution freizusprechen und die Schuld nur der äußersten Linken anzulasten.

General Kuhl formulierte in seinem Gutachten den Zusammenhang in folgender Weise: Viele Faktoren hätten zur Niederlage Deutschlands beigetragen, vor allem die Tatsache, dass nach dem Fehlschlag der Frühjahrsoffensive von 1918 die Truppe den Mut verloren habe. Gleichwohl ließe sich beweisen, »dass die von der Heimat ausgehende revolutionäre Unterwühlung des Heeres zu unserem Zusammenbruch beigetragen« habe. Die Revolution habe dem Heer »den letzten Rest von Widerstandskraft« geraubt.[96] Seit dem Spätherbst 1918 sei der Heeresleitung klar gewesen, dass der Krieg militärisch nicht mehr zu gewinnen war. Hätte es aber die Wühlarbeit der äußersten Linken und schließlich die Revolution nicht gegeben, so hätte man den Winter über noch aushalten und sicherlich einen echten Verhandlungsfrieden erhalten können.[97] Es ist leicht erkennbar, wie weit solche Aussagen entfernt sind von der Hetze derjenigen, die behaupteten, das an allen Fronten siegreiche Heer sei von hinten erdolcht worden, um eben den Sieg zu verhindern. Für Kuhl und die anderen militärischen Experten im Untersuchungsausschuss war eindeutig klar, dass die Armee bereits »ermattet« – so Kuhl wörtlich – gewesen war, bevor die Revolution kam und dem Heer sozusagen den Rest gab.[98] Auch ging es nicht um Siegfrieden, sondern um einen eventuell erträglicheren Verhandlungsfrieden, der durch die Revolution verhindert worden sei. – Man kann sicherlich heute, hundert Jahre später, nicht behaupten, dass diese Stellungnahmen vollständig unrealistisch waren.

Während andere Militärs, die vom Untersuchungsausschuss befragt wurden, im Grunde ganz ähnlich wie Kuhl argumentierten, war der ebenfalls zum Gutachter berufene zivile Militärhistoriker Hans Delbrück ganz entschieden anderer Auffassung. Für Delbrück war die Frage, ob nun die äußerste Linke oder die gesamte Linke am Zusammenbruch des Heeres Schuld habe, eine reine Diversion. Denn die Soldaten seien verbittert gewesen und hätten ihren Kampfelan verloren, weil der extreme Annexionismus der rechten Parteien, der Wirtschaftsverbände und auch der OHL ihnen gezeigt habe, dass es der politischen und militärischen Führung nicht um einen Krieg zur Verteidigung des Vaterlandes, sondern um einen Eroberungskrieg gegangen sei. Und für einen solchen Krieg wollten sie nicht mehr leiden und sterben.[99]

Insgesamt bestand in all diesen Expertisen die deutliche Tendenz, die Regierungsparteien, also vor allem die Mehrheitssozialdemokratie, vom Dolchstoßvorwurf zu entlasten und allein der äußersten Linken die (relative) Verantwortung für das Auseinanderbrechen der Armee und die Niederlage zuzuweisen. Niemals aber wurde versucht nachzuweisen, dass Deutschland als Sieger aus dem Konflikt hätte hervorgehen können, hätte es diese Unterminierung nicht gegeben. Es war allen Beteiligten offensichtlich vollständig klar, dass es 1918 nicht mehr um einen Sieg ging, sondern nur noch um eine erträgliche Friedenslösung. Und diese wäre unter Umständen möglich gewesen, so meinten eigentlich alle Experten mit Ausnahme von Delbrück (der hier aber ganz unspezifisch blieb), wenn man ein paar Wochen hätte weiterkämpfen und mit einem solchen Rückhalt einer kämpfend im »Feindesland« stehenden Armee die Friedensverhandlungen hätte führen können.

Zwei Jahre lang diskutierte der Untersuchungsausschuss über die Ursachen der Niederlage. Die nach diesen langjährigen, intensiven und auch erregten Debatten am 26. Mai 1925 einstimmig verabschiedete Resolution zeigt, wie unmöglich es in Deutschland auch Mitte der

1920er-Jahre noch war, zu einer auch nur einigermaßen haltbaren gemeinsamen Ansicht über die Ereignisse von 1918 zu gelangen.

Die insgesamt dreiseitige Resolution über die »Allgemeinen Ursachen und Hergänge des inneren Zusammenbruchs« thematisierte zunächst die inneren Voraussetzungen, nämlich die vom »Augusterlebnis« 1914 nur kurzfristig überbrückten inneren Gegensätze des deutschen Volkes, das niemals zu einem »einheitlichen nationalen Charakter« habe finden können.

Das »Kriegsgewinnlertum« und die schweren Missstände in der Lebensmittelversorgung hätten den »Willen zum Klassenkampf« neu angefacht und eine Unzufriedenheit geschaffen, die ihren stärksten Ausdruck in der Formel gefunden habe, »dass der Krieg ohne Not für die Interessen der Besitzenden verlängert wird.« Es habe darüber hinaus auch ein allgemeines »Verblassen der Idee des Verteidigungskrieges« gegeben. Diejenigen, die im Juli 1917 die Friedensresolution des Reichstags unterzeichneten und die hinter ihnen stehenden Massen der Bevölkerung hätten aber damit nicht die Landesverteidigung schwächen wollen. Allein Spartakusbund und andere Linksradikale hätten einen gewaltsamen Umsturz erstrebt.

»Das seit Jahren erschütterte Vertrauen auf die bisherige Führung des deutschen Volkes brach zusammen, als bekannt wurde, dass der Krieg für Deutschland militärisch nicht mehr zu gewinnen war.« Das Verlangen, den Krieg auf alle Fälle zu beenden, sei nunmehr weit verbreitet gewesen. Wilsons Ablehnung der deutschen Vorschläge, »zu Verhandlungen zu kommen«, habe die Stimmung noch dramatisch verschlechtert. Und als wichtig erschien offensichtlich noch folgender Zusatz: »Andererseits glaubten viele, durch die Erfüllung aller Forderungen des Präsidenten noch einen erträglichen Frieden erreichen zu können.«

Die Gehorsamsverweigerung der Matrosen der Hochseeflotte am 30. Oktober 1918 sei das Signal gewesen »zu der das ganze Reich mit Einschluss des Heeres ergreifenden Umsturzbewegung«, an der die Führer der Mehrheitssozialdemokratie aber keinen Anteil gehabt hätten.

Und abschließend die dem Reichstag vorgelegte Resolution betreffend die Dolchstoßfrage:

> *Die Frage, ob die Gegner Deutschlands ihre Waffenstillstandsbedingungen ermäßigt hätten, wenn das deutsche Volk sich zu letztem Widerstand bereit gezeigt hätte, ist ungeklärt geblieben.*

Weiterhin wurde ein Konsens erzielt, festzustellen, dass das deutsche Heer sicherlich einige wenige Monate länger hätte durchhalten können, wenn die Revolution nicht gekommen wäre.

Bei aller Formelhaftigkeit und Bemühtheit um politischen Ausgleich wird in dieser Gesamtresolution doch eindeutig klar, um was es damals wirklich ging: Nicht um exzentrische Behauptungen vom jüdisch-bolschewistischen Verrat, sondern einzig und allein um die Frage, ob man vielleicht noch ein paar Monate hätte durchhalten können, um bessere Friedensbedingungen zu erzielen und wodurch das verhindert worden sei.

Ein Blick auf die anschließenden Ausführungen des Vorsitzenden Dr. Albrecht Philipp mag verdeutlichen, mit welcher Intensität, auch Verbissenheit, damals um jedes Wort gerungen worden ist.

Philipp resümierte die Debatte im Ausschuss dahingehend, dass die zweifellos vorhandene revolutionäre Propaganda zu »tausenden von kleinen Dolchstößen« geführt hätte. Denn die von Spartakus unter anderem verfassten und in der Heimat sowie bei den Soldaten auf Fronturlaub verteilten Flugblätter seien eine Hauptquelle für die Propaganda der Briten gewesen, die vom »Crewe House« meisterhaft organisiert worden sei. Beleg hierfür war das vom ehemaligen Chef der britischen Propagandazentrale Sir Campbell Stewart verfasste und 1922 auch auf Deutsch erschienene Buch »Die Geheimnisse von Crewe House«.[100]

Die ganz entscheidende Frage, die sich dem Untersuchungsausschuss stellte und die sowohl von Philipp als auch in einer Reihe von Interventionen während seines Vortrags immer wieder diskutiert wurde, war, ob es in irgendeiner Weise nachweisbar sei, dass eben die vielen »kleinen Dolchstöße« der Flugblätter britischer und französischer Provenienz für den Zusammenbruch des Heeres wirklich ausschlaggebend gewesen waren. Philipp gab hier seine Auffassung kund, dass die revolutionären Aufrufe und Versuche, die Soldaten zum Ungehorsam zu bewegen, zwar sehr schändlich, nicht aber der Kern der effektiven Niederlage gewesen seien. General Kuhl intervenierte an dieser Stelle mit einer grundsätzlichen Bemerkung, die hier wiedergegeben sei, weil auch Kuhls hauptsächlicher Kontrahent im Ausschuss, der sehr militärkritische Historiker Hans Delbrück, ihm ausdrücklich zustimmte.[101] Kuhl betonte, er habe mit seinem Bericht für den Ausschuss in keiner Weise die Absicht verfolgt, das deutsche Volk anzuklagen, welches ja im Kriege schwerste Entbehrungen zu tragen hatte. Für die Niederlage habe es in der Tat eine Vielzahl von Gründen gegeben. Aber die »Niederlage der Waffen«, obwohl man noch einen Moment lang habe kämpfen können, sei »ehrlos« gewesen. Und der ebenfalls »ehrlose« Frieden von Versailles sei das direkte Resultat dieses vorzeitigen Niederlegens der Waffen gewesen.[102]

Im weiteren Verlauf der Debatte im Untersuchungsausschuss zeigte sich, wie ein Abgeordneter einwarf: »Hier ist alles anfechtbar«, mit dem weitergehenden Vorschlag, angesichts der Zerfaserung der Debatte die Dolchstoßfrage überhaupt nicht mehr weiter zu behandeln.[103] In der Tat zeigte es sich, dass die Abgeordneten bei nahezu jeder Einzelheit in großen Streit gerieten, beispielsweise bei der Frage, ob es »ehrlos« gewesen sei, wenn sich Offiziere von meuternden Soldaten die Achselstücke abreißen ließen.[104] Man setzte sich auch über viele Stunden mit der Frage auseinander, ob die »Jammerbriefe«, die die Soldaten aus der Heimat erhalten hatten, ursächlich sein konnten für die Drückebergerei und die massiven Einbußen an Kampfmoral gegen Ende des Krieges.[105] Eine ziemliche Rolle spielten bei diesen Diskussionen die Abgeordneten Ludwig Bergsträßer und Arthur Rosenberg. Ersterer war ein bekannter und heute noch geschätzter Historiker, der im Untersuchungsausschuss als Experte aus dem »Reichsarchiv« angehört wurde. Bergsträßer, seit 1924 Mitglied des »Reichsbanner Schwarz-Rot-Gold«, wurde ebenfalls 1924 für die linksliberale DDP in den Reichstag gewählt.[106] Arthur Rosenberg wiederum war ein heute auch noch gut bekannter Historiker, der eine der ersten Gesamtgeschichten der Weimarer Republik aus marxistischer Perspektive geschrieben hat.[107] Im Untersuchungsausschuss saß er als historischer Experte, aber auch als Mitglied der Kommunistischen Partei (die er dann einige Jahre später verließ). Bergsträßer und Rosenberg verfielen in auch heute noch methodisch interessante Dispute, vor allem um die Frage, welche Art von Dokumenten man in der Arbeit des Untersuchungsausschusses überhaupt berücksichtigen dürfe. Rosenberg nahm sich in seinem Bericht insbesondere die Revolutionspropaganda vor und versuchte einsichtig zu machen, dass es viele zeitgenössische Dokumente gebe, aus denen je nach politischer Einstellung die konträrsten Schlüsse gezogen werden könnten.[108]

Rosenberg machte den historisch weiterführenden Einwand, dass längst nicht alle seither als »Revolutionäre« bezeichneten Personen in erster Linie die Revolution gewollt hätten. Viele unter ihnen hätten nur eine Art Aufstand für den Frieden gewollt und gemacht. Eigentlich gelte allein für die Spartakisten, dass sie in erster Linie die Revolution gewollt hätten. Deshalb auch – so Rosenberg – der ganz besondere Hass von Spartakus gegen die USPD. Rosa Luxemburg habe zu den ganz wenigen Politikern gehört, die davon ausgingen, dass die Revolution am ehesten aus der Niederlage Deutschlands entstehen könne und solle.

Viele Stunden wurde nach dieser Intervention darüber gestritten, welchen Anteil denn die USPD tatsächlich an der Revolution gehabt hatte. Denn es verstand sich, wie Rosenberg bitter anmerkte, dass die Politiker der Rechten ein besonderes Interesse daran hatten, gerade die USPD zu diskreditieren, habe diese doch im Unterschied zu Spartakus eine Millionen starke Anhängerschaft.

Auch die für die damalige Dolchstoßdiskussion entscheidende Frage, ob Deutschland tatsächlich bessere Friedensbedingungen hätte erhalten können, wäre die Revolution nicht gekommen, wurde heftig diskutiert. Rosenberg war der Auffassung, dass dies ganz und gar nicht stimme, seien die Alliierten doch bereit gewesen, nach Deutschland einzudringen, und dann wäre der Frieden sicherlich noch schrecklicher geworden. Andere, wie der Oberst Schwertfeger, hielten dagegen, dass nichts weniger sicher sei. Denn die alliierten Soldaten hätten »nie und nimmer« gegen ein Deutschland weitergekämpft, das ehrlichen Frieden angeboten hätte und dessen Truppen noch im »Feindesland« standen. Es ist in der Tat erstaunlich, befremdend und beruhigend zugleich, wenn man feststellen kann, dass heute, hundert Jahre später, die Diskussion noch mit genau denselben Argumenten geführt wird, ohne dass eine Einigung in Sicht wäre.

Abschließend zu diesem Bericht über die Beratungen des Untersuchungsausschusses sei noch kurz auf die wichtige Diskussion eingegangen, die im Ausschuss über die Analysen der beiden gegensätzlich argumentierenden Historiker Bergsträßer und Rosenberg geführt wurde. General Kuhl, dessen Expertenmeinung wohl zu Recht ein starkes Gewicht hatte, stellte kurz und kategorisch folgende Eckdaten in den Raum: Der Krieg sei nach der französischen Offensive vom 18. Juli objektiv verloren gewesen. Es habe seitdem nur noch darum gehen können, dass das Heer stark genug blieb, um bei den kommenden Friedensverhandlungen ein Druckmittel der deutschen Unterhändler zu bleiben. Es sei Ende 1918 für Deutschland nicht mehr um einen »Verständigungsfrieden« gegangen, sondern nur noch um eine möglichst große Milderung der Friedensbedingungen.

Die Friedenssehnsucht der Soldaten sei von diesem Zeitpunkt ab aber riesig geworden – und nur deshalb hätten die »unterwühlenden Einflüsse« richtig zur Geltung kommen können. So seien ab dem Sommer 1918 massenweise »verhetzte Urlauber« wieder zu der kämpfenden Truppe gestoßen und hätten diese weiter unterminiert. Wäre dies nicht geschehen, so hätte Deutschland bessere Friedensbedingungen erkämpfen können. Denn es stehe »aktenmäßig fest«, dass unter den Alliierten Uneinigkeit über die Friedensbedingungen herrschte. Diese hätte sich sicherlich noch verschärft, wenn die Deutschen auch nach dem Friedensangebot noch ernsthaft weitergekämpft hätten. Dies umso mehr, als die Franzosen auch froh waren, dass der Krieg nunmehr bald zu Ende war. Das könne man ja allein an der Tatsache erkennen, dass sie den Waffenstillstand überhaupt annahmen und nicht versuchten, noch in Deutschland einzumarschieren.[109]

Im Ausschuss wurde auch ausgiebig über das Bemühen der nationalistischen Gruppen in Reichstag und Öffentlichkeit diskutiert, »nachzuweisen«, dass die Revolution, und damit die Republik insgesamt, verantwortlich sei für die Niederlage und die daraus resultierenden katastrophalen Friedensbedingungen. Selbstverständlich spielten hier auch wieder die Initiativen von Eisner u. a. eine Rolle, das wilhelminische Kaiserreich mit der Schuld am Krieg zu belasten, um auf diese Weise die siegreichen Alliierten zum Entgegenkommen gegenüber der neuen deutschen Demokratie zu bewegen.[110] Die Mehrheit im Ausschuss war ganz offensichtlich bemüht, eine scharfe Grenze zu ziehen zwischen den Spartakisten und Kommunisten einerseits und der Mehrheitssozialdemokratie auf der anderen Seite. Letztere hätte, so wurde immer wieder festgestellt, sicherlich auch Fehler gemacht, aber es sei nicht zu bezweifeln, dass Ebert, Scheidemann, David u. a. während des ganzen Krieges sowohl für die nationale Verteidigung eingetreten seien als auch für eine möglichst baldige Beendigung des Krieges, wofür ja die Friedensresolution des Reichstags vom Juli 1917 das beste Beispiel sei. Es wurde auch ausgiebig gestritten, ob die USPD sich in der Verteidigungs- und Friedensfrage eher mit Spartakus oder eher mit der MSPD einte. Für beide Ansichten gab es eine Menge Quellen, die auch ausgiebig präsentiert und diskutiert wurden. Der Ausschussvorsitzende Albrecht Philipp wurde zum Berichterstatter über diese Frage bestellt und legte am 29. März 1924 einen »Entwurf einer Entschließung über die Frage der Schuld der revolutionären Propaganda am Zusammenbruch« vor.[111]

Hauptpunkte dieser Entschließung waren, dass es zweifellos schon »bald nach Kriegsbeginn« revolutionäre Propaganda in Deutschland gegeben habe. Die Wirkungen dieser »verhängnisvollen revolutionären Arbeit« seien dann hervorgetreten, »als nach dem Scheitern der deutschen Offensive im Sommer 1918 der Krieg für das Deutsche Reich nicht mehr zu gewinnen war.« Es sei indessen nicht nachweisbar, dass die revolutionären Bestrebungen eine »Alleinschuld« am deutschen Zusammenbruch hatten. Sie hätten aber das Erlahmen des Angriffsgeistes und der Widerstandskraft des Heeres »wesentlich beschleunigt«. Diese Aktivität der Revolutionäre sei aber kein »Dolchstoß«, sondern eher eine »Vergiftung« des Heeres gewesen. Die Revolution aber sei wirklich ein Dolchstoß gewesen. Denn »sie fiel dem Heere in den Rücken, löste die Etappe auf, verhinderte die Zufuhr und zerstörte jede Ordnung und Disziplin. […] Sie machte jedes Weiterkämpfen unmöglich und zwang zur Annahme jeder Waffenstillstandsbedingung.«

Weiterhin wurde in diesem Entwurf betont, dass ohne die »überall von langer Hand vorbereitete« Revolution das Heer noch »monatelang« hätte Widerstand leisten können.

Im Ausschuss wurden diese ziemlich beliebigen Einwürfe des Vorsitzenden und seine eindeutigen Schuldzuweisungen von mehreren Seiten kritisiert. Nichts erlaube, so wurde ihm entgegengehalten, zu behaupten, dass diese zweifellos vorhandene Agitation auch erfolgreich gewesen sei.

Die Gegenargumente waren vor allem: Selbst wenn die Flugblätter eine gewisse Wirkung gehabt haben könnten, sei doch das entscheidende Moment für die Demoralisierung der Soldaten die Tatsache gewesen, dass es in Deutschland Streit gegeben habe um die Agitation für gigantische Kriegsziele in Ost und West. Dadurch sei in der Heimat genau wie bei den Soldaten die ursprünglich so starke Überzeugung brüchig geworden, dass Deutschland wirklich einen Verteidigungskrieg führe.[112]

Zu der Zeit, als der Ausschuss diskutierte, bekam die Auseinandersetzung um die Gründe für die Niederlage endgültig eine stark parteipolitische Färbung. Im Wahlkampf für die Reichstagswahlen vom 4. Mai 1924 wurde sie auch zum großen Thema im Zusammenhang mit den damals gerade wieder hochaktuellen Problemen der Reparationen. Denn einen Monat vor den Wahlen wurde der sogenannte Dawes-Plan vorgelegt, der die deutschen Reparationszahlungen neu ordnen, mit Kreditaufnahmen in den USA koppeln und zu Zahlungen von ca. 2 Milliarden Goldmark pro Jahr verpflichten sollte. Die Planung, die dann am 16. August auf einer Londoner Konferenz beschlossen wurde, provozierte noch einmal riesige Erregung in einer ohnehin nationalistisch aufgewühlten Situation. Seit einem Dreivierteljahr war die Ruhr von den Franzosen besetzt.[113] Hitlers Putsch von 1923 stand gerade zur Gerichtsverhandlung an. Es war insgesamt eine Zeit ungeheurer öffentlicher Erregung, was sich nicht allein in den Reichstagswahlergebnissen mit ihrer für die Stabilität der Republik enorm schädlichen Polarisierung zwischen rechts und links ausdrückte.[114]

d) Der Münchener Dolchstoßprozess

Im Jahre 1924 wurde die Dolchstoßfrage durch den Münchener Dolchstoßprozess auf eine neue Ebene gebracht. Nicolaus Cossmann, Herausgeber der *Süddeutschen Monatshefte*, veröffentlichte inmitten des Wahlkampfes von 1924 Dokumente, die nun auch eine starke Mitschuld der Mehrheitssozialdemokratie am ruhmlosen Ende des Kaiserreichs und am »Schandfrieden« von Versailles nachweisen sollten. Die sozialdemokratische Presse hielt selbstverständlich energisch dagegen, wobei sich besonders die Münchener *Post* mit ihrem verantwortlichen Redakteur Martin Gruber hervortat. Cossmann verklagte daraufhin Gruber wegen Beleidigung und übler Nachrede. Der Prozess fand im Oktober/November 1925 statt und erweckte riesiges öffentliches Interesse. Es wurde eine große Anzahl von Zeugen vernommen, die zum Teil schon vor dem Untersuchungsausschuss ausgesagt hatten. So erreichten die Debatten des Untersuchungsausschusses über den Umweg des Münchner Prozesses die gesamte deutsche Öffentlichkeit.[115]

Das Ergebnis des Prozesses war, dass die MSPD vom Dolchstoßvorwurf entlastet wurde. Auch wurde in der Urteilsbegründung klar gesagt, dass die revolutionäre Agitation keinesfalls allein verantwortlich sei für den Zusammenbruch von 1918. Spartakus und andere linksradikale Bewegungen hätten allerdings während des Krieges starke Anstrengungen unternommen, die Soldaten zu demoralisieren.

Im Münchener Dolchstoßprozess wurde also in gewisser Weise »gerichtsnotorisch«, dass das Heer Ende 1918 keineswegs mehr auf der Siegesstraße gewesen war, dass aber auch die äußerste Linke nicht unbeteiligt gewesen war an dessen »Zersetzung«. Wichtiger aber noch war die Klarstellung, dass nicht etwa die Spartakus-Flugblätter hauptsächlich verantwortlich gewesen seien für die Zerrüttung der »Heimatfront«. Das sei vielmehr das Ergebnis der Infragestellung des »Verteidigungskrieges« des Deutschen Reiches schon während des Krieges gewesen. Und weiterhin wurde geurteilt, dass die Revolution, die schließlich ein Weiterführen des Krieges verhindert habe, eben nicht im Feldheer, sondern ebenfalls in der Heimat entstanden sei, als sich die betroffenen Kriegspflichtigen weigerten, den Aufrufen und Maßnahmen zur Mobilisierung des letzten Aufgebots, der *Levée en masse,* zu folgen.

Ein interessantes Nebenergebnis des Prozesses war im Übrigen, dass hier zum ersten Mal der sogenannte »Ebert-Groener-Pakt« vom November 1918 dokumentiert wurde, nämlich das Bemühen der Heeresleitung, gemeinsam mit der Führung der MSPD die Aufständischen zu bekämpfen. Diese Enthüllung war eine politische Sensation und gleichzeitig Wasser auf die Mühlen der kommunistischen Agitation gegen die offensichtlich mit der »Reaktion« paktierende MSPD. Man warf nun Ebert und der MSPD vor, die Revolution gemeinsam mit den Militärs heimtückisch verraten beziehungsweise sogar tatsächlich

»erdolcht« zu haben. Allerdings war und blieb es für die Kommunisten außerordentlich schwierig, ihre eigene Haltung zu legitimieren. Einerseits waren und blieben sie bis in die letzten Jahre der offiziellen DDR-Geschichtsschreibung stolz darauf, mittels der Revolution dem »imperialistischen Eroberungskrieg« ein Ende gesetzt zu haben. Andererseits mussten sie angesichts der Belastungen Deutschlands durch den verlorenen Frieden Schwierigkeiten haben mit ihrer These, dass sie mit dieser Revolution die wirklichen nationalen Interessen Deutschlands am besten vertreten hätten.[116] Wie es der amerikanische Historiker John A. Moses lakonisch ausgedrückt hat: »Wenn die revolutionären Ideen, wie [von den Kommunisten] behauptet wird, ihre große kumulative Wirkung im Endstadium des Krieges gehabt haben sollen, dann stimmen die marxistisch-leninistischen Historiker gewissermaßen der sogenannten größeren Dolchstoßlegende zu; etwas, was sie wahrscheinlich nur ungern tun …«[117]

Der Münchener Prozess stärkte also einerseits die Position der MSPD, indem er sie vom Dolchstoßvorwurf entlastete. Andererseits vertiefte sich hierdurch der Graben zwischen der Linken und der äußersten Linken, was vielleicht auf Dauer der wichtigste Faktor für den chronischen Mangel an Stabilität der Republik war.

e) Der Prozess des Reichspräsidenten Ebert

Anders verhielt es sich beim bis heute noch als Schandmal der »politischen Justiz« der Weimarer Republik berühmt-berüchtigten »Ebert-Prozess«, der im Dezember 1924 vor einem Magdeburger Schöffengericht stattfand.[118] Hier wurde ganz offensichtlich versucht, die Differenzierung zwischen antipatriotischer Agitation der äußersten Linken und dem Bemühen der Mehrheitssozialdemokratie um die nationale Verteidigung und gleichzeitigem Bestreben, einen baldigen Frieden herbeizuführen, zu sabotieren.

Anlass des Prozesses war, dass die *Mitteldeutsche Zeitung* im Februar 1924 auf einen bereits 1922 publizierten Schmähbrief eines nationalistischen Journalisten an den Reichspräsidenten zurückkam und diesen unter der Überschrift »Eine bittere Pille für Fritze Ebert« variierte. Friedrich Ebert, der damalige Parteiführer und aktuelle Reichspräsident, habe sich durch seine Beteiligung am Streik der Rüstungsarbeiter im Januar 1918 der Sabotage und des Hochverrats schuldig gemacht. Ebert, der zu jener Zeit ungefähr 150 Beleidigungsklagen gegen Politiker und Journalisten führte, verklagte auch die *Mitteldeutsche Zeitung* wegen Beleidigung.[119]

Der Prozess von 1924 fand selbstverständlich ein riesiges Presseecho und wurde zum Höhepunkt der gesamten Dolchstoßauseinandersetzungen.[120]

Das Hauptargument Eberts gegenüber der verklagten *Mitteldeutschen Zeitung* lautete, dass der Vorwurf, Ebert habe sich an dem Streik vom Januar 1918 beteiligt, falsch und ehrverletzend sei. Ebert und der MSPD sei es allein darum gegangen, durch ihren Beitritt in die Streikleitung die Streiks unter ihre Kontrolle zu bekommen, um sie so bald wie möglich beenden zu können. Diese Absicht wurde von anderen Mitgliedern des Streikkomitees bestätigt. Um das Gericht von diesen ehrenwerten Absichten zu überzeugen, gingen die Anwälte Eberts so weit, »Beweise« dafür vorzulegen, dass sich ihr Mandant seit dem August 1914 um die Aufrechterhaltung des »Burgfriedens« bemüht habe. Auch Philipp Scheidemann trat mit einer langen Intervention zur patriotischen Gesinnung Eberts und der Sozialdemokratie in den Zeugenstand.

Dieses Argument wurde von der Gegenseite sogar ausdrücklich akzeptiert. Es sei sicherlich Eberts Absicht gewesen, den Streik einzudämmen. Entscheidend aber sei, dass die Anwesenheit Eberts und anderer führender Mehrheitssozialdemokraten im Streikkomitee der gesamten Streikbewegung eine Legitimität verliehen habe, die sie nie erhalten hätte, wären nur Spartakisten oder USPDler leitend gewesen. Der ehemalige Chef des für Berlin zuständigen »Oberkommandos in den Marken«, Generaloberst von Kessel, gab hierzu eine zentral wichtige Erklärung ab. Nach den Berechnungen seiner Behörde habe die quasi-»Offizialisierung« des Streiks durch die Führer der MSPD die Anzahl der Streikenden um ca. eine halbe Million vergrößert. Erst durch die Beteiligung Eberts und der MSPD sei die zuvor noch von den Behörden kontrollierbare Streikaktivität zu einer echten Massenbewegung geworden.[121] Ebert und seine Anwälte widersprachen diesem massiven Vorwurf mit aller Energie. Gleichwohl machten die Ausführungen des zuständigen Militärkommandanten Eindruck auf das Gericht.

Aber wichtiger noch als diese wohl nicht entscheidbare Frage war, dass mehrere unverdächtige Zeugen den schwerwiegendsten Vorwurf der gegnerischen Partei bestätigten: Ebert habe gegenüber den Streikenden auf der Massenversammlung im Treptower Park erklärt, dass er ihr Anliegen für berechtigt halte und dass sie im ganzen Lande Sympathien dafür fänden. Er habe hinzugesetzt: »Haltet ruhig aus.« Ebert vermochte es nicht, diese Zeugenaussagen eindeutig zu entkräften. Er begnügte sich in einer außergerichtlichen Erklärung, die vor Gericht verlesen wurde, mit der lapidaren Bemerkung, dass er sich nicht erinnere, so gesprochen zu haben.[122]

Das Urteil des Magdeburger Gerichts war wie eine Ohrfeige für den Reichspräsidenten. Der beschuldigte Journalist wurde zwar wegen Beleidigung zu einer symbolischen Geldstrafe verurteilt, weil er den Präsidenten als »Fritze« tituliert hatte. Aber im Urteil wurde betont, dass Ebert sich »objektiv« des Hochverrats schuldig gemacht habe. Denn er habe gegen alles Recht die Legitimität der Forderungen der Arbeiter nach Beendigung des Krieges betont und sie sogar aufgefordert, mit dem Streik fortzufahren. Dabei sei es gleichgültig, ob es seine Absicht gewesen sei, Deutschland zu schaden, oder nicht.[123]

Die Aufregung über diesen Schuldspruch war enorm. Und er ist bis heute ein Symbol für die antirepublikanische Justiz in der Weimarer Republik.[124] Für die Rechte stand mit diesem Schuldspruch fest, dass der Präsident der Republik sein Vaterland in Kriegszeiten verraten hatte. Man zog auch immer wieder die Verbindungslinie zwischen dem Streik des Januar 1918 und der Novemberrevolution. Denn Letztere habe sich ja auf ganz ähnliche Weise vollzogen. Es sei wieder zu spontanen Streiks gekommen, die die herbeieilenden Mehrheitssozialdemokraten zu »kanalisieren« versuchten – mit dem Ergebnis, dass eine zutiefst illegitime Republik ausgerufen worden sei.

Demgegenüber kritisierten Eberts Anhänger und die gesamte republikanische Linke, dass für das Urteil der »subjektive Faktor« hätte ausschlaggebend sein müssen, nämlich der Wille Eberts und seiner Mitstreiter, die Streikbewegung zu kanalisieren.

Beide Positionen scheinen mir aber an dem eigentlichen Problem vorbeizugehen, das auch eine Art tragische Konstellation darstellt. Denn auf der einen Seite steht die Tatsache, dass es im Rahmen des »verschärften Ausnahmezustandes« im Januar 1918 ein förmliches Verbot des Streiks und auch der Teilnahme am Streikkomitee gegeben hatte. Auch der Vorwurf der militärischen Behörden, dass der Streik durch die Intervention Eberts und der MSPD erst legitimiert wurde, ist nicht von vornherein von der Hand zu weisen. Andererseits war es auch politisch zwingend, dass Ebert auf die streikende Masse zuging, um diese zu »kanalisieren« und bei allen Beschwichtigungen dann zur Weiterarbeit zu bewegen. Welche Bedeutung aber hatten diese Beschwichtigungen (»Ihr habt ja recht«) angesichts der Forderungen der Streikenden nach Frieden und Demokratie mitten im Krieg und bei der Vorbereitung der Entscheidungsoffensive »Michael« vom März 1918? In gewisser Weise, das ist in Kapitel I näher gezeigt worden, war ja auch hier der Krieg nach Clausewitz genauso noch ein »politisch Ding«, also nichts anderes als die Fortsetzung von Politik, genauso wie er es für diejenigen auf der Gegenseite war, die ihn nutzen wollten für Alldeutschlands Weltherrschaft oder gigantische imperialistische Ziele. Und Ebert war auch 1918 noch kein Reichspräsident, sondern Führer der größten politischen Partei Deutschlands, deren wichtigstes Kriegsziel die

Demokratisierung Deutschlands war. So konnte es im deutschen »Verteidigungskrieg«, durchmischt mit politischen Ambitionen, auch 1918 niemanden geben, der ähnlich dem Ministerpräsidenten Clemenceau hätte reagieren können, nämlich mit dem Aufruf zur Organisation des Totalen Krieges, um Frankreich vom *boche* zu befreien.[125]

f) »Novemberverbrecher«

So war und blieb die Frage des Dolchstoßes in Deutschland ein Problem der Innenpolitik und der antagonistischen Ideologien. Die Dolchstoßthese blieb ätzendes Salz in der Wunde der Niederlage und die nationalistische Rechte machte aus dieser Behauptung das Zentrum ihrer Angriffe gegen die Republik der Verlierer und Verräter am deutschen Volk. Für Hitler und die Nationalsozialisten blieben alle Feindifferenzierungen in der Dolchstoßdiskussion uninteressant. Für sie hatten alle diejenigen Schuld, die den möglichen Sieg Deutschlands verhindert hatten, sei es durch Versäumnisse und Verrat während des Krieges, sei es durch die Revolution. Für sie war auch die Republik insgesamt ein von »Juden und Kommunisten« verübtes Verbrechen am Volk, und jeder, der irgendwie an ihr beteiligt war, ein »Novemberverbrecher«. In Hitlers »Mein Kampf«, dessen erste Ausgabe genau zu dieser Zeit erschien, kam interessanterweise der Terminus »Dolchstoß« nur einmal, aber an einer zentralen Stelle vor:

> *Kaiser Wilhelm II. hatte als erster deutscher Kaiser den Führern des Marxismus die Hand zur Versöhnung gereicht, ohne zu ahnen, dass Schurken keine Ehre besitzen. Während sie die kaiserliche Hand noch in der ihren hielten, suchte die andere schon nach dem Dolch. Mit den Juden gibt es kein Paktieren, sondern nur das harte Entweder-Oder. Ich aber beschloss, Politiker zu werden.*[126]

Diese Art von bösartigster Radikalität, mit der die Nazis die Dolchstoßfrage betrachteten und ins Extrem zuspitzten, hat dazu geführt, dass es heute eine Art Reflex aller Demokraten und überhaupt Gutwilligen gibt, sie ohne alle Differenzierung ins Reich des Bösen zu verweisen. Vielleicht hat vorstehende Darstellung zeigen können, dass es damals so einfach nicht war und dass hinter dem Dolchstoßtopos durchaus unterschiedliche und auch weitaus realistischere Erklärungsversuche für die Niederlage stehen konnten.

IV. Die Schützengräben der Kriegserinnerung

1. Das Trauma der Niederlage und der große Hass

Seit bald dreißig Jahren wird diskutiert, ob und inwieweit die Kriegserfahrung des Ersten Weltkriegs zu einer »Brutalisierung« der europäischen Gesellschaften geführt hat. Der amerikanische Kulturhistoriker George Mosse hat wohl als Erster versucht, die ausufernde Brutalität im gesellschaftlichen Umgang systematisch zu fassen.[1] Für Mosse war es eindeutig, dass der mechanisierte Vernichtungskrieg als eine völlig neue Gewalterfahrung auch dauerhafte Konsequenzen für das Verhalten der Betroffenen gehabt haben musste. Wie kann man zwischen Leichenbergen stehen, vom abgerissenen Kiefer eines Kameraden (oder Feindes) getroffen werden und dann wenig später wieder eine Fahrkarte in der Straßenbahn bezahlen, anstatt den Schaffner gleich totzuschlagen?

Mosses auf den ersten Blick überzeugende These ist dann aber mit dem mindestens ebenso schwerwiegenden Argument bestritten worden, dass die Mehrheit der Soldaten, die so Schreckliches erlebt hatten, keinen anderen Wunsch hatten, als das Gewehr wegzuwerfen und in ein normales Alltagsleben zurückzukehren.[2] Das ist zweifellos zutreffend – aber vielleicht waren die fünf Prozent der Soldaten, die sich nicht wieder integrieren ließen, sondern in Form von Freikorps und Geheimorganisationen das Gewehr eben nicht »in die Ecke stellten«, viel entscheidender für das soziale Klima und die Kultur des Hasses, die in der Weimarer Republik vorherrschend blieb, trotz aller Versuche, zu einem Ausgleich zu gelangen.[3]

Heute hat sich der Standpunkt weitgehend durchgesetzt, dass nur in den Verlierernationen die radikale Gewaltsamkeit dominant wurde.[4] Eine nicht verstandene beziehungsweise nicht akzeptierte Niederlage und die Unmöglichkeit, die Trauer um die Verluste auch nur ein wenig durch die Freude und Erleichterung über den Sieg zu kompensieren, hing wie eine dunkle Wolke über den Verlierern. Auf die Frage, was für ihn das schrecklichste Kriegserlebnis gewesen sei, hat Ernst Jünger, der heute noch bekannteste Vertreter des »soldatischen Nationalismus«, einmal lakonisch geantwortet: »Daß wir ihn verloren haben.«[5] Eine Einstellung, die Walter Benjamin im Übrigen bereits 1930 als für diese Gruppe typisch ausgemacht hatte.[6]

Aus der Niederlage ergab sich ein Extremnationalismus, der an Radikalität, Exklusivität, Mordlust und Vernichtungsfantasien alles in den Schatten stellte, was vormals Nationalismus gewesen war. Die Radikalität des Aufräumens der Freikorps mit vermeintlichen und tatsächlichen Revolutionären war geprägt von diesem grenzenlosen Hass.

Die amerikanische Carnegie-Stiftung »für die Schaffung eines internationalen Friedens« hat in den 1920er-Jahren ein großzügiges Programm einer intellektuellen Aufarbeitung des Weltkriegs durchgeführt, dem wir einige grundlegende Untersuchungen verdanken. Bekannt geblieben ist besonders die 1927 erschienene Studie von Otto Baumgarten, Wilhelm Flitner u. a. über »geistige und sittliche Wirkungen« des Krieges in Deutschland.[7] Der erste Teil dieser interdisziplinären Untersuchung galt den »Wirkungen des Weltkriegs auf das Seelenleben des deutschen Volkes«, in dem eine generell festzustellende »Erschütterung des Wirklichkeitssinnes der deutschen Volksseele« konstatiert wurde.[8]

In dieser Studie wurde beklagt, dass »noch heute« – also 1927 – führende Geister davon überzeugt »seien, daß die feindliche Welt sich der deutschen Überlegenheit unterworfen hätte, wenn wir nur noch kurze Zeit durchgehalten hätten.« Man analysierte die Unfähigkeit, den »Tatsachen ehrlich Rechnung« zu tragen:

> *Gerade die besten, edelsten, vaterlandsliebenden Teile der Nation verlangen immer wieder, dass die Nation sich aufraffe zu einem möglichst aktiven Widerstand gegen die Diktate des unbarmherzigen Feindes. Wenn man von ihnen den Nachweis verlangt, dass dafür die Möglichkeit des Erfolges bestehe, so wird man mit lauten Gefühls- und Phantasie-Ausbrüchen zum Schweigen gebracht.*[9]

Zu solchen »Phantasie-Ausbrüchen« zählt der Sachverständigen-Bericht im Übrigen auch die Putsche kommunistischer und nationalistischer Art, zum Beispiel den Hitler-Putsch von 1923. Noch heute kann der Schlusssatz dieses Kapitels des Carnegie-Berichtes zu denken geben:

> *Die vieljährige Durchführung des Krieges gegen eine Welt von Feinden war nur möglich vermöge einer Gewöhnung an idealistische, ideologische, illusionistische Zurechtrückung der Wirklichkeit, was tiefe, nachhaltige Spuren in der Volkspsyche zurücklassen musste.*[10]

Schon vor mehr als fünzig Jahren gab es Ansätze, die sich dieser Problematik weiter näherten. Vor allem das kleine Buch der Weimar-Spezialistin Anneliese Thimme, das am Beispiel der Deutschnationalen Volkspartei die allgemeine »Flucht in den Mythos« ansprach, hätte Nachfolger verdient gehabt. Treffend ist beispielsweise ihre Beobachtung, dass in den Jahren nach 1919 jede parlamentarische Debatte in wüste Dolchstoßdiskussionen und Beschimpfungen ausartete. So bemerkte der Parlamentspräsident einmal bei der Diskussion um ein fiskalpolitisches Detail mit feiner Ironie: »Eine bindende Verpflichtung, hierbei über die Schuld am Kriege, über den ›Dolchstoß von hinten‹ und ähnliche Angelegenheiten zu sprechen, liegt nach der Geschäftsordnung nicht vor.«[11] Sehr genau hat schon dieselbe Historikerin über das emotionale Durcheinander, das durch den Friedensschluss in Deutschland entstanden war, nachgedacht. Die Deutschen hätten ihre Niederlage nie richtig verstanden, weil ein entscheidendes »rituelles« Moment gefehlt habe, nämlich der Einzug der Sieger und die Riten der Unterwerfung. Nur wenn »der Besiegte gezwungen wird, die Tatsache der Niederlage anzuerkennen und zu realisieren, das heißt zu durchleben, nur dann ist er psychologisch frei, neu zu beginnen.« Wären die Alliierten 1918 in Berlin einmarschiert, hätten die Nationalisten keine Argumente mehr zur Hetze gegen die Republik gehabt.[12]

Die nicht verstandene und nicht akzeptierte Niederlage war und blieb die Matrix der politischen und gesellschaftlichen Konflikte während der gesamten Weimarer Republik, auch in der Phase der »ruhigen Jahre« zwischen der Beendigung des »Ruhrkampfes« 1924 und der Weltwirtschaftskrise von 1928/29. Sehr zu Recht hat Michael Salewski in seinen fruchtbaren, aber wenig beachteten Überlegungen über das »deutsche Trauma« des Ersten Weltkriegs betont, »dass sich die Idee ›Weimar‹ letztlich nicht hat durchsetzen können. Es war vielmehr das Weltkriegstrauma, das die Geschicke der Republik bestimmte.«[13]

Die Atmosphäre radikalisierter Gewaltsamkeit, wo der politische Gegner zum Todfeind wird, macht den ganzen Unterschied zu den Jahren vor dem Ersten Weltkrieg aus. Auch hier hatte man sich angeschrien, den Gegner eventuell »auf den Mond schießen« wollen und ab und zu sogar zum Duell gefordert. Aber dass politisch motivierte Gewalt bis hin zum kaltblütigen Mord geradezu alltäglich wurde, dass gewissermaßen mit dem Maschinengewehr in der Hand argumentiert wurde, war vollständig neu.

Dieses Phänomen hat Sebastian Haffner in seinem Kindheitsbericht »Geschichte eines Deutschen« prägnant zusammengefasst, wenn er die

Fassungslosigkeit des heranwachsenden, an lauter »Siege« gewöhnten Jungen auf den Vertrag von Versailles schildert und dann den Nachkriegs-Alltag beschreibt:

> *Man bekam Flugzettel in die Hand gedrückt oder las Plakate mit der Überschrift ›Die Stunde der Abrechnung naht‹ und man musste sich durch lange Absätze voller Beschimpfungen und unentwirrbarer Vorwürfe hindurchlesen, bis man merkte, ob mit den »Verrätern«, »Arbeitermördern«, »gewissenlosen Volksverführern« usw. jeweils Ebert und Scheidemann oder Liebknecht und Eichhorn gemeint sein sollten. Demonstrationszüge sah man täglich. Die Demonstranten hatten damals die Gewohnheit, auf irgendwelche aus ihrer Mitte gleichsam ausgebrachten Toaste im Chor je nachdem »Hoch« oder »Nieder« zu rufen. Aus einiger Entfernung nun hörte man jeweils nur das tausendstimmige »Hoch« oder »Nieder« – die Solostimme, die das Stichwort gegeben hatte, war unhörbar aus der Entfernung; und so wusste man wiederum nicht, woran man war.*[14]

Ein weiterer strenger und engagierter Kommentator des politischen und gesellschaftlichen Alltags jener Jahre, Carl von Ossietzky, notierte im *Tagebuch* vom 17. November 1925:

> *Und, seid ehrlich, wer von euch hat in diesen Jahren Deutschland geliebt? Ihr Sozialdemokraten habt Ludendorff verwünscht, ihr Deutschnationalen die Sozialdemokraten, Juden und Franzosen, ihr Kommunisten allen und jeden, ihr Volksparteiler habt für den Geldsack gezittert. Keiner von euch hat Deutschland geliebt, keiner, keiner. Der Hass war alleiniger Bewusstseinsinhalt geworden.*[15]

Aus genau diesem Grund hat die bereits zitierte Historikerin Anneliese Thimme den Hass evoziert, der die Weimarer Republik beherrschte.

Dieser Hass (wurde) durch das Gefühl der Ohnmacht angesichts der militärischen und politischen Niederlage genährt. Überdies brauchte er nicht erst neu auszubrechen, sondern die unkontrollierten Hassgefühle aus der Kriegszeit hörten mit dem Ende des Krieges nicht auf.[16]

Der überbordende Hass war eine innenpolitische Transformation der seit Langem gewohnten Propaganda gegen »Feinde ringsum«, denen geradezu alles Böse dieser Welt zugeschrieben wurde. Nichts war verlockender, als die in den Jahren 1914–1918 erlernten Stereotype weiter anzuwenden, um die Niederlage überhaupt noch verstehen zu können.[17]

2. Politische Morde und extremer Antisemitismus

Diese Kontinuität der kriegsbedingten Denk- und Verhaltensweisen zeigte sich in ihrer schärfsten Form in den politischen Morden jener Jahre. Dabei muss man die »großen« Morde an Eisner, Erzberger, Rathenau u.a. und die vielen anderen politisch motivierten Mordtaten, insbesondere die sogenannten »Fememorde«, als eine Einheit sehen. Immer wurden diese als »nationale Notwehr«, als Abwehr einer immensen Gefahr für das Vaterland legitimiert. Und in den allermeisten Fällen fanden sich dann auch Staatsanwälte und Richter, die das genauso empfanden und entsprechend urteilten,[18] so ja schon im Prozess gegen den Mörder von Kurt Eisner, Graf Arco-Valley. Der Staatsanwalt pries die »glühendste Vaterlandsliebe« des Grafen, und die Gerichtsverhandlung wurde zu einer Art »Heldenfeier« für den Attentäter.[19] Dieser wurde zum Tode verurteilt, dann aber sofort begnadigt. In der Urteilsbegründung hieß es:

Von einer Aberkennung der bürgerlichen Ehrenrechte konnte natürlich [sic!] keine Rede sein, weil die Handlungsweise des jungen,

> *politisch unmündigen Mannes nicht niedriger Gesinnung, sondern der glühendsten Liebe zu seinem Volke und seinem Vaterland entsprang.*[20]

Bei der Reichstags-Diskussion im Jahre 1926 über die eventuelle Amnestie der Fememörder drückte sich ein Mitglied der DNVP folgendermaßen aus:

> *Wir wollen nicht als Mord bezeichnet wissen, was ein Mord nicht war, sondern nur durch die Hetze der Linken dazu gestempelt wird. […] Wir wollen, dass endlich aufgeräumt wird mit der Femehetze und der Femelüge, dass endlich die nationale Notwehr als Notwehr behandelt wird. Wir wollen, dass endlich Leute, die sich in der schwersten Notzeit des Vaterlandes dem Vaterlande selbstlos und hingebend zur Verfügung gestellt haben […] nicht gleichgestellt werden […] mit gemeinen Mördern.*[21]

Wie bereits die Dolchstoßdiskussion gezeigt hat, war es offensichtlich wichtig, den Schuldigen an der Niederlage, den Verräter zumal, dingfest zu machen, um überhaupt noch verstehen zu können, was geschehen war. Der Topos vom »jüdischen Bolschewismus«, von endzeitlicher Verschwörung und Gefahr, galt als genauso glaubwürdig wie die Überzeugung von der unmittelbar bevorstehenden Weltrevolution. Und »barfüßige Propheten« wie ein gewisser Adolf Hitler standen quasi an jeder Straßenecke.[22]

Das vielleicht beste Beispiel für diese Verrücktheit, nämlich die Ver-Rückung aller Werte, sind die »Protokolle der Weisen von Zion«. Diese antisemitische Hetzschrift berichtete von einer Verschwörung jüdischer hoher Priester, welche sich nachts auf dem Prager Friedhof versammelt hätten, um über die Wege zur Übernahme der Macht über die gesamte Welt zu beraten. Diese unglaubliche Verschwörungsgeschichte war seit Ende der 1860er-Jahre in rechtsradikalen Kreisen in Russland im Umlauf, blieb aber absolut marginal.[23] Eine erste deutsche Ausgabe erfolgte 1919 (!), und danach wurde die Schmähschrift vielfach neu ediert und hatte einen erstaunlichen Erfolg, insbesondere in der von Alfred Rosenberg, dem NS-Chefideologen, besorgten Ausgabe von 1923, die dann bis 1945 kontinuierlich weiterverbreitet wurde.[24] Aus dem Vorwort von 1923:

> *Das Erscheinen der sogenannten ›Protokolle der Weisen von Zion‹ hat Millionen von Europäern die Schleier von den Augen gerissen […]. Es ist Zeit, dass die Welt erwacht und den Zerstörern des völkischen Staatsgedankens ein für allemal das Handwerk legt.*[25]

Wie Wolfgang Benz schreibt, traf diese Schrift »die Bedürfnisse Vieler: der nach dem verlorenen Weltkrieg Enttäuschten, die nach esoterischen Erklärungen für die deutsche Niederlage suchten.« Das betraf Menschen der verschiedensten Schichten und »nirgendwo wurde die Botschaft so begierig aufgenommen wie im Deutschland der Weimarer Republik.«[26] Auch Kaiser Wilhelm, dessen erste extrem antisemitischen Äußerungen vom Januarstreik 1918 datierten, zeigte sich in seinem holländischen Exil davon überzeugt, dass sein Sturz und überhaupt die Revolution das Werk der »Weisen von Zion« gewesen sei.[27] Genauso Adolf Hitler, der sich 1922 in einer Rede folgendermaßen äußerte:

> *[…] durch den Hunger wurde die Revolution hervorgerufen. […] Der Jude hat den Hunger herbeigeführt, um Revolution, d. h. seine Revolution, machen zu können, genau nach den Vorschriften der ›Weisen von Zion‹.*[28]

Die Ermordung Walther Rathenaus am 24. Juni 1922 hatte auch insofern direkt mit den Protokollen zu tun, als seine Mörder laut ihren Aussagen vor der Polizei und im Prozess überzeugt davon waren, dass Rathenau selber zu den »Weisen von Zion« gehöre. Denn Rathenau, so eine damals in rechtsradikalen Kreisen autoritative Meinung, habe doch bereits vor dem Kriege diese Verschwörung zugegeben, als er am 25. Dezember 1909 in der *Neuen Freien Presse* schrieb: »300 Männer, die sich alle untereinander kennen, leiten die wirtschaftlichen Geschicke des Kontinents und suchen sich Nachfolger aus ihrer Umgebung.« Und nach dem Krieg habe er diese Art von Hinweisen noch vielfach gegeben.[29]

Für die »Verarbeitung« des Weltkriegs ist wichtig, dass sich die phantasmagorische Geschichte der »Weisen von Zion« und die Theorie der jüdischen Weltverschwörung direkt mit der weiter oben dargestellten »Judenzählung« im deutschen Heer im Oktober 1916 verbanden. Ernst von Wrisberg, führender Beamter des Kriegsministeriums, der selber die »Judenzählung« initiiert hatte, veröffentlichte 1920 seine »Memoiren« über die Kriegszeit, die damals weit verbreitet waren und viel Interessantes etwa über das stets problematische Verhältnis von Kriegsministerium und Oberster Heeresleitung enthalten und genau zeigen, wie sich die OHL im Laufe der Zeit die politische Macht gegenüber dem Ministerium anmaßte und Entscheidungen in ihrem Sinne erzwang. Ansonsten aber war dieses Werk eine reine Schmähschrift, die besonders gefährlich wurde, weil sie von einem »Fachmann« kam und die bereits 1919 von Rechtsradikalen veröffentlichte »Statistik« bestätigte.[30] Wrisberg versuchte auch hier noch einmal, die »Judenzählung« zu rechtfertigen, und machte zudem die während des Krieges niemals veröffentlichten Resultate der Zählung vom Oktober 1916 bekannt. Wrisberg zufolge bewiesen diese, dass ein weitaus geringerer Prozentsatz jüdischer Männer tatsächlich Dienst im Heer geleistet habe als die übrige männliche Bevölkerung. Er behauptete zudem gegen jede Wahrscheinlichkeit, dass »israelitische Abgeordnete« vom Kriegsminister verlangt hätten, diese für die Juden beschämenden Zahlen nicht zu veröffentlichen. Wrisberg glaubte auch darauf hinweisen zu müssen, dass die Juden erst bei »Einstellung der Feindseligkeiten« im Oktober 1918 eine große Rolle im Heer gespielt hätten. »Kein Soldatenrat, keine Behörde ohne Juden«. Und abschließend stellte er fest, dass »der verhetzenden und zersetzenden Tätigkeit des Judentums in Volkswirtschaft und Heer ein ungeheurer Anteil an dem über unser Vaterland hereingebrochenen Unglück zur Last fällt.«[31]

Wrisbergs »Dokumentation« war offensichtlich so einflussreich, dass sie zu einer ausführlichen Recherche von jüdischer Seite und einer sachlich begründeten Richtigstellung durch den Juristen Franz Oppenheimer führten. Dieser wies nach, dass die »Judenstatistik« schlicht falsche Bevölkerungszahlen verwendet und den prozentualen Anteil von Juden an der Bevölkerung Deutschlands viel zu hoch angesetzt hatte.[32] Wrisbergs Behauptungen führten 1924 sogar zu einer ausführlichen und wieder einmal erregten Diskussion im Untersuchungsausschuss des Reichstags über die »Ursachen des Zusammenbruchs«, da ja die vorgebliche »Drückebergerei« der Juden nach dem Krieg ein wichtiges Element in der allgemeinen Dolchstoßdiskussion bildete. Die Generale Hermann von Kuhl und Otto von Stülpnagel erklärten vor dem Untersuchungsausschuss ausdrücklich, dass ihnen – so Kuhl – »keine Feststellung irgendwelcher Art bekannt [sei], dass die Juden an der Front ihre Schuldigkeit nicht getan hätten.«[33] Es gibt jedoch keinerlei Anzeichen dafür, dass die Antisemiten solche Äußerungen von befugter Stelle in irgendeiner Weise hätten gelten lassen. Im Gegenteil, die angeblich bereits im Krieg zutage getretene jüdische Zersetzungs- und Zerstörungsarbeit wurde zum Grundbestandteil des antisemitischen Diskurses, am besten ausgedrückt in Hitlers schon oben zitiertem Satz aus »Mein Kampf«.[34]

Sebastian Haffner hat in seiner »Geschichte eines Deutschen« diese neue Erfahrung des systematischen und untilgbaren Hasses folgendermaßen beschrieben:

> *Einer ganzen deutschen Generation ist damals ein seelisches Organ entfernt worden: ein Organ, […]das sich je nachdem als Gewissen, Vernunft,[…] Moral oder Gottesfurcht äußert. Eine ganze Generation hat damals gelernt […] daß es ohne diesen Ballast geht. […]*

> *Offenbar liegen Erlebnisse dieser Art [der Weltkrieg] jenseits der Grenze dessen, was Völker ohne seelischen Schaden durchmachen können.*[35]

Ohne das Wort zu benutzen, spricht Haffner hier vom Trauma, und zwar vom kollektiven Trauma der Deutschen (und anderer Verlierernationen). In der Geschichtswissenschaft hat der Begriff Trauma eine starke Konjunktur, er ziert auch Buchtitel oder -Untertitel. Aber im Allgemeinen kommt man über den rein metaphorischen Gebrauch des Wortes, nämlich Ausdruck für eine große Erschütterung, nicht hinaus. Es gibt auch nur wenige Versuche, die traumatische Erfahrung als überindividuelle Gegebenheit zu begreifen, denn die wissenschaftlichen Vorbehalte gegenüber »kollektivpsychologischen« Annahmen sind berechtigterweise sehr groß, ähnlich wie bei der anhaltenden Diskussion über das Konzept der »kollektiven Identität«.[36] Allerdings gibt es ja doch die Alltagserfahrung, dass sehr viele Menschen gleichzeitig und auf vergleichbare Weise auf eine gemeinsame Erfahrung reagieren. Etwa die »kollektive« Reaktion der Mitbürger bei einem schweren Unglück mit vielen Toten oder einem grausames Verbrechen in einer Gemeinde. Es ist, als ob sich eine stille Trauer über das Land legte, die Gespräche werden zögerlich und öffentliche Fröhlichkeit wird untersagt oder unterlassen. Um wie viel schlimmer müssen solche Erfahrungen gewertet werden, die ein verlorener Krieg, eine große kollektive Schande, gepaart mit Hunger und so viel Trauer um die zwei Millionen umsonst gestorbenen Söhne und Männer auslösen muss?

Eine der wenigen Arbeiten über kollektive Traumata hat sich genau diesem Aspekt verschrieben und sei im Folgenden kurz referiert.[37] Als »traumatisch« werden typische Gefühle und Verhaltensweisen bezeichnet, mit denen Individuen auf unerträgliche Erfahrungen reagieren. Das sind unter anderem Rache, Schweigen, Aussprechen, Vermeiden, also Auseinandersetzung und Abwehr oder auch Re-Inszenierungen des nicht bewältigten Erlebten. Das verbitterte Schweigen des Einzelnen wird im »traumatisierten Kollektiv« aufgehoben und verstärkt, weil die Gemeinschaft der Betroffenen bestimmte Verhaltensweisen legitimiert und andere, abweichende sanktioniert.

Solche Konflikte lassen sich am ehesten bei gemeinsamen Aktivitäten fassen, so Angela Kühner, die etwa der Einrichtung eines Gedenkortes (Gedenkstätte, Museum, Denkmal) vorangehen, da diese oft zum Gegenstand erbitterter und hassvoller Auseinandersetzungen werde. Davon wird weiter unten noch im Hinblick auf den »Stellungskrieg der Denkmäler« die Rede sein.

Diese Forschung hat herausgearbeitet, wie grundlegend zunächst das »Bedürfnis nach Rache« ist. Ein Individuum kann sich leicht in die Rolle des »einsamen Rächers« hineinfantasieren, im Verkehr mit seiner Umwelt aber Schuldgefühle entwickeln und eben wegen dieser Vereinzelung auf die Rache verzichten. Im kollektiven Trauma hingegen verändert sich das individuelle Rachebedürfnis substanziell. Der Einzelne muss sich nicht mehr für seine Rachebedürfnisse schämen, wenn diese mit vielen anderen geteilt und von diesen permanent bestätigt werden. Die Rache nimmt auf diese Weise eine qualitativ andere und größere gesellschaftliche Dimension ein.

3. Eine Verbitterungsstörung der Deutschen

Vielleicht sollte man auch das operationell gut nutzbare Konzept der kollektiven Verbitterung in die Diskussion um Brutalisierung, Hass und Verrücktheit der Jahre nach 1919 einbeziehen. In der Individualpsychologie spricht man von »posttraumatischer Verbitterungsstörung«, die bei Menschen auftreten kann, denen der sichere Boden, auf dem sie standen oder zu stehen glaubten, plötzlich weggezogen wurde. Zum Krankheitsbild gehört, dass die Betroffenen dazu tendieren, den »Groll in sich hineinzufressen«. Michael Linden, der an der Berliner Charité Menschen behandelt hat, die durch den Untergang der DDR traumatisiert waren, hat solches Verhalten mit einem Aristoteles-Zitat folgendermaßen beschrieben:

> *Verbittert ist der schwer zu Versöhnende, der lange den Zorn festhält; er verschließt die Erregung in seinem Innern und hört damit erst auf, wenn er Vergeltung geübt hat.*[38]

Und Linden hat dermaßen viele Fälle solcher Störung therapieren müssen, dass er geurteilt hat, dass es sich hierbei durchaus um ein überindividuelles, ein kollektives Phänomen handeln könne.

Das Problem kollektiver Verbitterung hat auch Nervenärzte während und nach dem Krieg beschäftigt. So etwa Robert Gaupp, der während des Krieges psychisch aus dem Gleichgewicht geratene Soldaten, die sogenannten »Kriegszitterer«, betreute und bereits 1919 eine Arbeit mit dem Titel »Der nervöse Zusammenbruch und die Revolution« publizierte.[39]

Hannah Arendt hat auf den ersten Seiten ihrer »Elemente und Ursprünge totaler Herrschaft« von 1955 ebenfalls die kollektive Verbitterung der Deutschen nach 1919 angesprochen. Als eine der Hauptkatastrophen des Ersten Weltkriegs stellt sie dort heraus, dass damals immer größere Gruppen entstanden seien, die sich in einer kriegsbedingten Ausnahmesituation befanden. Diese Menschen waren geneigt, so Arendt, diese Anomalie als den normalen Lauf einer nur noch mit »schwelendem Hass« betrachteten Welt anzusehen:

> *In diesen Nachkriegsjahren wuchs er [der Hass] zu einem entscheidenden politischen Faktor in allen öffentlichen Angelegenheiten heran. Die Atmosphäre des öffentlichen Lebens der zwanziger Jahre schien geladen mit der schwülen und unheilvollen, diffusen Irritabilität einer Strindberghschen Familientragödie. Der Hass konnte sich auf niemand und nichts wirklich konzentrieren. […] So drang er in alle Poren des täglichen Lebens und konnte sich nach allen*

Richtungen verbreiten, konnte die phantastischsten, unvorhersehbarsten Formen annehmen; nichts blieb vor ihm geschützt, und es gab keine Sache in der Welt, bei der man sicher sein konnte, dass der Hass sich nicht plötzlich gerade auf sie konzentrieren würde.[40]

Was Hannah Arendt mit ihrem soziologischen Fachverstand als gesellschaftliche Erscheinung beschrieb, konkretisiert sich in den Beobachtungen von Aquilino Ribeiro, einem portugiesischen Schriftsteller, der mit einer Deutschen verheiratet in Berlin und Paris gelebt hatte und nach dem Krieg für einige Zeit nach Berlin zurückkehrte. In einer Serie von Zeitungsartikeln berichtete er dem portugiesischen Publikum über das vom Krieg gezeichnete Deutschland, wie er es täglich erlebte.[41] Hier einige Zitate aus diesem Reisebericht, die den allgemeinen Befund von Hannah Arendt mit individuellem Leben füllen:

Auf der Zugfahrt von Köln nach Berlin notiert Ribeiro am 20. September 1920, dass die Mitreisenden sich demonstrativ von seiner Gruppe abwenden, weil man südländisch, also irgendwie »französisch« aussieht. Er verfolgt ihre Gespräche:

Sie reden in einem schleppendem Ton, dem Ton der Rekonvaleszenten, über alles außer den Krieg. […] Vier Jahre Hölle, die schreckliche Enttäuschung, das Diktat von Versailles – dies alles hatten sie durchgemacht; dass sie es durchgemacht hatten, merkte man nur an der gedämpften und leiernden Stimme.

Am folgenden Tag, in Berlin angekommen, notiert Ribeiro Straßenszenen:

Man trifft hier nicht auf Verstümmelte wie in Paris; der Krieg hat die Augen verbunden; man muss unten drunter gucken, um die Megäre erblicken zu können. Der Einbeinige trägt eine Prothese aus Stahl, der Einhändige eine Holzhand unterm Handschuh.[42]

Und etwas weiter (Notiz vom 30. September 1920):

> *Vom Krieg höre ich die Deutschen nicht reden. Warum schweigen sie? Sie schweigen, nicht weil die Erinnerung an die bitteren und heldenhaften Tage sie dazu bringt, Schmach oder Gewissensbisse zu spüren, sondern, so scheint es mir, weil es bedeutet, an die offene Wunde und an die zerfallene Festung der Hoffnung zu rühren.*

Hier ist in einem einzigen Satz unendlich viel über den Zustand einer zutiefst traumatisierten Gesellschaft gesagt, wo der Kriegsbeschädigte gut daran tat, seine Wunden nicht zu öffentlich zur Schau zu stellen. Wichtig ist die große Differenz zwischen Deutschland einerseits, Frankreich und Großbritannien andererseits: In den Siegerländern waren die Kriegsinvaliden öffentlich gefeierte Helden, die keinen Anlass hatten, ihre Verwundungen zu verbergen.[43]

Den Zeitgenossen war durchaus klar, dass sich der verlorene Krieg und die Frustration in unterschiedlichster Weise auf das Verhalten der Menschen auswirken konnten. Dirk Schumann, dem wir sehr wichtige Studien zur Gewalterfahrung in der Weimarer Republik verdanken, weist auf einen Artikel der führenden linksliberalen Zeitung in Sachsen, der *Saale-Zeitung*, hin, wo im März 1921 angesichts eines kommunistischen Aufstandsversuches betont wird, es müsse »darauf Rücksicht genommen werden, dass große Teile des Volkes noch unter den Nachwirkungen des Krieges leiden und sowohl körperlich wie seelisch aus dem Gleichgewicht sind.« Außerdem gebe es – so die Zeitung – »halbverrückte Kriegsinvaliden, die das Soldatenspielen nicht sein lassen können« und deshalb die »im Krieg verwahrloste Jugend« im Kampf gegen die Polizei anführten.[44]

Ernst Glaeser, dessen »Jahrgang 1902« ein vielzitiertes Zeugnis dieser Kindheit im Krieg ist, hat dieser Verwahrlosung und dem Hunger als Dauerzustand ein eigenes Kapitel gewidmet.[45] Hier beschreibt er, wie das Stehlen von Lebensmitteln zu einem ebenso spannenden wie heroischen Akt wurde und wie in den Familien »jedes erschlichene Pfund Butter, jeder bei Nacht glücklich geborgene Sack Kartoffeln« mit der gleichen Begeisterung gefeiert wurde wie Siegesmeldungen zu Beginn des Krieges. Aber es gab auch die Kehrseite:

> *Der Hunger zerstörte die Einigkeit, in den Familien bestahlen sich die Kinder um ihre Rationen [...]. Bald sprachen die Frauen, die in grauen Schlangen vor den Geschäften standen, mehr von dem Hunger ihrer Kinder als von dem Tod ihrer Männer.*[46]

Und etwas weiter:

> *Es gab auch keine Einigkeit mehr. Der Hunger zerstörte sie völlig. Denn jeder beobachtete den Nachbarn, ob er nicht mehr hatte, als er.*[47]

Diese Stimmungen führten nicht nur zu einer vollständigen Diskreditierung der staatlichen Ordnung, sondern hatten weitergehende Folgen, wie ein Bericht des Münchener Generalkommandos von 1917 zeigt:

> *In der ärmeren Bevölkerung greift eine immer stärker werdende Gereiztheit und Verbitterung Platz, die noch mehr auf die Ungleichheit in der Lebenshaltung und auf die nicht immer gerechte Art der Lebensmittelverteilung als auf den herrschenden Mangel zurückzuführen ist.*[48]

Es versteht sich, dass diese Gereiztheit und Verbitterung mit der zunehmenden Verknappung noch weiter zunahm. Vor allem nach Kriegsende, als die »Hungerblockade« der Alliierten fortgeführt und erst Ende März 1919 einigermaßen aufgehoben wurde. Nicht allein, dass es ca. 700 000 Hungertote in Deutschland gab – wobei hier die Frage außer Betracht bleiben kann, wie weit diese der »Hungerblockade« oder der mangelhaften Organisation der Verteilung der knappen Güter zuzuordnen sind –, sondern auch die mentalen Folgen dieser permanenten Unterernährung waren gravierend. Besonders fühlbar war dies in dem starken Anstieg der Kriminalität und vor allem der Jugendkriminalität gegen Ende und nach dem Krieg.[49]

Und in diese verbitterte, von Hunger und Krisen geschüttelte Heimat kehrten mit dem Waffenstillstand die Soldaten von der Front und aus der Etappe zurück.

4. Die Heimkehr der Soldaten

Das Titelblatt des *Simplicissimus* vom 5. November 1918 zeigt einen bärtigen Soldaten mit Stahlhelm und Sturmgepäck. Das Seitengewehr hat er angeschnallt, er stützt sich auf das Gewehr. Er blickt den Betrachter an, finster und fragend. Hinter ihm eine liebliche Landschaft mit offensichtlich unzerstörtem Dorf. Untertitelt ist dieses Bild mit der Bitte: »Lasst ihn aufrecht durch das Tor des Friedens gehen und nicht den Nacken beugen!«

Wie gesagt, das Titelbild ist vom 5. November 1918, der Waffenstillstand war noch nicht geschlossen, aber die »versprengten« beziehungsweise »verdünnisierten« Soldaten trafen zu Zehntausenden wieder irgendwo in Deutschland ein. Im Norden des Landes war bereits Revolution und jedermann wusste, dass binnen Kurzem die gesamte geschlagene Armee nach Deutschland zurückfluten würde. Das Bild des *Simplicissimus* ist ja im Grunde nur eine Fortsetzung der vielen Appelle an die Heimat, wie etwa »Harret aus«, der Plakate, mit der die Bevölkerung im »fernen Krieg« immer wieder darauf hingewiesen wurde, dass die »Feldgrauen« den »Wall an der Somme« bildeten und unter Einsatz ihres Lebens darauf achteten, dass die Heimat nicht auch vom Krieg zerstört würde.

»Nach vier Jahren«: Mahnung an die Deutschen, die von der Front heimkehrenden Soldaten würdig und dankbar zu empfangen.

Überall gab es auch das Versprechen, dass die »heimkehrenden Krieger« nicht nur gebührend empfangen würden, sondern auch in anderer Weise den »Dank des Vaterlandes« erwiesen bekämen. Symbolisch wurde damit schon im August 1914 durch die Neufassung des Eisernen Kreuzes begonnen und während des Krieges gab es viele weitere Vorschläge.[50] Keiner aber ging so weit wie der Sozialwissenschaftler Max Weber, dessen Stimme in der Öffentlichkeit und bei den Regierungen ein großes Gewicht hatte. Schon im August 1916 veröffentlichte er in der *Frankfurter Zeitung* einen Artikel mit dem Titel »Das Recht der heimkehrenden Krieger« mit der Schlussfolgerung:

> *Das Heer, das die Schlachten schlug, soll auch die entscheidende Stimme beim Neubau des Vaterlandes nach dem Kriege haben.*[51]

Militaristisch gewendet wurde diese Forderung dann zum Motto des »soldatischen Nationalismus«[52] – dem hätte Max Weber (1920 gestorben) sicherlich entschieden widersprochen.

Um die sechs Millionen mehr oder weniger junge Männer (davon ca. zweieinhalb Millionen »Frontkämpfer«) kamen nach dem 11. November zurück und niemand wusste, wie sie sich verhalten würden, ob und wie ihre Kriegserlebnisse zu einer neuen Brutalität führen würden, die sich in Straßenkämpfen und in der Politik ausbreiten würde.

Aus der zeitgenössischen Beschreibung eines Psychologen:

> *Von der Front herein strömten inzwischen unablässig die Scharen der Heimkehrenden. […] Diese Menschen waren noch erfüllt von den Schrecknissen des Krieges. In vielen von ihnen hatte sich die Erbitterung über jahrelang schweigend ertragenen Unbill eingenistet, Entbehrungen und Strapazen hatten ihre körperliche und moralische Widerstandskraft geschwächt […] Aus den Lazaretten drängten die Neurotiker heraus.*[53]

Das war eine düstere Perspektive für die Städte und Dörfer, in die die Heimkehrenden nun mehr oder weniger geordnet zurückkehrten. Und der ihnen vielfach bereitete festliche Empfang mit Flaggenschmuck und besänftigenden Reden, entstammte – so Richard Bessel – nicht zuletzt »einer Mischung aus Patriotismus und Schuldgefühl«.[54]

Wie oben schon angedeutet, ist allerdings nicht erwiesen, dass das »Felderlebnis« selber die Soldaten brutalisiert hätte. Die allermeisten gingen nach Hause und waren froh, dass der Krieg für sie zu Ende war. Das haben Richard Bessel und Benjamin Ziemann im Einzelnen gezeigt und mit Statistiken belegt.[55] Indessen bleibt zu fragen, ob die relativ wenigen, die voller Zorn nach Hause kamen und sich besonders in den Freikorps organisierten, nicht eine sehr starke Gefahr darstellten und als solche auch deutlich wahrgenommen wurden. Man kann von ca. 400 000 solcher »Krieger« ausgehen, die jederzeit fähig und auch willens waren, den Krieg in die Zivilgesellschaft zu importieren.[56] Überall legten sie Waffenlager größten Umfangs an, wobei ein gewisser Hauptmann Ernst Röhm in München besonders aktiv und effizient war.

Diese ehemaligen Stoßtrupp-Männer und andere Aktivisten der »Frontgemeinschaft« bestimmten das Straßenbild. Sie hatten keineswegs die Absicht, sich gesellschaftlich ein- und unterzuordnen, so als ob nichts geschehen wäre. Und es waren zumeist die Offiziere der unteren und mittleren Grade, die darauf bestanden, die ihnen zustehende Ehre und den Dank des Vaterlandes zu erhalten. Hier wurde auch die Ideologie des »soldatischen Nationalismus« entwickelt, der zufolge sich im Grunde der gesamte Staat auf den Soldaten ausrichten und sogar von diesen geführt werden sollte.[57]

Von der daraus entsprungenen Literatur ist heute eigentlich nur noch Ernst Jüngers »In Stahlgewittern« bekannt, welches aber im Unterschied zu den vielen anderen Werken des soldatischen Nationalismus eine literarische Qualität besonderer Art hat.[58] Das damals vielgelesene, weil paradigmatische »Im Todesrachen« von Franz Schauwecker, der als Leutnant und Kompanieführer 1914–1918 »im Felde«

stand, lebte nur von eben dieser Ideologie, die Angst machen wollte und wohl auch tatsächlich sehr viel Furcht erzeugt hat.

Ein besonders intensives Textbeispiel aus Schauweckers Werk möge diese Ideologie und Drohung verdeutlichen. So heißt es zu Beginn von »Im Todesrachen«:

> *Und der Deutsche sah die Unvermeidlichkeit [des Krieges] ein und stand freudig an der Front, brach siegesgewiss, siegreich zum Angriff vor, schlug den Feind in hundert Riesenschlachten, hungerte, fror, schwitzte, marschierte, lag im Dreck, Sand, Wasser und Schmutz, blutete und starb den Heldentod [...]. Er siegte, siegte, siegte, bis er unterlag, nicht dem höheren Geist, der höheren Sittlichkeit, – nein, der stumpfen Masse. Und dann nahm er sein Gewehr über die Schulter und marschierte [...] in seine wunde Heimat, in die Revolution derer, die nichts für ihr Vaterland getan als geredet, gezankt, geschimpft und gescholten.*[59]

Unzufriedenheit mit der Heimat und Drohung mit Rache für die Revolution ist die Grundlage der »Literatur des soldatischen Nationalismus« von Schauwecker über Jünger bis hin zu Werner Beumelburg.[60] So entstand das Bild des Stahlhelm-bewehrten Frontkämpfers, der »ohne Mitleid und grenzenlos selbstsicher [...] die Fortsetzung des Krieges als nationalen Auftrag proklamiert.«[61] Paradigmatisch in seiner wüsten Wildheit ist das folgende Stahlhelm-Lied mit dem Titel »Freikorpssoldaten«:

> *Wir sind der Rache schwarzes Korps! Wir gehen zum Sturme vor! Von Knechtschaft und von Tyrannein woll'n wir das Land befrein! Von Sowjetmacht und Judenpest, vom Feind in Ost und West. So zieh'n wir aus zur blut'gen Schlacht, die Rache ist erwacht! Wir schützten einst das Vaterland vor roter Horden Macht. [...] Zum Danke uns die Heimat bracht in Bann nur und in Acht! [...] Die*

> *Republik von Judas Gnad' verfolgt die kühne Tat. Allein der Hass, den sie gesät, als blut'ge Saat aufgeht: Erzitt're Judenrepublik! Die Freiheit kehrt zurück! […].*[62]

Mitleid hatten diese Front-Aktivisten in der Tat nur mit sich selber. Die Überzeugung und Anklage, von der Heimat schlecht und würdelos empfangen worden zu sein, zieht sich durch die soldatische Erinnerungsliteratur und ist bereits in den ersten Publikationen ab 1919 präsent.

In Wirklichkeit war dies ganz und gar nicht der Fall. Überall oder fast überall wurden die Soldaten in geschmückten Dörfern und Städten empfangen, auch wenn es sicherlich an »Begeisterung« angesichts der bitteren Niederlage mangelte. Es sind kaum Beispiele einer Abwendung der Bevölkerung von ihren heimkehrenden Söhnen und Vätern bekannt. Den Untersuchungen von Richard Bessel, Benjamin Ziemann und – zuletzt – Scott Stephenson[63] ist in dieser Hinsicht nichts hinzufügen. In den soldatischen Berichten, vor allem den in den 1920er-Jahren zu Hunderten publizierten Regimentsgeschichten, wird dies auch so geschildert. Aber es bleibt ein Vorbehalt, der sich im Topos der abgerissenen Achselstücke kondensiert. Denn die »Heimat«, das waren ja nicht allein die heimischen Dörfer und Städte, das war insgesamt das Deutschland, in das man zurückkehrte, wo vielerorts die Arbeiter- und Soldatenräte herrschten, welche bestimmt waren von einfachen Soldaten, deren »Offiziershass« so sprichwörtlich war, dass er Gegenstand einer Untersuchung des Untersuchungsausschusses des Reichstags wurde.[64] Da konnte es ohne Weiteres geschehen, dass Offizieren die Achselklappen und Orden abgerissen wurden. Hier sei nur die Regimentsgeschichte des 3. Württembergischen Feldartillerie-Regiments Nr. 49 vorgestellt, in der sich diese Ambivalenz von freundlichem Empfang und »Degradierung« beispielhaft findet:[65]

Am 11. November »gelangte an das Regiment der Befehl, dass um elf Uhr mittags die Feinseligkeiten einzustellen sind. […] Eine eigentümliche Mischung von Gefühlen, unter denen die der Trauer vorherrschten, beseelte die Mehrzahl von uns. Ganz anders hatte man sich diesen Moment vorgestellt […].« Auf dem Rückweg von der Front »wurden die Mannschaften bei Appells über die politische Lage in Deutschland aufgeklärt und zur Aufrechterhaltung der Disziplin ermahnt.« Auf dem Marsch aus den Argonnen über die Eifel ins Württembergische waren die »Bewohner im allgemeinen freundlich«. Und mehr noch: »Festlich war überall der Empfang durch die deutschen Bewohner. Unsere Batterien hatten ihre Geschütze mit Tannenreis geschmückt.« Manchmal waren die Soldaten über unzureichende Unterbringung empört, aber das sei überflüssig gewesen, wegen des »außerordentlichen Entgegenkommens der Bewohner und der reichlichen Bewirtung mit bestem Mosel.« Auch auf dem Weg durch das Rheinland war der Empfang gut. Etwa in Oberwesel, wo man »unter einem Dach von Girlanden, Fahnen und Wimpeln, umjubelt von der immer noch fröhlichen rheinischen Bevölkerung« durchmarschierte. In Wiesbaden wurden die Soldaten »mit Lebensmitteln, Rauchwaren und Blumen beschenkt«.

Doch es gab immer wieder Probleme mit den Vertrauensleuten, deren Entscheidungen über einzuschlagende Wege und Wartezeiten oft nicht nachvollziehbar waren, sodass viele Soldaten, die Weihnachten zu Hause sein wollten, einfach davonliefen. Am 22. Dezember, nach sechs Wochen Fußmarsch, kam das Regiment schließlich in seiner Heimatstadt Ulm an, wo es von einer »dichtgedrängten begeisterten Menge« erwartet wurde. Man war sehr froh, »im Gegensatz zu der schon überall begonnenen Auflösung und Zersetzung als geschlossene Truppe« zurückgekommen zu sein.

Nicht überall ging es so harmonisch zu. Vor allem an Orten, wo die Revolution ausgebrochen war beziehungsweise wo Arbeiter- und Soldatenräte für Ruhe und Ordnung sorgten und/oder die äußerste Linke versuchte, die Revolution in ihrem Sinne weiterzutreiben, konnte die Lage bei Einzug der frustrierten Front-Regimenter leicht brisant werden. Immer wieder geschah das, was die *Rote Fahne*, das Organ der Kommunisten, am 3. Dezember 1918 zu berichten wusste:

> *Die zurückkehrenden Fronttruppen werden als Stoßtrupps gegen die Revolution missbraucht. Gestern Nachmittag ist die Funkerabteilung des Gardekorps in Berlin eingerückt. – Von 6 berittenen Offizieren geführt, mit schwarz-weiß-roten Fahnen und klingendem Spiel unter den Tönen des ›Heil Dir im Siegerkranz‹ und anderer Kaisermärsche, zogen sie demonstrativ durch die Stadt. Beim Marstallgebäude wurde die Truppe von Mannschaften des Sicherheitsdienstes*[66] *angehalten und zur Abgabe der Waffen aufgefordert. Der kommandierende Offizier lehnte dies mit hochfahrenden Worten ab.*

Allein durch die Zurückhaltung des Sicherheitsdienstes sei ein Blutbad verhindert worden.[67]

Das beste und nachdrücklichste Zeugnis für diese starke Anspannung ist Alfred Döblins »November 1918«, von dem ein Teil der »Heimkehr der Fronttruppen« gewidmet ist. Zwar ist dieses Werk erst ein Vierteljahrhundert später verfasst worden, doch es ist die dichterische Zuspitzung eines erlebten Moments und verarbeitet in Form einer Collage eine Vielzahl zeitgenössischer Quellen.[68]

> *Als die Truppen am Schloss vorbeimarschierten, waren da rote Fahnen herausgesteckt. Und vor den Toren patrouillierten bewaffnete Matrosen. Gewehr am Riemen auf dem Rücken, das Flintenrohr abwärts. Sie nahmen von den vorbeimarschierenden Regimentern keine Notiz. Lustig klingelten die Elektrischen im Zentrum Berlins. An den Bordschwellen gab es noch Gruppen von Neugierigen, aber selten Leute die winkten. […] Höhnische Worte bekamen die Soldaten zu hören. Und nicht eine einzige schwarzweißrote Fahne an den Häusern, deren graue Reihen nicht enden wollten […] und so ging es in die Kaserne im Süden und im Norden. Sie marschierten schon lange ohne Musik. Keinem fiel mehr ein zu singen: ›In der Heimat, in der Heimat, da gibt's ein Wiedersehn.‹ Feindselig blickten die Leute hinter ihnen her.*[69]

Es war in der Tat eine furchteinflößende Situation, in der Friedrich Ebert im Namen der Regierung die heimkommenden Soldaten empfing. Sein so bekannter Aufruf erhält sein wahres Gewicht nur unter Berücksichtigung dieses immensen Drucks:

> *Kameraden, willkommen in der Deutschen Republik! […]. Eure Opfer und Taten sind ohne Beispiel. Kein Feind hat Euch überwunden. Erst als die Übermacht der Gegner an Menschen und Material immer drückender wurde, haben wir den Kampf aufgegeben. Und gerade Eurem Heldenmute gegenüber war es Pflicht, nicht noch zwecklose Opfer von Euch zu fordern. […] Unendliche Leiden habt Ihr erduldet, unvergängliche, fast übermenschliche Taten vollbracht […] Ihr habt die Heimat vor feindlichem Einfall geschützt, Ihr habt Euren Frauen und Kindern, Euren Eltern den Mord und Brand des Krieges ferngehalten, Deutschlands Fluren und Werkstätten vor Verwüstung und Zerstörung bewahrt. Dafür dankt Euch die Heimat in überströmendem Gefühl!*[70]

Weniger bekannt ist, dass sich dieses Zitat in sehr viele ähnliche Bekundungen einreihte. Überall in Deutschland wurde zur Begrüßung der heimkehrenden Truppen das »Im Felde unbesiegt« betont. Als ein frühes Beispiel sei hier eine Kundgebung der badischen Volksregierung am 16. November 1918 an die von der Vogesenfront und dem Elsass zurückkehrenden Soldaten zitiert:

> *An die badischen Soldaten:*
> *Euch badischen Soldaten, die ihr jetzt in das Vaterland zurückkehrt, unseren Gruß und Dank! […] Nicht besiegt und geschlagen kommt Ihr zurück; gegen eine Welt von Feinden habt Ihr die Heimat verteidigt. Nie hat eine Armee Größeres geleistet. Nicht Ihr habt die harten Waffenstillstandsbedingungen verschuldet. Das Reich wurde das Opfer des alten Systems; eine falsche Politik und*

> *der maßlose Übermut des Militarismus haben das Unglück verursacht. Ihr Soldaten aber habt durch Eure Tapferkeit die Heimat vor dem Schlimmsten, vor den Verwüstungen des Krieges bewahrt. Spätere Jahrhunderte werden noch von Eurem Ruhme sprechen […].*[71]

Sogar der bayerische Ministerpräsident Kurt Eisner, dessen Abscheu vor jedem Militarismus sprichwörtlich war, begrüßte die nach München zurückkehrenden Soldaten fast genauso enthusiastisch:

> *Was Ihr auf den mannigfaltigen Kriegsschauplätzen […] geleistet habt, das hat Euch die bewundernde Achtung der ganzen Welt eingetragen und wird fortleben in der Geschichte und den Helden-Liedern des Bayerischen und Deutschen Volkes.*[72]

Die Heimkehr der Soldaten war also in Wirklichkeit eine äußerst komplexe Angelegenheit. Meistens wurden sie »in Ehren« empfangen. Aber selbstverständlich auch ohne Jubel. Sie kamen in eine Heimat zurück, die geprägt war von Hunger, Verzweiflung und Trauer um die doch offensichtlich sinnlos Gefallenen. Eine Heimat, die mit diesem Krieg nichts mehr zu tun haben wollte. Sie kamen auch zurück in eine von der Revolution in ihren verschiedensten Formen geprägte Heimat, und bei den aktivistischen Freikorps-Soldaten, der Kernzelle des »soldatischen Nationalismus«, herrschte der Durst auf Rache. Auf Rache an »der Revolution«, von der man annahm, dass sie verantwortlich gewesen war für das sieglose und so unrühmliche Ende des Krieges. Sicherlich bestand diese neue «Front« des soldatischen Nationalismus nur aus den Aktivisten unter den Heimkehrenden, also ca. 400 000 Mann. Aber diese bestimmten das Straßenbild und fanden vielfach Bewunderung und Zulauf bei den Generationen der Kriegskinder und Kriegsjugendlichen – der Keimzelle des Erfolgs des Nationalsozialismus.[73]

An die heimkehrenden Truppen

Soldaten! Nach 4¼ jähriegem Krieg kehrt Ihr wieder in die bayerische Heimat zurück. Unser freudigster und

herzlichster Willkommgruß

sei Euch entgegengebracht!

Was Ihr auf den mannigfaltigen Kriegs-schauplätzen, was Ihr zumal an der Westfront in dieser furchtbaren Kriegszeit durch hingebenden Einsatz Eueres Lebens und Euerer Gesundheit in wütenden Kämpfen, harten Entbehrungen und aufreibender Arbeit geleistet habt, das hat Euch die bewundernde Achtung der ganzen Welt eingetragen und wird fortleben in der Geschichte und in den Helden-Liedern des Bayerischen und Deutschen Volkes.

Ihr gingt in den Kampf in dem Glauben, daß Ihr das Vaterland verteidigt.

Wenn Euch der Erfolg versagt war, so tragt nicht Ihr die Schuld, sondern das damalige Regierungssystem, das jetzt zusammengebrochen ist. Daß Ihr heldenmütig für die Existenz der Heimat kämpftet, dafür sagt Euch das Vaterland seinen

heißempfundenen Dank

Nie soll vergessen werden, was Ihr geleistet habt!

Dankerfüllten Herzens gedenken wir in der Stunde Euerer Heimkehr derer, die nicht mehr unter Euch sind, weil sie ihr Leben auf dem Felde der Ehre gelassen haben. Ihr Andenken sei uns allen heilig und geweiht!

Sie sollen nicht umsonst gefallen sein!

Die Morgenröte der neuen Zeit strahlt Euch aus der Heimat entgegen; nach den schweren Jahren des Krieges und den harten Aufgaben, die uns die Rückkehr in geordnete Friedensverhältnisse stellt, eröffnet sich der

Ausblick in eine glückliche Zukunft

in der wir in Selbstzucht, freiwilligem Gehorsam und rastloser Arbeit dem Gemeinwohl dienen wollen zum Nutzen des eigenen Volkes und der gesamten Menschheit.

So legt denn nunmehr erhobenen Hauptes, im Vollbesitz Euerer soldatischen Ehre, die Waffen nieder!

Heil Euch im neuen Bayern!

München, 18. November 1918.

Der Ministerpräsident:
gez. Kurt Eisner

Der Minister für militärische Angelegenheiten:
gez. Roßhaupter

Der Arbeiter-, Soldaten- und Bauernrat:
gez. F. Sauber

Eisner an die heimkehrenden Truppen, 1918: Auch die bayerische Revolutionsregierung ist um einen würdigen Empfang der Soldaten bemüht.

5. DADA und die Wunden des Krieges

Wenn sich bei den »soldatischen« Männern der Eindruck festsetzte und zur Ideologie gerann, in der Heimat würdelos empfangen worden zu sein, so lag dies sicherlich nicht zuletzt daran, dass die Reaktion der damals modernsten Künstler auf den verlorenen Krieg und die heimkehrenden Soldaten in der Tat eine gewollte Provokation war. Das zeigte nicht zuletzt die erste große DADA-Messe in Deutschland, die im Sommer 1920 in Berlin stattfand. Sie verstand sich als Fortsetzung der DADA-Revolte, welche 1917 in Zürich ihren Ausgang genommen hatte. Der Krieg und mit ihm die ganze Welt waren so irrsinnig geworden, dass es dafür eigentlich keine Worte und Begriffe mehr geben konnte. DADA, als Gestammel des Protestes, war ein Programm. Nun, 1920 in Berlin, hatte sich die »Szene« konsolidiert. Künstler wie Raoul Hausmann, George Grosz, John Heartfield u.a. publizierten Texte und Zeitschriften, etwa *Jedermann sein eigener Fußball* oder *Die Pleite*. Die Berliner Ausstellung 1920 war Höhepunkt und gleichzeitig auch Schlusspunkt dieser Bewegung, die sich als extrem kriegskritisch und gleichzeitig antibürgerlich verstand. Besonders widerwärtig war ihr das Wiederauferstehen eines brutalen Militarismus, wie er sich für sie, wie überhaupt für die ganze äußerste Linke, in dem permanenten gewaltsamen Niederprügeln von Aufständen oder Arbeiterprotesten manifestierte. 1920 war das Jahr nicht nur der Gründung der NSDAP, sondern auch des Kapp-Putsches und der blutigen Straßenkämpfe der Freikorps gegen die »rote Ruhrarmee«.[74] In dieser Zeit des Nachkriegs-Bürgerkrieges ging es den Dadaisten nicht in erster Linie darum, die hässliche Fratze des Krieges zu zeigen, sondern die Allianz von Bourgeoisie und Militär zu verhöhnen. Die Berliner Ausstellung von 1920 wird heute noch recht stark erinnert, weil die Organisatoren die einzigartige Idee realisierten, eine Soldatenpuppe mit Uniform und Eisernem Kreuz, deren Kopf mit der Maske eines Schweinekopfes bedeckt war, waagerecht unter die Decke zu hängen.

DADA Berlin, 1920: Eine Uniform mit Schweinekopf als Ausdruck der Verachtung für den Krieg und dessen Repräsentanten.

Weitere bedeutende Exponate waren ein Gemälde von Otto Dix, das 1920 zerstörte Bild »Die Kriegskrüppel/45 % erwerbsfähig«, Georg Grosz' Mappe »Gott mit uns« und Max Ernsts »Erectio sine qua non«.[75]

Hauptskandal war selbstverständlich der Soldat mit Schweinekopf, der so viel Aufmerksamkeit auf sich zog und so starken Protest auslöste, dass die Organisatoren der Messe 1921 wegen Beleidigung der Reichswehr gerichtlich belangt und mit Geldstrafen belegt wurden. Doch nicht allein die Rechte war empört. Die kommunistische *Rote Fahne* protestierte im Namen des Proletariats gegen diese »Sammlung von Perversitäten«.[76] Heartfield und die anderen bekamen offensichtlich Furcht vor der eigenen Courage und verteidigten sich mit dem schwachen Argument, man habe das so nicht gemeint. Dieses als feige empfundene Verhalten, das besonders Tucholsky in der *Weltbühne* kritisierte, führte dazu, dass »keiner mehr Dada sehen« wollte, wie Raoul Hausmann, einer der Initiatoren, später einmal resigniert bemerkte.

Allerdings scheint es bei der Trauerdemonstration für den ermordeten Walther Rathenau 1922 noch einmal einen Rückfall in diese so außergewöhnliche Polemik gegeben zu haben. In einem der Trauerzüge soll nach dem Bericht einer »vaterländischen« Zeitschrift »eine große Strohpuppe in Offiziersuniform, deren Gesicht ein Schweinekopf ersetzte«, mitgeführt worden sein.[77]

Die Verunglimpfung hatte System. Im Februar 1919, also mehr als ein Jahr vor der DADA-Messe, und in dem Augenblick, als die Soldaten zu Millionen von der Front zurückkehrten, veröffentliche die von Walter Mehring und Franz Pfemfert lancierte DADA-Zeitschrift *Jedermann sein eigener Fußball* ein Gedicht von Walter Mehring mit dem Titel »Der Coitus im Dreimäderlhaus«, ein mehr als unappetitliches Gedicht, dessen erste Reime wieder den Bogen vom verhassten Krieg zum verachteten Weimar zogen.

Die Zeitschrift und das Gedicht wurden noch am Tage des Erscheinens verboten. Der Staatsanwalt forderte acht Monate Haft für Verleger und Autor, das Gericht erkannte auf Freispruch, nachdem der Arzt und Schriftsteller Gottfried Benn Walter Mehring in einem Gutachten für psychisch gestört erklärt hatte.[78]

Sicherlich ist richtig, wie Reinhard Hippen bemerkt hat, dass dies alles recht »verbalrevolutionär« gewesen ist. Im Grunde habe DADA nur über alles gelacht, »um die vergangenen vier Kriegsjahre zu vergessen.« Aber genau dieses Lachen des gewollten Irrsinns trug erheblich zur extremen Polarisierung bei.

Nicht anders verhält es sich mit den in diesen frühen Jahren nach dem Krieg immer wieder gemalten zerstörten Gesichtern. In Otto Dix' bereits erwähntem »Die Kriegskrüppel/45 % erwerbsfähig« von 1920 ist die Konstellation von Spießbürger-Outfit und schwerstkriegsbeschädigtem Soldatenkopf und -körper das dominierende Motiv. Empathie mit diesen zerstörten, aber nach wie vor auch im Rollstuhl und ohne Beine noch blöde marschierenden Gestalten ist in diesen Gemälden des schwärzesten Sarkasmus' nicht zu erkennen.[79]

Otto Dix, »Die Kriegskrüppel/45 % erwerbsfähig«, 1920: Distanziert-ironischer Blick auf den Krieg und seine Folge, die zerrissenen Menschen.

Wohl am »dichtesten« zusammengezogen finden sich diese, sei es vom Krieg, sei es von bürgerlicher Arroganz zerstörten Gesichter in seinem »Die Skatspieler« von 1920.[80]

Diese Attitüde der Herabwürdigung und Verachtung ist gerade bei Otto Dix bemerkenswert, der ja seit 1915 Soldat gewesen war und als Führer einer Maschinengewehr-Einheit keineswegs versucht hatte, sich zu »verdünnisieren«. Dix hat sich im Alter in Interviews über seine Stellung zum Krieg geäußert, etwa 1961 folgendermaßen:

> *Der Krieg war eine scheußliche Sache, aber trotzdem etwas Gewaltiges. Das durfte ich auf keinen Fall versäumen! Man muss den Menschen in diesem entfesselten Zustand gesehen haben, um etwas über den Menschen zu wissen.*[81]

Allerdings war der junge Dix, als er aus dem Krieg herauskam und sich im Rahmen von DADA bewegte, voller Zorn. Zorn auf das Nachkriegselend, Hass auf die neue Allianz von Spießbürgertum und Militarismus, das Auftreten der Fememörder und den revolutionären Gestus der Konservativen im Kapp-Putsch, die Brutalität der militarisierten Polizei und der als »Hilfspolizisten« fungierenden Freikorps-Soldaten im Umgang mit Streikenden, all das fließt in seine erbarmungslosen Bilder der DADA-Periode ein. Diese künstlerische Phase wurde indessen schon Ende 1921 von einer neuen Schaffensperiode abgelöst, in der sich Otto Dix unter vielem anderen auch konzentriert dem Kriegsleid der Soldaten zuwandte und eine Empathie mit ihren geschundenen Körpern entwickelte, die von der Serie der Radierungen »Der Krieg« (1924) bis zu seinem unübertrefflichen »Flandern« von 1934/36 reicht.[82] Das heute verschollene Ölgemälde »Schützengraben« von 1922/23 erscheint wie eine Art Vorstudie zu diesem Meisterwerk.[83] So fern war ihm das Kriegsszenario der zerrissenen Körper aber zuvor gewesen, dass er erst in die Anatomie des Dresdner Krankenhauses Friedrichstadt gehen musste, um (wieder) zu lernen, wie die Toten und Verwundeten des Krieges ausgesehen hatten.[84]

Diese polemische Grundhaltung der Nachkriegszeit galt offensichtlich nur für die deutschen Künstler. Die französische DADA-Szene war frei von jeglicher Ironie gegenüber den Kriegsversehrten und blieb insgesamt politisch eher neutral.[85]

Ebenso symptomatisch und bedrückend ist, dass in Deutschland die Schwerstverwundeten des Krieges zwar relativ gut versorgt wurden, besser als in den Siegernationen. Aber sie wurden verwaltungs- und versicherungsrechtlich den Zivilisten gleichgestellt, die einen Unfall erlitten hatten.[86] Gegen solche »Ehrabschneidung« gab es wütende Proteste, wie etwa vom Stahlhelm-Führer Franz Seldte, der einmal empört ausrief, dass er seinen Arm »doch nicht an der Elektrischen verloren« habe. Die Republik kümmerte sich zwar um das Wohlergehen, nicht aber um die Würdigung des Opfers der Soldaten. Daher ist es nicht überraschend, dass gerade die Nationalsozialisten, die am lautesten für die Wiederherstellung der »Ehre des Frontsoldaten« kämpften, bei den Kriegsinvaliden bald in hohem Ansehen standen.[87]

Zu dieser Verweigerung der Ehre gehört auch – und vielleicht sogar am stärksten – Ernst Friedrichs »Anti-Kriegsmuseum« in Berlin, das dieser radikale Pazifist 1923 gleichermaßen als Musterschau seiner berühmten und immer wieder aufs Neue verbotenen und verfolgten Fotomontage »Krieg dem Kriege« eingerichtet hatte. Das Museum in der Parochialstraße in Berlin wurde seit Mitte der 1920er-Jahre regelmäßig von SA-Trupps heimgesucht und verwüstet und schließlich bereits im März 1933 ganz geplündert und in eine SA-Kaserne umgewandelt.[88] Wenn Friedrichs Werk heute eher als humanistisch und pazifistisch angesehen wird, so genügt doch ein Blick in »Krieg dem Kriege«, um zu erkennen, wie sehr dort auch die einfachen Soldaten beschuldigt wurden, mit ihrer Kriegsteilnahme die europäische Kultur zerstört zu haben.[89] Nahezu unerträglich sind die dort abgebildeten Fotografien von durch Schrapnells zerstörten Gesichtern. Noch heute werden immer wieder Berichte über diese extremste Form der Kriegsverwundung mit den Fotos aus Friedrichs Buch »illustriert«. In den Anfangsjahren der Weimarer Republik, wo es Tausende solcher Schwerstverwundeten gab, wurde über diese Verwundung kaum öffentlich gesprochen, und nie wurden Bilder davon gezeigt. Kurt Tucholsky, alias »Ignaz Wrobel«, sprach in der *Weltbühne* von diesen grässlichen Bildern.[90] Ansehen konnte man sie aber allein in Friedrichs Anti-Kriegsmuseum sowie in seinem »Krieg dem Kriege«. Der Schock dieser Bilder wurde aber kaum durch das in den Bildunterschriften zum Ausdruck kommende vage Mitgefühl gemildert, etwa mit Soldaten, die bereits 30 oder 40 Gesichtsoperationen hinter sich hatten. Im Gegenteil:

> *Wir Kriegsdienstgegner müssen endlich allen Glorienschein und allen Hokuspokus, mitsamt dem glänzend-bunten Flitterkram der*

Soldateska niederreißen, und das aussprechen, was dann noch übrig bleibt: ein vom Staat bezahlter Berufsmörder, der in staatlich konzessionierten Mörderschulen (genannt Kasernen) ausgebildet wird, in Ausübung des schrecklichsten Verbrechens: des Menschen-Mordes.[91]

Sicherlich richtete sich Friedrichs Polemik in erster Linie gegen diejenigen, die verantwortlich für den Menschenmord *en masse* waren, und denen er das Buch widmete: »den Königen, Generälen, den Präsidenten und Ministern aller Länder. Den Priestern [...], die die Waffen segneten im Namen Gottes.«[92] Doch zielte seine Ironie auch massiv auf die Opfer dieses Massenmordes, nämlich die einfachen Soldaten. So zeigt er die »Begeisterten« aus den Augusttagen 1914 und auf der Gegenseite sieht man einen Haufen von Leichen. Oder einen blumengeschmückten Reservisten mit Pickelhabe, »Vadding als ›Held‹ im Feindesland« und auf der gegenüberliegenden Seite einen zerfetzten Körper mit der Unterschrift: »Wie man Vadding zwei Tage später fand«.[93]

»Vadding als Held«, 1924: Ernst Friedrichs bitterböse Anklage der Kriegsbegeisterung und Demonstration der Realität des Krieges.

Bei aller Wertschätzung für Friedrichs pazifistische Ideale und seinen unerschütterlichen persönlichen Mut: Diese Inszenierung war sicherlich für die vielen, die gekämpft und gelitten hatten und die solch schreckliche Szenen unter Umständen mehr als vier Jahre lang hatten miterleben müssen, kaum zu tolerieren. Sie war eine Ohrfeige ins Gesicht der vom Kriegserlebnis traumatisierten Soldaten. Andere entschiedene Pazifisten, wie Erich Mühsam oder Ernst Toller, haben sich zu solcher Polemik nicht hinreißen lassen. Im Gegenteil: Ernst Tollers »Hinkemann«, eine »Tragödie in drei Aufzügen« aus dem Jahre 1923, hat großes Mitleid mit dem Schicksal seines exemplarischen Kriegsverwundeten mit dem Namen Hinkemann, der nur noch Arbeit auf einer Kirmes finden kann, wo er als Repräsentant »der deutschen Kultur und deutschen Männerfaust« dem staunenden Publikum zeigen muss, wie der »deutsche Held« im Kriege fähig geworden ist, lebendige Ratten und Mäuse zu verschlingen.[94]

Weder aus Frankreich noch aus England oder den USA ist diese Art der drastischen Abrechnung mit dem Krieg ohne Rücksicht auf die von diesem am direktesten Betroffenen zu verzeichnen. In Frankreich standen die »gueules cassées« bei allen Triumph- oder Gedenkzügen in der ersten Reihe, ihre heute noch existierende Vereinigung schuf die wichtigste französische Lotterie. Alle nahmen an ihrem Schicksal teil. Es ist ein charakteristisches Verhalten der Verliererernation, die glaubte, anderes zu tun zu haben als die Opfer des Krieges zu ehren und sie ihren inneren Frieden in und mit der Republik finden zu lassen. Vielleicht war dies ja auch das schlimmste Versagen der Weimarer Republik und eine Ursache für ihr schließliches Scheitern.

6. Eine Frage der Ehre

Walter Benjamin hat in seiner Reflexion über die Bedeutung der Niederlage für die Literatur des soldatischen Nationalismus auch bemerkt, dass in der ersten Nachkriegszeit vielfach versucht worden sei, »die Niederlage durch ein hysterisch ins Allmenschliche gesteigertes Schuldbekenntnis in einen inneren Sieg zu pervertieren.«[95] Diese Denk- und

Handlungsweise habe auch die »expressionistische Avantgarde« dominiert – also die Künstler und Schriftsteller von DADA über Otto Dix bis hin zu Ernst Friedrich. Nicht allein deren Manifeste und Realisationen sind aber Ausdruck einer ins Schöpferische gewandten Niederlagen-Mentalität, sondern auch das offensichtliche Bemühen der Nationalversammlung, die Verfassung der Republik in gewisser Weise zu entmilitarisieren. Sprechendes Beispiel dieser Denkweise ist der Artikel 109 der Weimarer Verfassung, demzufolge nicht allein »alle Deutschen vor dem Gesetz gleich« waren, sondern unter anderem auch »Orden und Ehrenzeichen [...] vom Staat nicht verliehen werden« durften. Dieser Artikel der Verfassung wurde am 15. Juli 1919 nach kurzer Diskussion vom Reichstag verabschiedet.[96] Er zeigt mit aller Deutlichkeit das »Pathos der Nüchternheit«, das die Parteien der »Weimarer Koalition« (SPD, DDP, Zentrum) bestimmte – Konsequenz einer politischen Gesamtsituation, die keine übergreifende »gefühlsbetonte politische Symbolik« hervorbringen konnte.[97] Die Revolution war eben nur ein Ausweg aus der Niederlage gewesen und nicht die Folge eines Verlangens, das Alte zu stürzen und bewusst gemeinsam ein Neues zu setzen.

Zwar wurde Artikel 109 wenig später durch Artikel 175 relativiert, demzufolge dieser nicht angewendet werden sollte »auf Orden und Ehrenzeichen, die für Verdienste in den Kriegsjahren 1914–1919 verliehen werden sollten.«[98] Diese Möglichkeit der nachträglichen Bewilligung wurde jedoch sehr restriktiv gehandhabt. Vor allem verlangte man von den Soldaten, die einen Orden beantragen (!) mussten, durchgehend den Nachweis, dass sie tatsächlich »Frontkämpfer« gewesen waren, also nicht etwa nur – wie so viele – in der Etappe oder im Besatzungsheer Dienst getan hatten. Zudem wurde die Abwicklung der Anträge in äußerst bürokratischer Form vollzogen. Die Antragsteller erschienen in den meisten Fällen als recht unwillkommene »Petenten« beziehungsweise sogar als Querulanten. Ralph Winkle, dessen innovativer Studie hier weitgehend gefolgt wird, hat an vielen Beispielen gezeigt, wie stark die Abwehrhaltung auf republikanischer Seite, von der äußersten Linken bis zum Zentrum, gegen jede Form des »militaristischen Firlefanzes« ausgeprägt war.[99] Dementsprechend wurden zwar insgesamt 250 000 Anträge auf Orden bewilligt, aber die zuständigen Amtsträger und Politiker vermieden jede Bekundung von öffentlicher Ehrung. Keine Feierlichkeit, keine Dankesreden, die Orden wurden zugestellt genau wie die Bescheide über anerkannte Schwerbehinderung.

Der Umgang mit den Kriegsversehrten war – wie schon angedeutet – ebenfalls eine bürokratische und wenig imaginative »Veranstaltung« einer gut organisierten Versorgungsbürokratie, die aber die besondere Ehre der betroffenen Soldaten systematisch außer Acht ließ.[100] So weit ging die Abwehr der Ehrung der Frontkämpfer, dass sogar die Vereinigung der republikanisch gesinnten ehemaligen Soldaten, das »Reichsbanner Schwarz-Rot-Gold«, genau wie die kommunistische »Rotfront«, die Ordensverleihungen in den ersten Jahren der Republik kategorisch ablehnte.[101] Die rechtliche Gleichstellung von »Zivilversehrten« und »Kriegsversehrten« angesichts der doch zuvor beschworenen besonderen »Dankespflicht des Vaterlandes« ist eine ebenso bezeichnende wie noch heute sehr schwer zu verstehende symbolische Fehlstelle der Weimarer Republik. Oder mehr noch: Diese offene und offizielle Weigerung war wie eine klaffende Wunde der Republik, die sicherlich nicht zuletzt ihren schließlichen Tod bewirkte.

7. Der »Stellungskrieg der Denkmäler«[102]

Während des Krieges hatten sich die verschiedensten Gruppen und Institutionen Gedanken über die Form und Ausstattung von Denkmälern für die viel zu vielen Gefallenen gemacht. So groß war die Vielfalt von Ideen und Vorschlägen, dass im Frühjahr 1916 auf Befehl Wilhelms II. eine »Zentrale Beratungsstelle für Kriegerehrungen« in Berlin eingerichtet wurde, um »Auswüchse« zu vermeiden. Unter solchen firmierte sicherlich auch folgender Vorschlag für einen Gedenk-»Hain«, den die *Vossische Zeitung* bekannt machte:

> *Eine Insel inmitten dieses Haines nimmt das eigentliche Denkmal auf. Darum sind Rasenbahnen gezogen, als Plätze für Feiern und nationale Feste. Der amphitheatralisch ansteigende Freiraum wird durch einen Kranz von Feuersäulen, die aus mächtigen Pylonen lodern, begrenzt […].*[103]

Nach dem Krieg aber und angesichts der nicht verstandenen Niederlage in einer zutiefst gespaltenen Gesellschaft beging die Republik einen enormen Fehler mit weitreichenden Konsequenzen. Man überließ den Kult für die Gefallenen weitestgehend militärischen Institutionen und militaristischen Gruppen, etwa den Regiments-Kameradschaften oder den nationalistischen Verbänden, besonders dem »Stahlhelm-Bund der Frontsoldaten«. Die Republik schaffte es in diesen vom gegenseitigen Hass bestimmten Jahren nicht, ein eigenes Denkmalsprojekt zu entwickeln und durchzusetzen – es steht dahin, ob es ihr gelungen wäre, wenn sie sich nur hinreichend bemüht hätte. Festzustellen ist eine sehr große Ambivalenz der Regierenden und der sie tragenden Parteien gegenüber demonstrativ eingeforderten und von oben durchgesetzten symbolischen Aktionen. Das gilt für den »Flaggenstreit«, nämlich die Frage der schwarz-rot-goldenen Beflaggung der Republik genauso wie für die Kriegerdenkmäler und andere Ehrungen für die gefallenen und die heimkehrenden Soldaten.[104]

Zwar hatte man sich überall um einen guten Empfang der Heimkehrenden bemüht und ihnen versichert, dass sie Dank und Ehrung verdienten. Aber es wurde einfach nicht genug bedacht, dass Denkmäler für die Gefallenen zwingend zu dieser Heimkehr in Ehren und zum Gedenken überhaupt gehörten: Denn allzu häufig wurde übersehen, dass die Denkmäler ja nicht allein für die Gefallenen gedacht waren. Sie waren ja auch immer Insignien der »Identitätsstiftung der Überlebenden«.[105] Das gilt zunächst für die überlebenden Soldaten, für die das Regiment als ursprüngliche militärische Organisationseinheit mit den dort versammelten Kameraden zu einem wesentlichen Bestandteil ihres Lebens, Überlebens im Kampf und Mit-Leidens im Krieg geworden war. Nicht von ungefähr wurden Ehrenmäler für die Gefallenen sehr häufig auf Regimentsebene initiiert, finanziert und durchgeführt. Aber die Denkmäler waren genauso ein Ort des Erinnerns und des Verstehens, also der Identifikation für die Hinterbliebenen. Wenn etwa in einem Dorf von 800 oder 1000 Einwohnern 80 oder 100 junge Männer gefallen waren, dann bedeutete das in jedem Fall eine sehr schmerzhafte Lücke, die unbedingt durch ein zeremonielles Miteinander und Füreinander ausgefüllt werden musste. So war es ja auch spätestens seit dem Krieg von 1870/71 gehandhabt worden, und die während des Ersten Weltkriegs angestellten Überlegungen für kommende »Ehrenhaine« gingen von solcher kollektiven Identität aus.

In den Siegernationen wurde nach 1918 exakt dieser Ritus der identitären Erinnerung und gemeinsamen Ehrung bewusst und durchgehend vollzogen. Das französische Beispiel sei hier als exemplarisch vorgestellt.

In Frankreich konnte der trotz aller Verluste doch noch gewonnene Krieg eine grundsätzlich gemeinsame Erinnerung an Leiden und Heldentum der Soldaten und der Nation stiften. Auch die von der Republik institutionalisierten örtlichen Trauergemeinschaften schufen ein Band der *Memoria*, der gemeinsamen Erinnerung, das auch durch scharfe innenpolitische Kontroversen nicht zerschnitten wurde.[106] Bereits mit Gesetz vom 23. November 1919 wurde festgelegt, dass jede französische Gemeinde ein Kriegerdenkmal aufzustellen hatte.[107] So steht heute noch in mehr als 38 000 Gemeinden Frankreichs ein *Monument aux Morts*, sei es in unmittelbarer Nähe des Rathauses und der Schule (das sind die linksrepublikanisch orientierten Gemeinden), sei es in der Nähe der Kirche, woran man sofort eine traditionell eher konservativ-katholische Gemeinde erkennt.

Ein ähnliches betont kollektives Gedenken war offensichtlich in Deutschland nach der Niederlage nicht möglich.[108] Der republikanischen Linken und Mitte scheint ein Gedenken für diesen ohnehin so weit entfernten und nun schmerzhaft in die Nähe gerückten Krieg eher unerwünscht gewesen zu sein. Wie die *Sozialistischen Monatshefte* – ein Zentralorgan der MSPD – im März 1919 schrieben:

> *Ewig werden wir die Opfer beklagen, die nicht für das Vaterland, sondern für den Unverstand gefallen sind. Es darf keine Rede davon sein, dass wir die Vorstellung von Helden und Kriegern verewigen.*[109]

Wenn es überhaupt entsprechende Initiativen gab, dann waren diese um betonte »Nüchternheit« bemüht, exemplifiziert etwa in den Projekten des »Reichskunstwarts«. Dieses Amt war 1919 von der Nationalversammlung ausdrücklich geschaffen worden, um angemessene Formen und Symbole der Republik zu finden.[110]

Wichtiger aber als eine solche zentrale und sehr vorsichtig beziehungsweise unentschieden vorgetragene Planung waren die nach dem Krieg in den einzelnen Kommunen Deutschlands errichteten Denkmäler. Hierzu ist leider wenig in kommunalhistorisch vergleichender Perspektive bekannt. Sabine Behrenbeck, die dies ansatzweise untersucht hat, betont, dass bis 1924 überall im Deutschen Reich »eine wahre Flut von Denkmalsbauten« eingesetzt habe, vor allem im ländlichen Raum. »Die Heimat vor den Schrecken des Krieges bewahrt zu haben, galt besonders in ländlichen Regionen als wichtigstes Verdienst der Gefallenen«.[111] Hauptsächlich handelte es sich dabei um kleine Gedenkzeichen von betonter Schlichtheit. Diese Zurückhaltung war auch dem Umstand zuzuschreiben, dass bis 1926 nur einfachste Gedenkobjekte von der Luxussteuer befreit waren. Erst ab Mitte der 1920er-Jahre kam hier eine ideologisch aufgeladene Auseinandersetzung auf. Insgesamt sind die vielen Hundert Gedenksteine mit den Namen und Daten der Gefallenen und vielleicht einer einfachen Inschrift eine Art »sprachloser Dank der Heimat«.[112]

Aus einer zeitgenössischen Beschreibung des typischen Kriegerdenkmals der Nachkriegszeit:

> *Auf einem stacheldrahtumwehrten Sandplatze erhebt sich das Denkmal. Davor ein Eisernes Kreuz in Buchsbaum. Der Denkmalkörper ist aus großen und kleinen Findlingen gemauert. Die Zementfugen liegen wie ein Krampfadergeflecht auf der Oberfläche. Auf breiter Sockelplatte, zu der drei behauene Stufen hinaufführen, ein formloses Ungeheuer, mit einem größeren Findlingskopfstein. Darauf die Inschrift mit schwarz angestrichenen Buchstaben eingehauen. Die Namen der Gefallenen auf einer eingelassenen schwarzpolierten Granitplatte mit Goldbuchstaben in schlechtester Dorfgrabsteinmanier. Auf den Ecken des Sockels Mörsergeschosse aus Zement mit den Jahreszahlen 1914–1918.*[113]

Davon blieb nach dem so schmählich verlorenen Krieg wenig übrig. Wie es der am 16. Dezember 1919 gegründete »Volksbund deutsche Kriegsgräberfürsorge« formulierte:

> *Die Art, wie wir unsere Krieger beigesetzt wissen möchten, kann gar nicht streng genug, schlicht und in gewissem Sinne kunstlos genug sein; von allen persönlich allzu auszeichnenden Formen der Heldenverehrung möchten wir angesichts der überwältigenden sozialen Tatsache des Volksheeres und des Massentodes absehen.*[114]

Die gewollte Schlichtheit der zentralen republikanischen Denkmäler, soweit es sie in den ersten Nachkriegsjahren überhaupt gab, war auch durch die vorherrschende Auffassung begründet, dass es wichtiger sei, die vielen Millionen Heimkehrer angemessen zu versorgen, als den Gefallenen eine teure Ehrung zukommen zu lassen. In vielen Gemeinden waren deshalb Kriegerdenkmäler lediglich Findlinge oder andere schlichte Symbole, meistens aus Beton gefertigt oder aus Stein gehauen.

Die gesamte Einstellung der Republik zu Kriegsgedenken und Soldatenversorgung findet sich sehr anschaulich versinnbildlicht in einer Bildfolge des *Simplicissimus*.

Bild 1: Ein ehernes Denkmal mit einem stolzen Heldenkrieger; Bild 2: Ein Kriegsversehrter mit Krücken, der davor sitzt und bettelt; Bild 3: Der Denkmalsheld steigt von seinem Sockel herab; Bild 4: Er führt den »hungernden Kameraden in die nahe Metallschmelze«; Bild 5: »›Dein Opfer, Bruder, ist meines wert‹, sagte er und stürzte sich kopfüber in den Kessel«; Bild 6: »Dort wurde er zu güldenen Dukaten, die den armen Invaliden bis an sein Lebensende von aller Sorge befreiten.« [115]

Erst mit der Stabilisierung der Republik nach der Ruhrbesetzung und der Bewältigung der Hyperinflation, also ab 1924, begannen die republikanischen Institutionen, dieses Gedenk-Defizit zu tilgen, wobei der 1924 gegründete Soldatenverbund »Reichsbanner Schwarz-Rot-Gold« eine führende Rolle spielte. Benjamin Ziemann, der dessen Aktivitäten in einer Reihe von Veröffentlichungen dargestellt hat, ist sicherlich zuzustimmen, wenn er die von Reinhart Koselleck geprägte und seitdem oft wiederholte Formel kritisiert, dass die Republik das Totengedenken den Antirepublikanern überlassen habe.[116] Aber für die den Gedenkritus prägenden Jahre, in denen die unverstandene Niederlage, der Hass und die Verbitterung in mentale dauerhafte Formen gegossen wurde, war es eben doch so, dass die Republik als Institution sich um die Verwundeten und Heimkehrer überhaupt relativ gut kümmerte, das »symbolische Kapital« (Bourdieu) der Ehrung aber vollends vernachlässigte und privaten oder kommunalen Initiativen aller Art überließ, die dann massiv antirepublikanisches Gepräge hatten.[117] Wie es Reinhart Koselleck formuliert hat: »Die deutschen [Denkmäler] nach 1918 bedienen sich zunehmend einer expressiven oder bildlosen Sprache, die hilflos vom Heldentum zeugen soll, das Unfassbare kompensierend.«[118]

Märchen vom Kriegerdenkmal, 1924: Hochsymbolische Inszenierung des notwendigen Dankes an die Soldaten, die sich für das Vaterland geopfert haben.

Wesentlich stärker als in den ersten Nachkriegsjahren wurde die Denkmalspolitik mit der Konsolidierung der Republik nach Beendigung des »Ruhrkampfes« direkt in die politischen Auseinandersetzungen eingewoben. In Berlin hatte man bisweilen den Eindruck, dass jegliches Kriegsgedenken der Linken (»Nie wieder Krieg«) oder die Errichtung entsprechender Denkmäler in einzelnen »roten« Stadtbezirken sofort Interventionen der Nationalisten zur Folge hatte, und vice versa. Saehrendts Beispiele für diesen regelrechten »Stellungskrieg der Denkmäler« sind mengenmäßig beeindruckend und sachlich überzeugend.

Symptomatisch ist auch die Geschichte des fehlgeschlagenen Projektes, einen »Reichsehrenhain« für die Gefallenen des Weltkrieges zu errichten.[119] Hierfür gab es sogar eine Initiative des nationalistischen »Stahlhelm«, der sich das soeben gegründete »Reichsbanner Schwarz-Rot-Gold« und andere Frontkämpfer-Bünde anschlossen, was eine nie dagewesene und nie wiederholte Gemeinsamkeit darstellte. Allerdings gab es sofort Streit um den möglichen Ort der Errichtung – Bad Berka in der Nähe von Weimar oder auf den Rheininseln bei Lorch. Die Diskussion wogte und Dissens entzündete sich an den geringsten Einzelfragen. So wurde das Projekt 1928 auf Ersuchen des Reichstages (!) zeitweilig unterbrochen, 1931 neu aufgenommen, nachdem der Reichspräsident Hindenburg eine große Fördersumme aus seinem Etat zur Verfügung gestellt hatte. Zwei Wettbewerbe wurden ausgeschrieben, Tausende von Projekten eingereicht und vielfach diskutiert. Im Januar 1933 begannen die Preisrichter schließlich mit der Prüfung ausgewählter Entwürfe. Die »Machtergreifung« des Nationalsozialismus ließ diese Planungen sofort in der Versenkung verschwinden. Hitler erklärte dann im Oktober 1935 bei der Überführung des Sarges von Hindenburg nach Tannenberg das Tannenberg-Denkmal zum Reichsehrenmal.

Ein anderes Beispiel ist der Streit um das sogenannte »39er-Denkmal« in Düsseldorf. Das 39. Niederrheinische Füsilier-Regiment hatte eine besondere Bedeutung, weil es Ludendorffs Stammregiment und von daher besonders prestigeträchtig war. Die Düsseldorfer Stadtverordneten optierten für ein großes Denkmal vom Typ »verwundeter Krieger«, welches an der Tonhalle aufgestellt wurde. Dargestellt wurden zwei kriechende Soldaten, der eine verwundet und von seinem Kameraden fürsorglich an die Hand genommen. Für die antirepublikanischen Nationalisten aller Schattierungen war allerdings dieser zwar sehr realistische, aber nicht besonders kriegskritische Topos jedoch »unwürdig«. Überdies sahen die beiden Männer irgendwie »fremd« oder »semitisch« aus, wie die zeitgenössischen Gegner beklagten. Dieses Denkmal wurde regelmäßig beschädigt und verunziert – und 1933 sofort nach der Machtübernahme der Nationalsozialisten durch das heute noch bestehende »heroische« Denkmal am Reeserplatz ersetzt.[120]

Die politische Situation in Deutschland war so sehr vom Streit bestimmt, dass es an vielen Orten nicht einmal zur Realisierung der geplanten Denkmäler kam. Lurz hat hierfür eine Fülle an Beispielen aufgelistet.[121] Besonders interessant ist das Beispiel der »Schillerstadt« Marbach am Neckar. Dort steht noch heute am alten Stadttor eines der ungewöhnlichsten und bemerkenswertesten Denkmäler des Ersten Weltkrieges überhaupt. Zwei Soldaten, ein älterer aus dem Ersten Weltkrieg und ein ganz junger aus der Wehrmacht, stehen in ein und dasselbe Gewand gekleidet, nämlich in die Uniform der Wehrmacht. Diese Realisierung, die unmittelbar nach der »Machtergreifung« von den lokalen NS-Gruppen durchgesetzt wurde, war das Ergebnis von mehr als zehn Jahren Streit um das Denkmal.[122]

So wie in Marbach wurden überall in Deutschland nach 1933 alte nationalistische Denkmalsprojekte verwirklicht oder aber neue errichtet – wobei die Nationalsozialisten auch ohne Weiteres auf die Anbringung spezifischer NS-Symbole, besonders des Hakenkreuzes, verzichten konnten, um den allgemein »vaterländischen« Charakter dieser Denkmäler zu betonen.[123] Typisch hierfür ist das monumentale Denkmal der Stadt Bochum. Hier hält ein Soldat der Wehrmacht gemeinsam mit einem Soldaten des Ersten Weltkrieges eine Fahne.[124] Ganz ähnlich auch das schon erwähnte Düsseldorfer Denkmal der 39er. Das 1939 eingeweihte Denkmal am Reeserplatz zeigt zwei Gruppen von Soldaten der Wehrmacht, die aus der Gruft der Gefallenen des 1914er-Krieges heraustreten. Eingraviert sind die Namen von Schlachten des Ersten und – später hinzugefügt – des Zweiten Weltkriegs.[125]

Die in diesem Kapitel untersuchten beziehungsweise oft nur angedeuteten Denkweisen und Aktionen der verschiedensten Gruppen zeigen deutlich, wie sehr die deutsche Gesellschaft in den Jahren nach 1918 unter dem Schock der Niederlage stand.[126] Das Verhängnisvollste war, dass die republikanische Verfassung und Gesinnung nicht imstande waren, dem Kriegstrauma in all seinen Erscheinungsformen einen positiven Zukunftsentwurf entgegenzusetzen, der die so schmerzhafte und streitige Erinnerung zumindest hätte beruhigen können. Am bedrückendsten war wohl für die Millionen von heimgekehrten Soldaten und ihre Familien, dass der »Dank des Vaterlandes« für die ungeheuren Opfer, die man erbracht hatte, zwar häufig ausgesprochen, aber sonst wenig spürbar war. So gingen alle guten Absichten in den Schützengräben der Kriegserinnerung unter. Aus diesem Grund war es für die Nationalsozialisten relativ einfach, sich als Alternative zu profilieren, da sie sich am konsequentesten auf das »Erbe des Weltkriegs« bezogen und den Deutschen versprachen, ihre große Wunde zu heilen.

Epilog: Der (Aus)Weg aus dem Trauma

In der Wikipedia findet sich eine Notiz zu Traumata, mit einer in unserem Zusammenhang hochinteressanten Bemerkung:

> *In traumatisierten Menschen besteht meist ein innerer Drang, die verlorenen oder isolierten Elemente des Traumas zu einer Geschichte zusammenzufügen, diese mit Sinn oder Bedeutung zu verbinden und in die persönliche Lebensgeschichte zu integrieren. Erzählende Verfahren haben das Ziel, zu dieser zusammenhängend erzählten Geschichte zu kommen, in der es möglich ist, alle Trauma-Elemente einzubinden […].*[1]

Zehn Jahre nach Kriegsende, nach der nicht verstandenen beziehungsweise nicht-verstehbaren Niederlage und schließlich der Revolution, hatte sich die Weimarer Republik so weit stabilisiert, dass die Beschreibung der Weltkriegserfahrung möglich und von sehr vielen Menschen nachgefragt wurde. Ab 1928 erfolgte eine regelrechte »Rückkehr des Weltkrieges« insbesondere in der Literatur, aber auch im Spielfilm und anderen Medien.[2] Sicherlich spielte auch der zehnte Jahrestag dabei eine Rolle, aber allein das Datum erklärt nicht, wieso plötzlich Millionen Deutsche Berichte über den Weltkrieg lesen oder sehen wollten. Die traditionelle Auffassung, dass erst die Wirtschaftskrise und die damit einhergehende Verunsicherung die alten Wunden aufgerissen und das Masseninteresse am Weltkrieg geweckt hätten, erscheint mir als nicht schlüssig. Denn zunächst wurde die Wirtschaftskrise ja vielfach als Resultat beziehungsweise Verlängerung des Weltkrieges empfunden, und zudem waren zu ihrem Beginn die meisten der neuen Kriegsbücher bereits erschienen oder aber seit Längerem in Arbeit. Auch vermag die Krise der Wirtschaft mit ihren in jeder Hinsicht deprimierenden Auswirkungen nicht zu erklären, dass nun von allen Seiten Gesamtdeutungen des Großen Krieges erstellt und für so viele offensichtlich existenziell wichtig wurden. Plausibler scheint mir die These zu sein, dass eben ca. zehn Jahre nach den Ereignissen die kollektive Traumatisierung der deutschen Gesellschaft, ihre Kriegsverbitterungsstörung, so weit überwunden war, dass es möglich wurde, der Frage nachzugehen, was dieses einschneidendste Ereignis im Leben so vieler Menschen eigentlich für einen Sinn und eine Bedeutung für den Einzelnen und für alle gemeinsam hatte.[3]

Im Februar 1929 publizierte der Ullstein-Verlag *Im Westen nichts Neues* von Erich Maria Remarque. Dieses Buch wurde zu einem Jahrhundertereignis und steht noch heute für die gelungenste »Verarbeitung« des Weltkriegs-Erlebnisses mit humanitär-pazifistischer Tendenz.

Das ist auch zutreffend, wenngleich einschränkend hinzugefügt werden muss, dass Remarques Diskurs nicht eindeutig pazifistisch ist. Der Krieg wird nicht verherrlicht, aber er wird auch nicht verdammt.[4] Hier erzählt ein einfacher Soldat mit Namen Paul Bäumer die Erlebnisse einer Gruppe von Soldaten im Krieg, der ihr Schicksal wird. In den frühen Darstellungen des Krieges – von Schauwecker bis Jünger – ging es eher um den Krieg als kollektive oder individuelle Aktion, um Siege und Niederlagen, um Bewährung und Versagen, um Heldentum und Opfergang.

Der ungeheure Erfolg von *Im Westen nichts Neues* führte zu einer Vielzahl weiterer Berichte aller Art, da viele Autoren versuchten, von diesem Publikumsinteresse zu profitieren.

Aber das allein war sicherlich nicht die Motivation der ehemaligen Soldaten, ihrerseits das Erlebnis des Weltkriegs zu beschreiben. Für alle galt es – darüber ist sich die Forschung zur Weimarer Weltkriegsliteratur einig – nun endlich den verdrängten Krieg auf der Folie der erlebten Nachkriegszeit zu bewältigen. Konkret sei dies anhand der Schilderung der Niederlage vorgestellt. Bei Remarque findet sich ein abschließendes Kapitel über den »Sommer 1918«.[5]

> *Jeder hier [an der Front] weiß, dass wir den Krieg verlieren. Es wird nicht viel darüber gesprochen, wir gehen zurück, wir werden nicht wieder angreifen können nach dieser großen Offensive, wir haben keine Leute und Munition mehr.*

Die Soldaten müssen »schweigend ertragen«, wie sich die Gerüchte um Waffenstillstand und Frieden ausbreiten, sie müssen gleichwohl noch zum Angriff vorgehen und fürchten, jetzt, da alles zu spät ist, doch noch sterben zu müssen. Und dann folgt ein Satz, der wie aus Eberts Begrüßungsrede oder aus Hindenburgs Abschiedsbotschaft an die Soldaten übernommen klingt:

> *Wir sind nicht geschlagen, denn wir sind als Soldaten besser und erfahrener; wir sind einfach von der vielfachen Übermacht erdrückt und zurückgeschoben.*

Diese Ein- oder Ansicht vermischt sich auf den folgenden Seiten mit dem verzweifelten Bemühen, einen verwundeten Kameraden zur Sanitätsstation zu bringen. Doch auf dem Weg dorthin stirbt er. Der Verlust dieses Kameraden lässt Paul Bäumer erst schwindelig, dann ohnmächtig werden: »Dann weiß ich nichts mehr.« Und das abschließende kurze Kapitel lässt ihn, kurz bevor er im Oktober 1918 noch umkommt, über Waffenstillstand und Frieden sinnieren:

> *Wären wir 1916 heimgekommen, wir hätten aus dem Schmerz und der Stärke unserer Erlebnisse einen Sturm entfesselt. Wenn wir jetzt zurückkehren, sind wir müde, zerfallen, ausgebrannt, wurzellos und ohne Hoffnung. Wir werden uns nicht mehr zurechtfinden können. Man wird uns nicht verstehen [...] Wir sind überflüssig für uns selbst, wir werden wachsen, einige werden sich anpassen, andere sich fügen, und viele werden ratlos sein [...].*

Doch gegen diesen radikalen Pessimismus steht schon im folgenden Absatz die Hoffnung auf eine glückliche Zukunft, auf die »Melodie aus Träumen und Büchern, das Rauschen und die Ahnung der Frauen.« Als Bäumer dann tot aufgefunden wird, sieht man, so der letzte Satz des Buches, »dass er sich nicht lange gequält haben konnte – sein Gesicht hatte einen so gefassten Ausdruck, als wäre er beinahe zufrieden damit, dass es so gekommen war.«

Bei den wichtigsten »soldatischen« Autoren aller politischen Lager findet sich eine ähnliche Topik, wobei das Verhältnis von Fronterlebnis, Niederlage und Versagen der Heimat ganz unterschiedlich in den Blick gerät. Etwa bei Remarques größtem Gegenspieler aus dem »nationalen« Lager, Werner Beumelburg, dessen *Gruppe Bosemüller* eine direkte Antwort auf Remarque war.[6] Beumelburgs anderes großes Buch mit dem programmatischen Titel *Sperrfeuer um Deutschland* ist ein Rechenschaftsbericht, in dem das harte und heiße Kämpfen an der Front mit den dort eintreffenden Nachrichten von Waffenstillstand, Umsturz und Niederlage kontrastiert wird. Besonders interessant ist die Schilderung der letzten Wochen und Tage des Krieges, wo die deutsche Front von allen Seiten bedrängt, nirgends aber endgültig durchbrochen wird. Die Soldaten wollen – ganz wie bei Remarque – nicht mehr vorgehen. Sie sind also alles andere als heroisch. Aber sie verlassen ihre Stellungen nicht.

> *Von daheim erfährt man kaum etwas. Das ist gut so. Dunkle Gerüchte gehen um. Sie werden nicht geglaubt. Wir sind doch nicht in Russland! Wie sollte das beim deutschen Heere möglich sein!*

Am 10. November abends nähert sich das Heer, »unbesiegt und immer noch in festem Zusammenhang kämpfend«, der Heimat, und man hat es geschafft, dass »die alte Front der vier Kriegsjahre« trotz aller Rückzüge und Verluste fast unverändert geblieben war, weil die Truppen »in fester Ordnung immer noch kämpfend zurückweichen«.[7] Aber »im Etappengebiet tobt der Aufruhr, durch die Ereignisse in der Heimat entzündet«. Soldatenräte bilden sich dort »und nehmen den Mund voll«. Die Revolution hat

> *nichts Eiligeres zu tun, als dem kämpfenden Heere die Lebensader abzuschneiden. Aber dieses harrt aus an Ehren und an Wunden überreich, männlich und seiner großen Vergangenheit würdig […] bis zur letzten Minute, in welcher der Befehl die Waffen ruhen ließ.*

Wichtig ist, dass bei Beumelburg die Verantwortung für die Niederlage nicht weiter thematisiert wird und es bei Andeutungen über das Agieren von Soldatenräten bleibt. Nur das Gegensatzpaar von Front und Heimat ist etwas stärker als bei Remarque ausgebildet, und die Beschreibung der Geschehnisse auf den militärischen und politischen Kommandoebenen enthält sich jeglichen wertenden Kommentars. Darin liegt der wichtigste Unterschied zu den Schriftstellern der äußersten Rechten, symbolisiert in der Person von Hans (oft auch: Hanns) Zöberlein, der schon Anfang der 1920er-Jahre zu den Nationalsozialisten stieß. Zöberleins *Glaube an Deutschland* von 1931, mit einem Vorwort von Adolf Hitler, ist im Unterschied zu Beumelburgs Frontromanen voller Aussagen über den Verrat der Soldaten durch die »vaterlandslosen Gesellen« in der Heimat, wie Hitler in seinem Vorwort betont. Dieser zutiefst von Polemik und Hass auf das »System« getragene Kriegsroman hatte allerdings längst nicht die Verbreitung, die Remarque und Beumelburg erfuhren. Er riss die alten Gräben auf, während bei allen sachlichen und darstellerischen Unterschieden sowohl Remarque als auch Beumelburg bemüht blieben, den Krieg als Schicksal zu begreifen, dem sich der Einzelne nicht entziehen kann, und wo er sich unter Einsatz seines Lebens für seine Gruppe, »Mannschaft« oder »Volk« zu bewähren hat.

Dieses positive Resümee, die Wiederherstellung einer Art *élan collectif* aus dem Grauen des Krieges, dürfte die Hauptursache für den Massenerfolg sowohl von Remarque als auch von Beumelburg gewesen sein. Ein Erfolg, der sehr viel größer war als der aller anderen Romane von rechts und links, denn diese unterschieden stärker zwischen Schuld und Unschuld, sie waren Klage, Anklage und Gegenklage. Sie wollten entweder die Verrücktheit und Unmenschlichkeit des Krieges oder aber seine Kraft zu stolzer Bewährung thematisieren. Hingegen ließ sich auf die von Remarque und Beumelburg angestrebte synthetische Sicht der widersprüchlichen Elemente des Kriegserlebnisses viel kohärenter eine neue Sinnhaftigkeit aufbauen, sei es in der Verfolgung von Friedenszielen oder in der Betonung einer neuen »Wehrhaftmachung«, wie das militaristische Kunstwort der Zwanzigerjahre lautete.[8]

Sehr deutlich kommt dieses neue nationalistische Kraftgefühl der Jahre um 1930 in der repräsentativen Sammlung deutscher Kriegerdenkmäler aus dem Jahre 1931 zum Ausdruck, wo es im »Geleitwort von Univ. Prof. Dr. Ernst Bergmann, Leipzig«, heißt:

> *Diese Toten sind auch nicht tot! Sie leben […]. Seit einiger Zeit steigen sie nachts aus den Gräbern, besuchen uns im Traum und zeigen uns ihren Lorbeer und ihre Wunden […]. Plötzlich ist ein Glanz um uns, ihr Bildnis an der Wand beginnt zu leuchten […]. Wir müssen immer an sie denken, sie sind auferstanden in uns, sie bauen in unserem Geiste. […] Sie bauen am Deutschen Wunder.*

> *Das ist auch der Grund, warum wir heute den Krieg [...] wieder erleben wollen in hunderten von Dichtungen und Romanen. Das ist auch der Grund, warum eine so tiefe, zitternde Erregung durch die deutsche Volksseele geht. Der Advent der Toten ist gekommen, sie sind in uns erwacht, sie sind auferstanden in uns, sie rufen uns, sie leben.*[9]

Zu dieser neuen Kraftentfaltung gehörte sicherlich auch eine Art innerer Uniformierung, die ihren prägnantesten Ausdruck im so weit verbreiteten Bedürfnis fand, das Individuum in der »Gemeinschaft« aufgehen zu lassen, die individuelle Ratlosigkeit aufzufangen durch einen Kult des Lebens im Gleichschritt und unter der Fahne. Dieser merkwürdige neue Militarismus und Gesinnungsbellizismus beherrschte nicht allein die ohnehin nur in Uniform vorstellbaren rechtsradikalen Gruppen mit ihrer soldatischen Mimikry seit Anbeginn.[10] Einheitliche Kleidung und Gleichschritt wurden ohne Weiteres auch für »Wandervögel« oder sogar für sozialistische Gruppen zum Ausweis von Gemeinschaft und überindividueller Gestaltungskraft mit einem »höheren Willen«. Für die Kommunisten mit ihrer »Rotfront« galt dies ohnehin.[11] Das war auf allen Seiten weniger ein Rückfall in den alten Drill von »Zucht und Ordnung« als ein freiwilliges Aufgehen der Individuen im jeweils gewollten »Kollektiv«. Bernd A. Rusinek hat dieses »betont martialische« Verhalten etwa für den »Reichsjugendtag« des Katholischen Jungmänner-Verbandes 1931 in Trier festgestellt. Im offiziellen Bericht über dieses Treffen von 15 000 engagierten jungen Katholiken heißt es:

> *Das Jungvolk durchflutet die Straßen [...] Junge Kerle in Sturmscharkluft, deren Sehen hoch in den Sternen steht, Pfadfinder in frischforschem Schritt [...] Student neben Bauer, Kaufmann neben Arbeiter [...] geeint in einer Kraft, in einem Willen.*[12]

Und ein Jahr später, in einem anderen Zusammenhang:

> *Marschierende, einheitlich gekleidete Jungentrupps in geschlossenen, disziplinierten Reihen. Sie halten Gleichschritt, die Fahne an ihrer Spitze […]. Das Stehen und Marschieren in Reih und Glied ist allen Ausdruck ihres stärksten Lebensgefühls, bedeutet ein elementares Erlebnis, wirkt auf alle wie ein Rausch.*[13]

Ergänzend sei auf die Bemerkungen von Christian Saehrendt verwiesen, der gezeigt hat, wie auch der so antagonistische »Stellungskrieg der Denkmäler« immer wieder in sublimativer »Eroberung« von Stadtvierteln oder Straßenzügen durch rechte oder linke, stets uniformierte und fahnenbewehrte Einheiten das politische Berlin der Endzwanzigerjahre beherrschte.[14] Der Titel dieses Buches bezeichnet exakt einen Gestus, in dem der Kampf um die Straße das nachholte, was in den Feldschlachten und Grabenkriegen des Großen Krieges erlebt und erprobt worden war. Dieses Nachspielen des Sieges als Kompensation für die nie bewältigte Niederlage beherrschte sowohl diejenigen, die im Krieg »dabei« gewesen waren, als auch die Jüngeren, die danach fieberten, es entweder den Älteren gleichzutun oder sogar – wie so stark in der Hitlerjugend – das besser machen wollten, was die Älteren versäumt hatten.[15]

Die Nationalsozialisten hatten seit ihren Anfängen für die Revision des »Schandfriedens« gekämpft. Für sie waren Hass und Rache die ursprüngliche Handlungsmotivation. Hitlers Reden sind von diesen Schlagworten beherrscht.[16] Aber im Unterschied zu anderen radikalen und »völkischen« Gruppen beließen sie es nicht bei den Worten. Seit ihrer »Neugründung« von 1925 widmete sich die NSDAP betont den Kriegsopfern und drang darauf, dass auch aus den »Kriegskrüppeln« der Weimarer Republik wieder Helden wurden. Adolf Hitler warb in den Wahlkämpfen ausdrücklich mit seinem Status als Kriegsbeschädigter und forderte für alle Opfer des Weltkrieges, die Gefallenen und die

Verwundeten, die Ehre und die Ehrenbezeugung ein. Wie Nils Löffelbein gezeigt hat, brachte ihm diese Forderung einen immensen Zuspruch seitens der Kriegsbeschädigten und deren Umfeld ein.[17]

Ab 1928 und ihren zunehmenden Wahlerfolgen auf regionaler Ebene waren die Nationalsozialisten ebenfalls in »vorderster Front« an den Auseinandersetzungen um das »wahre Gedächtnis« und die Bewältigung des Weltkrieges beteiligt. Dazu gehörte auch, dass sie die wohl kohärenteste Verbindung schufen zwischen dem Fronterlebnis, der Frontkameradschaft und dem, was sie als »Volksgemeinschaft« ideologisch zunächst eher undeutlich formulierten. Von der Frontgemeinschaft zur Volksgemeinschaft, das war ursprünglich nur eine Variante der in der »soldatischen« Literatur vielfach als »Vermächtnis der Front« angesprochenen Sehnsucht nach einer neuen Gemeinschaft, die dem Leid und Tod der Soldaten des »Großen Krieges« letztendlich doch noch Sinn verleihen konnte.[18]

So lassen sich Hitlers Charisma und Beliebtheit nicht aus seinen extremistischen Umtrieben ableiten, sondern aus dem Versprechen, den »Verrat« von 1918/19 und die Schande von Versailles zu tilgen. Wie gut dies gelang, lässt sich an zwei Zwischenfällen erkennen. Zunächst an der zu Recht berühmten Reichstagssitzung vom 23. März 1933, in der über das Ermächtigungsgesetz diskutiert und abgestimmt wurde. Hitler gab zunächst eine Regierungserklärung ab, in welcher er das Gesetzesprojekt begründete. Hier die ersten Sätze dieser Rede:

> *Im November 1918 rissen marxistische Organisationen durch eine Revolution die vollziehende Gewalt an sich. Die Monarchen wurden entthront, die Reichs- und Landesbehörden abgesetzt und damit die Verfassung gebrochen. Das Gelingen der Revolution im materiellen Sinne sicherte die Attentäter vor dem Zugriff der Justiz. Die moralische Legitimierung suchten sie in der Behauptung, Deutschland bzw. seine Regierung trügen die Schuld am Ausbruch des Krieges.*[19]

Fünfzehn Jahre nach den Ereignissen waren also Dolchstoß und Kriegsschuld noch so zentral für das Denken und Handeln der neuen Machthaber, dass die Erklärung für ein Gesetz, welches den Beginn einer neuen Zeit fixieren sollte, mit dem Verweis hierauf beginnen musste.

Im Namen der Sozialdemokaten und der Republik und mit großem Mut lehnte Otto Wels das Ermächtigungsgesetz ab. Wie kaum einmal bemerkt, enthielt diese Rede aber auch eine Anerkennung des außenpolitischen Programms Hitlers. Zudem betonte Otto Wels, dass er selber bereits im Februar 1919 auf einem internationalen Kongress »der Unwahrheit von der Schuld Deutschlands am Ausbruch des Weltkrieges entgegengetreten« sei. Ausdrücklich bestätigte er Hitler mit einem Hinweis auf den »Wahnsinn der Reparationen«. Dieser nahm sehr erregt sofort Stellung:

> *Spät kommt ihr, doch ihr kommt!*
> *[…]. Sie erklären, dass die Sozialdemokratie unser außenpolitisches Programm unterschreibt, dass sie die Kriegsschuldlüge ablehnt, dass sie gegen die Reparationen sich wende. Nun erhebe ich nur die eine Frage: Was war denn dieser Kampf in der Zeit, in der Sie die Macht in Deutschland hatten?*

Und direkt anschließend, auf das Problem einer *Levée en masse*, wie ja 1918 von Rathenau und anderen gefordert, anspielend:

> *Es wäre genauso möglich gewesen, der deutschen Revolution die von Ihnen mit ausgegangen, denselben Schwung und dieselbe Richtung zu geben, die einst Frankreich seiner Erhebung im Jahre 1870 gegeben hat.*

Und kurz darauf:

Und Sie hätten weiter sich damals zur deutschen Trikolore bekennen müssen, und nicht zu den Farben, die der Feind in Flugblättern in unsere Gräben warf.[20]

Ein Blick auf die letzte Abstimmung im Reichstag, am 17. Mai 1933, zeigt, dass diese Zustimmung auch der Sozialdemokraten zu Hitlers Revisionspolitik kein Einzelfall war. Hitler hielt hier eine außenpolitische Grundsatzrede und verkündete, dass und wie er Deutschland aus dem Schatten von Versailles herausführen werde. Das war eine programmatische Erklärung, für die er auch das Votum des Reichstags einforderte. Dieses erhielt er, auch mit den Stimmen der Sozialdemokratie.

Nichts könnte deutlicher den traumatischen Charakter der Erinnerung an 1918/19 zeigen als dieser Disput *in extremis*, unmittelbar vor Verhaftung und Verfolgung aller Gegner des Nationalsozialismus. Hier zeigt sich eine Art emotionale Omnipräsenz der Niederlage von 1918 und der Revolution, der sich niemand entziehen konnte, und wo sich in einem dissonanten Zusammenklang auch Todfeinde vereint fanden.[21]

Hitler und der Nationalsozialismus waren wie besessen vom »Erbe des Krieges«, wobei sie gleichzeitig erkannten, dass dieses ihre große Chance war, in Deutschland eine breite und klassenübergreifende Zustimmung zu erhalten.

Zur weiteren Akkreditierung der Nationalsozialisten sowohl bei der Bevölkerung als auch bei den traditionellen Eliten gehört auch der energische Zugriff auf die Memorialkultur des Ersten Weltkrieges. Diese nicht nachlassende Aktivität in der Errichtung von Denkmälern[22], der Präsentation von »Kriegsausstellungen«[23], der Ehrung von Kriegsopfern und Kriegsteilnehmern aller Art[24] war für die Deutschen ein Beweis, dass die Nationalsozialisten das »Erbe des Weltkriegs« nicht nur für ihren politischen Erfolg nutzen wollten, sondern dass sie sich diesem ehrlich verpflichtet fühlten.

Nach der Machtergreifung entstand zunächst ein neuer und jetzt uniformer Gefallenenkult. Die genannten Beispiele von Marbach und Düsseldorf lassen sich leicht verhundertfachen. Die Feiern zur Verlegung der sterblichen Überreste des im August 1934 verstorbenen Reichspräsidenten Hindenburg im Oktober 1935 in das »Tannenberg-Reichsehrenmal« waren ein großer Erfolg für den Nationalsozialismus in seinem Bestreben, Deutschlands Ehre und Größe wiederherzustellen. Dieses Bemühen blieb ja auch immer gepaart mit dem Versprechen, den Ersten Weltkrieg doch noch zu gewinnen. Und genau dies geschah symbolisch mit dem Sieg über Frankreich im Jahre 1940.

Wie Ian Kershaw in seiner Arbeit über den Hitlermythos festgestellt hat, war Hitler in Deutschland niemals populärer als eben nach dieser Revanche und der Bewältigung der Niederlage von 1918.[25] Das Menetekel der Weimarer Republik war und blieb, dass sie nicht fähig war, eine Antwort auf die Niederlage zu finden, die den Hass und die Zerrissenheit zumindest teilweise hätte überwinden können.

Dank

Für Hilfe, Ratschläge und Kritik danke ich sehr herzlich:

In erster Linie Renate Rappenecker, die mich täglich ermutigt und das MS gnadenlos sorgfältig durchgesehen und korrigiert hat. Dann Thomas Gerhards, dessen detaillierte Kritik und viele Vorschläge ich herzlich gerne akzeptiere. Viele gute Hinweise erhielt ich auch von Silke Fehlemann und last but not least von Irina Renz von der Bibliothek für Zeitgeschichte, Stuttgart.

Meinen herzlichsten Dank auch an Patrick Oelze vom Herder Verlag für unermüdliche Unterstützung und vertrauensbildende Maßnahmen auch in schwierigen Momenten. David Bruder sei für seine zielführende Detailkritik ebenfalls herzlich gedankt. Ebenso möchte ich Miriam Eisleb vom Herder Verlag danken.

Für alle Thesen, Behauptungen, Einseitigkeiten und Fehler bin aber natürlich allein ich selber verantwortlich.

Freiburg, Juli 2018

Anhang

Anmerkungen

Vorwort

I. Der ferne Krieg

1 Dies zeigen auch auf überzeugende Weise die Überlegungen des prominenten Spezialisten der Geschichte der Friedensverträge: Jörg Fisch, Krieg und Frieden im Friedensvertrag, Stuttgart 1979. Über den Versailler Vertrag ebd., S. 204–239. Meine Überlegungen sind dieser Analyse stark verbunden.

1 Purlitz, Friedrich (Hg.), Deutscher Geschichtskalender. Der Europäische Krieg in aktenmäßiger Darstellung, Bd. 1 (1914), S. 46ff. und 100f. mit den Varianten dieser mehrfach gehaltenen Rede.

2 Hier zit. nach: Gerhard Hirschfeld/Gerd Krumeich, Deutschland im Ersten Weltkrieg, Frankfurt a. M. 2014, S. 58.

3 Vgl. hierzu: Alexander Watson, »Unheard of Brutality«: Russian Atrocities against Civilians in East-Prussia, 1914–1915, in: The Journal of Modern History 86 (2014), S. 780–825.

4 Über die Dehnbarkeit des Verteidigungsbegriffs jetzt auch: Ute Daniel, Beziehungsgeschichten. Politik und Medien im 20. Jahrhundert, Hamburg 2018, S. 81f.

5 John Horne (Hg.), State, Society and Mobilization in Europe during the First World War, Cambridge 1997.

6 Vgl. Dieter Vorsteher, Bilder für den Sieg. Das Plakat im Ersten Weltkrieg, in: Rainer Rother (Hg.), Die letzten Tage der Menschheit. Bilder des Ersten Weltkriegs, Berlin 1994, S. 149–162.

7 Hierzu detailliert: Jeffrey Verhey, »Helft uns siegen« – Die Bildersprache des Ersten Weltkriegs, in: Rolf Spilker (Hg.), Der Tod als Maschinist. Der industrialisierte Krieg 1914–1918, Bramsche 1998, S. 165–176.

8 Hierzu jetzt sehr einleuchtend: Ute Daniel, Beziehungsgeschichten, S. 90ff., mit der älteren Literatur.

9 Nach wie vor beispielhaft: Ute Daniel, Arbeiterfrauen in der Kriegsgesellschaft, Göttingen 1989.

10 Purlitz, Deutscher Geschichtskalender, Bd. 3 (1916), S. 617.

11 Purlitz, Deutscher Geschichtskalender, Bd. 2 (1915), S. 608; vgl. Salomon Grumbach, Das annexionistische Deutschland, Lausanne 1917, S. 7 mit den Pressereaktionen. Es war für die Beobachter klar, dass damit territoriale Annexionen gemeint waren.

12 Eine umfangreiche Dokumentation dieser Aufrufe bei Grumbach, Das annexionistische Deutschland; vgl. zum Wandel des Verteidigungsdiskurses schon: Fritz Fischer, Griff nach der Weltmacht. Die Kriegszielpolitik des kaiserlichen Deutschland, Düsseldorf 1961, S. 110 ff.; vgl. auch: Daniel, Beziehungsgeschichten, S. 90ff. über den dehnbaren Verteidigungsbegriff.

13 Hierzu mehr etwas weiter unten.

14 Vgl. im Einzelnen: Bernd Ulrich, Die Augenzeugen. Deutsche Feldpostbriefe in Kriegs- und Nachkriegszeit 1914–1933, Essen 1997; Klaus Latzel, Vom Kriegserlebnis zur Kriegserfahrung. Theoretische und methodische Überlegungen zur erfahrungsgeschichtlichen Untersuchung von Feldpostbriefen, in: Militärgeschichtliche Mitteilungen 56 (1997), S. 1–30.

15 Ein erster Ansatz zu einer Gesamtsicht bei: Wolfgang G. Natter, Literature at War 1914–1940: Representing the »Time of Greatness« in Germany, New Haven & London, 1999, Kap. 3: The Use and Abuse of Feldpostbriefe for Cultural Life, S. 78–121.

16 Vgl. Veit Didczuneit u a. (Hg.), Schreiben im Krieg. Schreiben vom Krieg. Feldpost im Zeitalter der Weltkriege, Essen 2011; vgl. auch Natter, Literature, S. 79ff. über Vorkriegs-Briefsammlungen.

17 8 Hefte, Freiburg 1914.

18 Vgl. Ulrich, Augenzeugen, S. 114 mit FN 20–24.

19 Georg Pfeilstifter (Hg.), Feldbriefe katholischer Soldaten, 3 Bde., Freiburg i. Br. 1918.

20 Erschienen in der Vaterländischen Verlags- und Kunstanstalt, Berlin 1915.

21 Briefe aus dem Feld 1914/15. Für das deutsche Volk im Auftrage der Zentralstelle zur Sammlung von Feldpostbriefen im Märkischen Museum zu Berlin, hg. von Otto Pniower u. a, Oldenburg 1916.

22 https://www.kriegssammlungen.de/index.php/popup?datensatznr=027 (konsultiert 28.6.2018).

23 Der Großteil der verzeichneten Texte ist im Jahre 1915 erschienen, nämlich 13 Publikationen. Im Jahre 1916 gab es nur noch sechs Veröffentlichungen, 1917 gar keine, und 1918 waren es nur drei.

24 Vgl. Natter, Literature, S. 86ff.

25 Patrick J. Houlihan, Catholicism and the Great War: Religion and Everyday Life in Germany and Austria-Hungary, 1914–1922, Cambridge 2015; Roland Haidl, Ausbruch aus dem Ghetto? Katholizismus im deutschen Heer 1914–1918, in: Gerd Krumeich/Hartmut Lehmann (Hg.), »Gott mit uns«. Nation, Religion und Gewalt im 19. und frühen 20. Jahrhundert, Göttingen 2000, S. 263–272.

26 Vgl. Manfred Hettling/Michael Jeismann, Der Weltkrieg als Epos. Philipp Witkops »Kriegsbriefe gefallener Studenten«, in: Gerhard Hirschfeld/Gerd Krumeich/Irina Renz (Hg.), Keiner fühlt sich hier mehr als Mensch ... Erlebnis und Wirkung des Ersten Weltkriegs, Essen 1993, S. 175–198.

27 Hierzu insgesamt: Karl Lange, Marneschlacht und deutsche Öffentlichkeit 1914–1939. Eine verdrängte Niederlage und ihre Folgen, Düsseldorf 1974.

28 Gerd Krumeich/Antoine Prost, Verdun 1916. Die Schlacht und ihr Mythos aus deutsch-französischer Sicht, Essen 2016.

29 Ebd., S. 187; vgl. zu diesem Buch besonders: Nicolas Beaupré (Hg.), Fritz von Unruh. Le Chemin du Sacrifice, Paris 2014, S. 5–22; Hans-Joachim Schröder, Fritz von Unruh (1885–1970) – Kavallerieoffizier, Dichter und Pazifist, in: Wolfram Wette (Hg.), Pazifistische Offiziere in Deutschland, 1871–1933, Bremen 1999, S. 319–338.

30 Genaue Informationen über den Film bei: Ulrike Oppelt, Film und Propaganda im Ersten Weltkrieg, Stuttgart 2002, S. 217–220.

31 Zu den Kriegsausstellungen: Susanne Brandt, Vom Kriegsschauplatz zum Gedächtnisraum. Die Westfront 1914–1940, Baden-Baden 2000; Christine Beil, Der ausgestellte Krieg. Präsentationen des Ersten Weltkriegs 1914–1939, Tübingen 2004; Britta Lange, Einen Krieg ausstellen. Die »Deutsche Kriegsausstellung« 1916 in Berlin, Berlin 2003.

32 Sabine Kienitz, Beschädigte Helden. Kriegsinvalidität und Körperbilder 1914–1923, Paderborn 2008; Gerd Krumeich, Verstümmelungen und Kunstglieder. Formen körperlicher Verheerungen im 1. Weltkrieg, in: Sozialwissenschaftliche Informationen 9 (1990), S. 97–102.

33 Martin Baumeister, Kriegstheater. Großstadt, Front und Massenkultur 1914–1918, Essen 2005, S. 40ff. Die folgende Darstellung nach dieser Quelle.

34 Ebd., S. 31.

35 Zit. nach: Hans-Harald Müller, Der Krieg und die Schriftsteller, Stuttgart 1986, S. 19.

36 Vgl. Philipp Stiasny, Mythen und Melodramen. Der Erste Weltkrieg im deutschen Spielfilm der Stummfilmzeit, in: Rainer Rother/Karin Herbst-Meßlinger (Hg.), Der Erste Weltkrieg im Film, München 2009, S. 49–67, hier S.50f.

37 Vgl. meinen Beitrag »Nicht ärgern nur wundern« auf der Internet-Seite des Historial de Péronne. Ein Originalplakat im Kölner Stadtmuseum; Abb. in: Rainer Rother, Bei unseren Helden an der Somme – Der deutsche Somme-Film, in: Gerhard Hirschfeld/Gerd Krumeich/Irina Renz (Hg.), Die Deutschen an der Somme 1914–1918. Krieg, Besatzung, verbrannte Erde, Essen 2016, S. 213–230, hier: S. 219. Folgendes weitgehend nach dieser Analyse.

38 Hierzu weiter unten, Kap. III. S. 153f.

39 Zur Zerstörung von Péronne durch französische Artillerie vgl. jetzt: Annie Déperchin (Hg.), Le Journal de guerre de Pierre Malicet. Un magistrat des territoires occupés pendant la Première Guerre mondiale, Lille 2016, S. 89 (22.3.15) und S. 199 (16.7.16).

40 Hierzu: Michael Geyer, Rückzug und Zerstörung 1917, in: Hirschfeld u. a. (Hg.), Die Deutschen an der Somme, S. 231–247; vgl. auch: Gerd Krumeich, Der Krieg als großer Arbeitsplatz. Frühjahr 1917: Der deutsche Rückzug und die Folgen, in: FAZ (Beilage: Bilder und Zeiten) 21.3.1998; vgl. zeitgenössisch die bei Alfred Fried gesammelten und kommentierten Presseberichte zu »Alberich«: Alfred H. Fried, Mein Kriegs-Tagebuch, Bd. 3, Zürich 1919, S. 190–195, 224–227.

41 Vgl. Anm. 37.

42 Florian Altenhöner, Kommunikation und Kontrolle. Gerüchte und städtische Öffentlichkeiten in Berlin und London 1914/1918, München 2008, S. 227f.

43 So der Titel einer weit verbreiteten Reportage über das Leben (nicht das Sterben!) an der Westfront: Georg Wegener, Der Wall von Eisen und Feuer. Ein Jahr an der Westfront, Leipzig 1915.

44 Otto Riebicke, Ringen an der Somme und im Herzen, Berlin 1917, S. 73.

45 Vgl. insgesamt: Gerd Krumeich, Der deutsche Soldat an der Somme 1914–1916. Zwischen Idylle und Entsetzen, in: Siegfried Quandt/Horst Schichtel (Hg.), Der Erste Weltkrieg als Kommunikationsereignis, Gießen 1993, S. 45–62.

46 Hierzu: Gerd Krumeich, Ernest Lavisse und die Kritik an der deutschen »Kultur«, in: Wolfgang J. Mommsen (Hg.), Kultur und Krieg. Die Rolle der Intellektuellen, Künstler und Schriftsteller im Ersten Weltkrieg, S. 143–154.

47 Vgl. bes. Stéphane Audoin-Rouzau, La guerre des enfants, Paris 1993; ders.,Die mobilisierten Kinder. Die Erziehung zum Krieg an französischen Schulen, in: Hirschfeld/Krumeich/Renz, Keiner fühlt sich hier mehr als Mensch, S. 151–174; vgl. auch: Manon Pignot, Allons enfants de la patrie. Génération Grande Guerre, Paris 2012; Zur Situation in Deutschland: Andrew Donson, Youth in the Fatherless Land: War Pedagogy, Nationalism and Authority in Germany, 1914–1918, London 2010; über die »Verrohung« der Kinder auch viel bei Ute Daniel, Arbeiterfrauen.

48 Ute Daniel, Arbeiterfrauen; Jürgen Kocka, Klassengesellschaft im Krieg. Deutsche Sozialgeschichte 1914–1918, Göttingen 1978; Anne Roerkohl, Hungerblockade und Heimatfront, Stuttgart 1991; zusammenfassend: Hirschfeld/Krumeich, Deutschland im Ersten Weltkrieg.

49 Hierzu am Beispiel von Berlin mit vielen Einzelheiten: Belinda J. Davis, Home Fires Burning: Food, Politics and Everyday Life in World War I Berlin, Chapel Hill 2000; Baumeister, Kriegstheater, S. 161, zeigt, wie diese sozialen Verwerfungen im Volkstheater zum Dauerthema wurden.

50 Im Einzelnen die nach wie vor nicht überholte Wirtschaftsgeschichte des Krieges von: Gerd Hardach, Der Erste Weltkrieg, München 1973. Zu den Kriegsgesellschaften ebd., S. 128ff.; vgl. auch: »Kriegsgesellschaften« in der Enzyklopädie Erster Weltkrieg (R. Zilch) sowie: Regina Roth, Staat und Wirtschaft im Ersten Weltkrieg. Kriegsgesellschaften als kriegswirtschaftliche Steuerungsinstrumente, Berlin 1997. Konkrete Auswirkungen dieser Misswirtschaft in: Hirschfeld/Krumeich, Deutschland im Ersten Weltkrieg, S. 122ff.; vgl. auch: Ute Daniel, Arbeiterfrauen, S. 188ff. über das »durchinstitutionalisierte Chaos« dieser Kriegsgesellschaften.

51 Zu Frankreich: Charles Ridel, Les embusqués, Paris 2007.

52 Wrisberg ist nach dem Krieg als Verfasser mehrerer weit verbreiteter Dolchstoß-»Dokumentationen« hervorgetreten, u. a Heer und Heimat (1921); Der Weg zur Revolution 1914–1918, Leipzig 1921.

53 Das Protokoll dieser Besprechung bei: Jakob Rosenthal, Die Ehre des jüdischen Soldaten. Die Judenzählung im Ersten Weltkrieg und ihre Folgen, Frankfurt a. M. 2007, S. 51ff.; reich dokumentiert: Werner T. Angress, Das deutsche Militär und die Juden im Ersten Weltkrieg, in: Militärgeschichtliche Mitteilungen 19 (1976), S. 77–146.

54 Faksimile im Katalog: Deutsche jüdische Soldaten, Berlin 1996, S. 52.

55 Vgl. zu den Statistik-Manipulationen und der Diskussion nach dem Krieg: Gerd Krumeich, Zu den Ursprüngen des NS-Antisemitismus. Die »Judenzählung« im Ersten Weltkrieg, in: Susanne Brandt/Thomas Gerhards/Uta Hinz (Hg.), Deutschland, Frankreich und der Krieg, Essen 2015, S. 289–301.

56 Vgl. Kap. IV.

57 Näher hierzu: Ernst-Albert Seils, Weltmachtstreben und Kampf für den Frieden. Der deutsche Reichstag im Ersten Weltkrieg, Frankfurt a. M. 2011, S. 216f.

58 Vgl. zu den Kriegszielen die Dokumentensammlung von Grumbach, Das annexionistische Deutschland; Fischer, Griff nach der Weltmacht.

59 So in Polizeiberichten aus Potsdam, Februar 1917, vgl. Davis, Home Fires Burning, S. 192. Die hier auf Englisch zitierte deutsche Archivquelle wurde von mir rückübersetzt.

60 Ingo Materna/Hans-Joachim Schreckenbach (Hg.), Berichte des Berliner Polizeipräsidenten zur Stimmung und Lage der Bevölkerung in Berlin 1914–1918, Weimar 1987, S. 178; vgl. auch: Ottokar Luban, Die politischen Massenstreiks in den letzten Weltkriegsjahren und die Haltung der Freien Gewerkschaften (1916–1918), in: C. Führer u. a (Hg.), Revolution und Arbeiterbewegung in Deutschland 1918–1920, Essen 2013, S. 121–134, hier S. 124ff.: Bericht auf

der Parteiausschusssitzung der MSPD vom 18./19.4.1917: »Es ist so weit gekommen, daß die Arbeiter sagen: Uns ist ganz schnuppe, was aus der Kiste wird, wir wollen Frieden haben, wir wollen essen, ganz gleich, wie der Krieg ausgeht.«

61 Zur Krise nach wie vor herausragend: Roerkohl, Hungerblockade und Heimatfront; jetzt eine bündige Zusammenstellung bei Seils, Weltmachtstreben; zur »Delegitimierung« die Pionierarbeiten von: Klaus-Peter Müller, Politik und Gesellschaft im Krieg. Der Legitimitätsverlust des badischen Staates 1914–1918, Stuttgart 1988; Karl-Ludwig Ay, Die Entstehung einer Revolution. Die Volksstimmung in Bayern während des Ersten Weltkrieges, Berlin 1968; Klaus-Dieter Schwarz, Weltkrieg und Revolution in Nürnberg, Berlin 1971; Daniel, Arbeiterfrauen, S. 17, über die Wahrnehmung der Inkompetenz der Behörden; vgl. auch: Klaus Schönhoven, Die Entstehung der Weimarer Republik aus dem Krieg, in: Heinrich August Winkler (Hg.), Weimar im Widerstreit. Deutungen der ersten deutschen Republik im geteilten Deutschland, München 2002, S, 13–32, bes. S. 22f.

62 Leo Stern, Die Auswirkungen der Großen Sozialistischen Oktoberrevolution auf Deutschland, Berlin 1959, Bd. 4/1, S. 89; vgl. auch passim: Dokumente und Materialien zur Geschichte der deutschen Arbeiterbewegung, Reihe II, Bd. 1, 1914–1917, Berlin 1958.

63 Stern, Die Auswirkungen, Bd. 4/4, S. 1097f.

64 Aufruf vom April 1917, in: Dokumente und Materialien II, Bd. 1, S. 630f.

65 Aufruf der Generalkommission der Gewerkschaften Deutschlands und des Vorstands der SPD, hier nach: Ursachen und Folgen I, S. 206.

66 Hindenburg an Kriegsamt, 17. April 1917, in: Ursachen und Folgen I, S. 202.

67 Ebd., S. 205.

68 Erich Ludendorff, Urkunden der Obersten Heeresleitung, Berlin 1920, S. 87, 193.

69 Entsprechende Schreiben abgedruckt bei: Ludendorff, Urkunden, S. 91, 96.

70 Ebd., S. 97f., Schreiben vom 8.12.17.

71 Vgl. hierzu etwas weiter unten.

72 Ludendorff, Urkunden, S. 99f., Schreiben vom 17.2.18.

73 Stern, Die Auswirkungen, Bd. 4/1, S. 89–93.

74 Ebd., S. 129, auf den vorherigen Seiten sehr viele einzelne Quellen für die Streikaktivität.

75 Dokumente und Materialien, II, Bd. 1, S. 162–166.

76 Zit. nach: Ursachen und Folgen I, S. 186.

77 Zit. nach: Hirschfeld/Krumeich/Renz, 1918, S. 170.

78 Seils, Weltmachtstreben, S. 287ff. In der Dolchstoßdiskussion nach dem Krieg spielte dies auch eine große Rolle und wurde von Nationalisten eifrig genutzt. Ein wichtiges Beispiel ist die Dissertation von Hans Herzfeld, der später einer der einflussreichsten Historiker der frühen Bundesrepublik wurde: Hans Herz-

feld, Die deutsche Sozialdemokratie und die Auflösung der nationalen Einheitsfront im Weltkriege, Berlin 1928, bes. S. 28ff.

79 Es handelt sich um dieselbe Person, die 1916 bei der »Judenzählung« initiativ war, s.o., S. 46.

80 Untersuchungsausschuss 4. Reihe, Bd. 4, S. 24, S. 319–323.

81 Jean-Louis Robert, Les Ouvriers, la Patrie et la Révolution, Paris 1995; Becker/Krumeich, Der Große Krieg, S. 122ff.

82 Vgl. bes. André Loez, 14–18. Les refus de la guerre. Une histoire des mutins, Paris 2010, bes. S. 437, 446ff.

83 Nach wie vor als solider Überblick: Jean-Baptiste Duroselle, La Grande Guerre des Français 1914–1918, Paris 1994, S. 202ff.; Denis Rolland, La grève des tranchées. Les mutineries de 1917, Paris 2005; zum Patriotismus der Streikenden: Stéphane Audoin-Rouzeau/Annette Becker, 14–18. Retrouver la guerre, Paris 2000, S. 150ff.

84 Vgl. hierzu im Einzelnen: Jean-Louis Robert, Les Ouvriers; für die Krise von 1918: Galit Haddad, 1914–1919. Ceux qui protestaient, Paris 2012, S. 263ff.

85 Jean-Jacques Becker (Hg.), Georges Clemenceau. Articles et discours de guerre 1914–1918, Paris 2012, S. 196–198, meine Übersetzung. Schon 1921 wurden die Kriegsreden Clemenceaus gewissermaßen als Handlungsanleitung für ein wiedererstarktes Deutschland von einem der wichtigsten Kämpfer gegen die »Kriegsschuldlüge« übersetzt und publiziert: Bernhard Schwertfeger (Hg.), Der Tiger. Die Kriegsreden Georges Clemenceaus, Berlin 1921.

86 Ulrich, Augenzeugen; vgl. Hirschfeld/Krumeich, S. 139.

87 Vgl. Nikolaus Buschmann, Der verschwiegene Krieg. Kommunikation zwischen Front und Heimatfront, in: Gerhard Hirschfeld u. a (Hg.), Kriegserfahrungen, Essen 1997, S. 208–224.

88 Ausstellung des Stadtarchivs Bochum 2014: Zwischen Heimat und Front. Bochum im Ersten Weltkrieg; weitere Beispiele in der (noch) ungedruckten Düsseldorfer Habilitationsschrift von Silke Fehlemann, Trostlose Zeiten. Weibliche Familienangehörige im Ersten Weltkrieg und in der Zwischenkriegszeit (2018).

89 Zitiert bei: Hirschfeld/Krumeich, Deutschland im Ersten Weltkrieg, S. 132.

90 Ulrich, Augenzeugen, S. 156ff.; weitere Beispiele bei Daniel, Arbeiterfrauen, S. 220 u. 243.

91 Zit. bei Fehlemann, Trostlose Zeiten, S. 180.

92 Christian Koch, Giftpfeile über der Front. Flugschriftpropaganda im und nach dem Ersten Weltkrieg, Essen 2015, S. 69ff., 265ff.

93 Ulrich, Augenzeugen, S. 156ff.

94 Zit. nach:, Anne Lipp, Meinungslenkung im Krieg. Kriegserfahrungen deutscher Soldaten und ihre Deutung 1914–1918, Göttingen 2003, S. 283; ebd., 282ff. sehr viele Informationen aus den diversen Feldzeitungen.

95 Lipp, S. 284, mit weiteren Beispielen.

96 Ulrich, Augenzeugen, S. 163; vgl. Angelika Tramitz, Vom Umgang mit Helden. Kriegs(vor)schriften und Benimmregeln für deutsche Frauen im Ersten Weltkrieg, in: Peter Knoch (Hg.), Kriegsalltag, Stuttgart 1989, S. 84–113.

97 Friedrich Altrichter, Die seelischen Kräfte des deutschen Heeres im Frieden und im Weltkriege, Berlin 1933, S. 109, zit. bei Ulrich, Augenzeugen, S. 285.

98 Der Januarstreik ist sehr gut erforscht. Vgl. insbesondere: Werner Boldt, Der Januarstreik in Bayern mit besonderer Berücksichtigung Nürnbergs, in: Jahrbuch für fränkische Landesforschung 25 (1965), S. 5–42; Stephen Baily, The Berlin Strike of January 1918, in: Central European History 13 (1980), S. 158–174; Volker Ullrich, Der Januarstreik 1918 in Hamburg, Kiel und Bremen, in: Zeitschrift des Vereins für Hamburgische Geschichte 71 (1985), S. 45–74; Susanne Miller, Burgfrieden und Klassenkampf, Düsseldorf 1974, S. 371ff.; Chaja Boebel (Hg.), Streiken gegen den Krieg. Die Bedeutung der Massenstreiks in der Metallindustrie vom Januar 1918, Hamburg 2008; vgl. auch die neuere Arbeit von: Luban, Die politischen Massenstreiks in den letzten Weltkriegsjahren und die Haltung der Freien Gewerkschaften, S. 130f.

99 Streikaufruf der Spartakusgruppe, Ende Januar 1918, in: Dokumente und Materialien II, Bd. 2, S. 71ff.

100 Der Demonstrationsaufruf von USPD, SPD und Vereinigten Gewerkschaften Nürnbergs in: Hirschfeld/Krumeich/Renz (Hg.), 1918, S. 72f.

101 Hierzu im Einzelnen: Luban, Die politischen Massenstreiks, S. 130ff.

102 Zit. nach. Ursachen und Folgen I, S. 244.

103 Nach: Miller, Burgfrieden, S. 376.

104 Bericht an den Polizeipräsidenten, 5.2.18, in: Dokumente aus geheimen Archiven. Berichte des Berliner Polizeipräsidenten zur Stimmung und Lage der Bevölkerung in Berlin, Bd. 4, 1914–1918, Weimar 1987, S. 252.

105 Ebd., S. 241.

106 Mehr hierzu unten, Kap. IV, S. 205f.

107 Näher hierzu: Die Regierung Eisner 1918/19. Ministerratsprotokolle und Dokumente, hg. von Franz J. Bauer, Düsseldorf 1987, S. XXXIVf.

108 Miller, Burgfrieden, S. 379 ff.; zu ergänzen durch: Seils, Weltmachtstreben, S. 500ff.

109 Joseph Caillaux, ehemaliger Regierungschef und Führer der linksrepublikanischen »radicaux« wurde wegen vorgeblicher Geheimverhandlungen mit Deutschland verhaftet und später auch verurteilt.

110 Lipp, Meinungslenkung, S. 258 ff.

111 Zit. nach: Lipp, S. 262.

112 Vgl. Lipp, Meinungslenkung, S. 172ff. und 200ff.; vgl. zum »Verteidigungs«-Topos: Hirschfeld u.a (Hg.), Die Deutschen an der Somme, bes. S. 311 ff.

113 Zit. bei: Ute Daniel, Beziehungsgeschichten, S. 116; vgl. zu dem Misserfolg dieses Plakats auch: Verhey, »Helft uns siegen«, S. 172.

114 Nach: Rainer Rother, Vom »Kriegssofa« zum »Flug an die Front«. Anmerkungen zum deutschen Film im Ersten Weltkrieg, in: Rainer Rother (Hg.), Die letzten Tage der Menschheit. Bilder des Ersten Weltkriegs, Berlin 1994, S. 197–206, zit. S. 205.

115 Hermann Stegemann, Erinnerungen aus meinem Leben und aus meiner Zeit, Berlin 1930, S. 473; vgl. zu Stegemanns »Geschichte des Krieges«, die seit 1917 erschien: Gerd Krumeich, La première histoire allemande de la Grande Guerre: Hermann Stegemann, Geschichte des Krieges (1917), in: Franziska Heimburger, Nicolas Patin (Hg.), La Grande Guerre comme initiation. Vivre et dire les premières expériences, S. 71–82 (https://www.cairn.info/revue-histoire-politique-2016-1-page-1.htm, konsultiert 28.6.2018).

116 Vgl. Walter Görlitz (Hg.), Regierte der Kaiser? Kriegstagebücher, Aufzeichnungen und Briefe des Chefs des Maine-Kabinetts, Admiral Georg Alexander von Müller, Göttingen, 1959, S. 354.

117 Victor Schiff, So war es in Versailles, Berlin 1929, S. 28.

II. Die seltsame Niederlage

1 Bewusste Anspielung auf das berühmte Buch von Marc Bloch über die »Seltsame Niederlage« Frankreichs im Jahre 1940.

2 Frédéric Guelton (Hg.), 1918. L'Etrange victoire. Archives du Ministère de la guerre et témoignages inédits, Paris 2008.

3 Marc Hieronimus, Krankheit und Tod 1918. Zum Umgang mit der Spanischen Grippe in Frankreich, England und dem Deutschen Reich, Münster-Hamburg-Berlin-London 2006; Anne Rasmussen, Dans l'urgence et le secret. Conflits et consensus autour de la grippe espagnole, 1918–1919, in: Mil neuf cent 25 (2007), S. 171–190; Eckard Michels, Die »Spanische Grippe« 1918/19, Verlauf, Folgen und Deutungen in Deutschland im Kontext des Ersten Weltkriegs, in: Vierteljahreshefte für Zeitgeschichte 58 (2010), S. 1–33.

4 Zahlen nach Michels, Die »Spanische Grippe«, S. 7 und 15.

5 David Stevenson, With our Backs to the Wall: Victory and Defeat in 1918, Cambridge MA 2011.

6 Zit. nach: Holger Afflerbach, Auf Messers Schneide. Wie das Deutsche Reich den Ersten Weltkrieg verlor, München 2018, S. 425.

7 Gerd Krumeich/M. Rainer Lepsius (Hg.), Max Weber, Briefe 1918–1920, Tübingen 2012 (MWG II/10, 1. Halbband), S. 58.

8 So Max v. Baden in seinen Erinnerungen. Vgl. hierzu und zu weiteren Stimmen: Lange, Marneschlacht, S. 18; eine genaue Schilderung der enthusiastischen

Stimmung im Reichstag bei: Seils, Weltmachtstreben, S. 576f.; vgl. auch: Altenhöner, Kommunikation, S. 228f. mit genauer Beschreibung der Aufregungen und Gerüchte um den »letzten Hieb« in der Berliner Öffentlichkeit.

9 Vgl. hierzu den Artikel »Michaels-Offensive« von Martin Kitchen, einem hervorragenden Spezialisten, mit Schlachtenkarte, in: Gerhard Hirschfeld/Gerd Krumeich/Irina Renz (Hg.), Enzyklopädie Erster Weltkrieg, Paderborn 2009 (4. Aufl.); vgl. jetzt auch die präzise Darstellung der militärischen Abläufe mit Karten bei: Gerhard P. Groß, Das Ende des Ersten Weltkriegs und die Dolchstoßlegende, Ditzingen 2018, S. 34–72.

10 Vgl. Hermann v. Kuhl, Der Weltkrieg 1914–1918, Bd. 2, Berlin 1933, S. 265.

11 Ernst Jünger, Kriegstagebuch 1914–1918, hg. von Helmuth Kiesel, Stuttgart 2010, S. 412; vgl. zu den Sturmtruppen: Hellmuth Gruss, Die deutschen Sturmbataillone im Weltkrieg, Berlin 1939; Jean-Claude Laparra/Pascal Hesse, Le Sturmbataillon Rohr 1916–1918, Paris 2010.

12 Vgl. hierzu jetzt auch die detaillierte Schilderung bei Afflerbach, Auf Messers Schneide, S. 429ff.; ebd., S. 443 eine genaue Aufstellung auch der Menge und Art der Geschütze.

13 Vgl. Christophe Dutrône, Feu sur Paris, Paris 2012; Henry W. Miller, The Paris Gun: The Bombardment of Paris by the German Long-Range Guns and the Great German Offensives of 1918, London 1930.

14 Text bei: Gerhard Hirschfeld/Gerd Krumeich/Irina Renz (Hg.), 1918. Die Deutschen zwischen Weltkrieg und Revolution, Berlin 2018, S. 94–96.

15 Ernst Jünger, Kriegstagebuch 1914–1918, hg. von Helmuth Kiesel, S. 376.

16 Ich übernehme hier den Titel von Holger Afflerbachs neuer Gesamtdarstellung der militärischen Situation – und versehe ihn mit einem Fragezeichen.

17 Vgl. Markus Pöhlmann, Die Rückkehr an die Somme 1918, in: Hirschfeld/Krumeich/Renz, Die Deutschen an der Somme, S. 275ff.

18 So Kuhl, Der Weltkrieg, Bd. 2, S. 297.

19 Ebd., S. 84; vgl. auch Ernst Jünger, Kriegstagebuch, S. 386, über das Entdecken von englischen Vorräten – das habe aber nicht den Vormarsch gestört.

20 Kronprinz Rupprecht von Bayern, Mein Kriegstagebuch, Bd. 2, München 1929, S. 372.

21 Hierzu jetzt auch Afflerbach, Auf Messers Schneide, S. 447f.

22 Zit. nach: Stevenson, With our Backs to the Wall, S. 73.

23 Jean-Claude Laparra, 1918. L'année décisive, Paris 2018, S. 142; vgl. auch die Zahlen bei W. S. Churchill, Die Weltkrisis, Bd. 2, S. 161ff.

24 Zit. nach: Becker/Krumeich, Der Große Krieg, S. 280.

25 Laparra, L'Année décisive; Jean Baptiste Duroselle, La Grande Guerre des Français. L'incompréhensible, Paris 1994, S. 375ff.; François Cochet, La Première Guerre Mondiale, Paris 2005.

26 Ursachen und Folgen II, S. 260f., nach Hertling, Ein Jahr in der Reichskanzlei, S. 139.

27 Ursachen und Folgen II, S. 262.

28 Vgl. hierzu Kap. I.

29 Auch darüber gab es später eine Auseinandersetzung: Hintze hat 1922 bezeugt, Ludendorff habe ihm »mit einem bestimmten Ja« geantwortet (Kuhl, Der Weltkrieg, Bd. 2, S. 327). Wahrscheinlich hat Ludendorff gesagt, er hoffe sehr bestimmt ...

30 Zur Stimmung am Hof: Görlitz, Regierte der Kaiser?, S. 387f.

31 Vgl. Kap. I.

32 Stevenson, With our Backs to the Wall, S. 114f.; vgl. auch: Afflerbach, Auf Messers Schneide, S.454ff.; für das Beispiel der bayerischen Armee: Christian Stachelbeck, Militärische Effektivität im Ersten Weltkrieg. Die 11. Bayerische Infanteriedivision 1915 bis 1918, Paderborn 2010, S. 231ff.

33 Zit. nach: Purlitz, Deutscher Geschichtskalender, Bd. 4 (1918), S. 29f.

34 Nach: Amtliche Urkunden zur Vorgeschichte des Waffenstillstandes 1918, Berlin 1928 (4. Aufl.), S. 35f; zur Entstehung dieses »Weißbuches« der Regierung Max von Baden mit Stoßrichtung gegen die OHL sowie die Veränderungen zwischen der 1. Aufl. und den folgenden Auflagen vgl. Pierre Jardin, Aux racines du mal. 1918. Le déni de la défaite, Paris 2005, S. 468–497. Leider fehlen in diesem so informativen Buch alle Quellenverweise.

35 Ernst Jünger, Kriegstagebuch, S. 422. Eintrag (nachträglich zusammenfassend) vom 29.8.18.

36 Diese grundlegenden Forschungen sind inzwischen in der Studie von Alexander Watson, Enduring the Great War: Combat, Morale and Collapse in the German and British Armies, 1914–1918, Cambridge 2008, weitergeführt worden; vgl. auch die bemerkenswerten Aufsätze von: Dieter Storz, »Aber was hätte anders geschehen sollen?« Die deutschen Offensiven an der Westfront 1918, in: Jörg Duppler/Gerhard P. Groß (Hg.), Kriegsende 1918, München 1999, S. 51–98; Benjamin Ziemann, Enttäuschte Erwartung und kollektive Erschöpfung. Die deutschen Soldaten an der Westfront 1918 auf dem Weg zur Revolution, in: ebd., S 165–182.

37 Hierzu auch die zutreffende Kritik bei Ziemann, Enttäuschte Erwartungen; vgl. auch: Hew Strachan, The Morale of the German Army, 1917–18, in: Hugh Cecil und Peter H. Liddle, Facing Armageddon: The First World War Experienced, London 1996, S. 383–398, S. 394f.; Scott Stephenson, The Final Battle. Soldiers of the Western Front and the German Revolution of 1918, Cambridge 2009, S. 65.

38 Vgl. auch: Matthew Stibbe, Germany 1914–1933, Harlow 2010, S. 49f., der Watson und Ziemann folgt: Es hat keine kollektive Radikalisierung gegeben.

39 Vgl. Koch, Giftpfeile; Christoph Jahr, Gewöhnliche Soldaten. Desertion und Deserteure im deutschen und britischen Heer 1914–1918, Göttingen 1998.

40 Frédéric Guelton, L'Etrange Victoire, S. 30.

41 Amtliche Urkunden, S. 40.

42 Ebd., S. 9.

43 Stevenson, With our Backs to the Wall, S. 122–163; vgl. auch: Strachan, The Morale of the German Army, bes. S. 386ff.

44 Vgl. Harry R. Rudin, Armistice 1918, New Haven 1944, S. 287.

45 Churchill, The World Crisis, London 1930, S. 200, hier zit. nach: Wolfgang Schivelbusch, Die Kultur der Niederlage, Berlin 2001, S. 227.

46 Michael Epkenhans, An der Heimatfront besiegt?, in: Rudolf Jaun u. a (Hg.), An der Front und hinter der Front. Der Erste Weltkrieg und seine Gefechtsfelder, Baden (Schweiz), 2015, S. 140–155, hier: S. 144.

47 Archivrat Dr. Cron, »Konnte das deutsche Heer im November 1918 weiterkämpfen? Untersuchung auf Grund der Kriegsakten der Kommandobehörden«. Ich danke Michael Epkenhans, der mir diese Archivalie überlassen hat.

48 Guelton, Etrange victoire, S. 62 und passim.

49 Frédéric Guelton (Hg.), Général Edmond Buat, Journal 1914–1923, Paris 2015, S. 661 (meine Übersetzung des Zitats); vgl. jetzt auch: Holger Afflerbach, Auf Messers Schneide, S. 492: »Bis Ende September 1918, und auch noch darüber hinaus, wurde das deutsche Heer als vollwertiger und reaktionsstarker Gegner eingeschätzt.« A. beobachtet deshalb auch eine »Scheu« der Alliierten, zu starke Forderungen an Deutschland zu stellen.

50 Michael Geyer, Insurrectionary Warfare: The German Debate about a Levée en Masse in October 1918, in: Journal of Modern History 73 (2001), S. 459–527, hier: S. 462.

51 Vgl. hierzu schon die Überlegungen von Altrichter, Die seelischen Kräfte, S. 155ff.: »Die psychologische Bedeutung der Niederlagen vom 18. Juli und vom 8. August«.

52 Beide Berichte im Archiv der Bibliothek für Zeitgeschichte Stuttgart. Ich danke Irina Renz für den Hinweis auf diese Quellen.

53 Kronprinz Rupprecht von Bayern, Mein Kriegstagebuch, München 1929, Bd. 2, S. 452.

54 Ebd.

55 Jonathan Boff, Winning and Losing on the Western Front: The British Third Army and the Defeat of Germany 1918, Cambridge 2012, S. 176ff. Zu der Übermacht der alliierten Tanks jetzt die wohl definitive Arbeit von Markus Pöhlmann, Der Panzer und die Mechanisierung des Krieges, Paderborn 2016.

56 Vgl. das Quellenzitat bei: Rudin, Armistice 1918, S. 287.

57 Vgl. hierzu Bruno Cabanes, Die französischen Soldaten und der »Verlust des Sieges«, in: Gerd Krumeich (Hg.), Versailles 1919, Ziele – Wirkung – Wahrnehmung, Essen 2001, S. 269–279; ders.,La victoire endeuillée. La sortie de guerre

des soldats français (1918–1920), Paris 2004, bes. S. 35ff. und 60ff.: die riesige Hoffnung auf das Ende des Krieges – aber auch die Wut auf den »boche« halten sich die Waage.

58 Cron (wie Anm. 41), S. 26f.

59 Gerhard Ritter, Staatskunst und Kriegshandwerk. Das Problem des »Militarismus« in Deutschland, Bd. 4, München 1968, S. 394 und 424.

60 Admiral von Müller, Regierte der Kaiser? Göttingen 1959, S. 402. Müller war Chef des Marinekabinetts.

61 Ebd., S. 399; in seinen Aufzeichnungen findet sich immer wieder die ihn grämende unverantwortliche Haltung Wilhelms II., seit 1917, auch eklatante Niederlagen zu Siegen umzudeuten. Vgl. ebd., S. 314, 336, 355, 394ff. (über den 15. und 18.7.18).

62 Vgl. hierzu: Militär und Innenpolitik im Weltkrieg 1914–1918, 2 Teile, bearbeitet von Wilhelm Deist, Düsseldorf 1970, Teil 2, Nr. 469, die Monatsberichte der Stellvertretenden Generalkommandos vom Anfang September 1918 über den Stimmungseinbruch bei der Bevölkerung.

63 Amtliche Urkunden, S. 5.

64 Ursachen und Folgen II, S. 314.

65 Ebd., S. 319; Erich von Ludendorff, Meine Kriegserinnerungen, Berlin 1919, S. 582.

66 Zitat und das Folgende nach: Albrecht von Thaer, Generalstabsdienst an der Front und in der O.H.L., hg. von Siegfried A. Kaehler, Göttingen 1958, S. 234ff. (Tagebuch 1.10.18), Hervorhebung im Zitat wie im Original.

67 Thaer, Generalstabsdienst, S. 235.

68 Thaer, S. 236.

69 Nach: Ernst Rudolf Huber, Deutsche Verfassungsgeschichte seit 1789, Bd. 5 (1914–1919), Stuttgart 1978, S. 532.

70 Ebd., S. 539f. mit Einzelheiten über diese Aktivitäten; vgl. auch: Die Regierung des Prinzen Max von Baden, bearbeitet von Erich Matthias und Rudolf Morsey, Düsseldorf 1962, S. XVIff.

71 Amtliche Urkunden, S. 66–68.

72 Max von Baden, Erinnerungen und Dokumente, Stuttgart 1927, S. 328f. Max hatte diesen Eindruck aus späteren Berichten von Teilnehmern. Er selber war zu diesem Zeitpunkt noch nicht zum Reichskanzler ernannt und deshalb bei dieser Sitzung nicht anwesend.

73 Hierzu und zu Folgendem die präzise mit Akten belegte Darstellung, in: Max von Baden, Erinnerungen und Dokumente, S. 333ff.

74 Diese Antworten bei: Ludendorff, Urkunden der Obersten Heeresleitung, S. 540f.

75 Max von Baden, Erinnerungen, S. 336.

76 Ebd.

77 Ludendorff, Der Waffenstillstand, hier zit. nach: Wolfgang Foerster, Der Feldherr Ludendorff im Unglück, S. 90.

78 Max von Baden, Erinnerungen, S. 337.

79 Die Note wurde in Washington am 7.10. übergeben. Zur Reaktion der Alliierten s. etwas weiter unten.

80 Die Rede abgedruckt in: Purlitz, Deutscher Geschichtskalender, Vom Waffenstillstand zum Frieden von Versailles (1919), S. 47–52.

81 Hermann Stegemann, Erinnerungen aus meinem Leben und aus meiner Zeit, Stuttgart 1930, S. 490f.

82 Hier zitiert nach: Walther Rathenau, Nach der Flut, Berlin 1919, S. 49–51.

83 Geyer, Insurrectionary Warfare; das Folgende weitgehend nach dieser Arbeit.

84 Erich Matthias/Rudolf Morsey (Hg.), Der Interfraktionelle Ausschuss 1917/18, Düsseldorf 1959, T. II, S. 653; Schivelbusch, Kultur der Niederlage, S. 238f., mit interessanten Gedanken zur »Levée en masse«. Seine Annahme, dass dies nicht haben funktionieren können, da es nur eine Mobilisierung »von oben« gewesen sei, ohne »demokratische Dynamik«, wäre also zu diskutieren.

85 Zit. bei: Jörg Berlin (Hg.), Die deutsche Revolution 1918/19, Köln 1979, S. 122f.

86 Hier nach: Ursachen und Folgen II, S. 379f.; vgl. hierzu jetzt auch: Alexander Watson, Am Anfang war Gewalt. Die deutsche Revolution 1918/19 und der Beginn der Weimarer Republik, Berlin 2017, S. 26f., der aber wohl den Bellizismus des Kanzlers überbetont und dementsprechend den Schlussteil der Rede nicht zitiert.

87 Ursachen und Folgen II, S. 390; Watson, Am Anfang war Gewalt, S. 29f., verweist auf die »breite Resonanz« der Auffassungen Rathenaus.

88 Amtliche Urkunden, S. 85.

89 Ernst von Wrisberg, Heer und Heimat, Leipzig 1921, S. 208f.

90 Amtliche Urkunden, S. 100. Ludendorffs Antwort vom 11.10.

91 Ludendorff an AA, 11.10, Amtliche Urkunden, S. 100.

92 Zit. nach: Ebd., S. 112.

93 Amtliche Urkunden, S. 109f.

94 Folgendes nach dem in den Amtlichen Urkunden S. 128ff. abgedruckten Protokoll.

95 Ausführlich zu der Idee, 600.000 Mann zu mobilisieren: Jardin, Aux racines du mal, S. 416f.

96 Ursachen und Folgen II, S. 427.

97 Amtliche Urkunden, 1. Aufl. 1919, S. 130.

98 Amtliche Urkunden, S. 196.

99 Vgl. Deist, Militär und Innenpolitik, Teil 2, Nr. 494, über die Pressebesprechung zu diesem Aufruf und die dort gegebenen weiteren Erläuterungen.

100 Folgendes nach: Amtliche Urkunden, Nr. 86, S. 213–219: »Staatssekretärsitzung vom 28. Oktober 1918, vorm. 10 Uhr.«

101 Allerletzte Aufrufe zur Einigkeit seitens der Konservativen und die Aufrufe der Linken zum Aufgeben, zwischen dem 28. Oktober und dem 4. November finden sich in: Ursachen und Folgen II, S.446ff.

102 Vgl. Afflerbach, Auf Messers Schneide, S. 409.

103 Vgl. zu Groeners Auffassungen auch den Bericht des bayerischen Militärbevollmächtigten an den bayerischen Kriegsminister vom 1.11.18 (Deist, Militär und Innenpolitik Teil 2, Nr. 500): Groener habe gesagt, wenn es gelänge, die Front noch einige Wochen zu halten, seien die militärischen Voraussetzungen zur Erreichung erträglicher Bedingungen nicht unwesentlich gebessert.

104 Jeffrey Verhey, Der »Geist von 1914« und die Erfindung der Volksgemeinschaft, Hamburg 2000, S. 329ff.

105 Vgl. hierzu Kap. IV.

106 Philipp Witkop, Kriegsbriefe gefallener Studenten, München 1929, S. 351f.

107 Vgl. Christoph Jahr, Bei einer geschlagenen Armee ist der Klügste, wer zuerst davonläuft, in: Duppler/Groß (Hg.), Kriegsende 1918, S. 241–272; Benjamin Ziemann, Enttäuschte Erwartungen, ebd., S. 165–182; vgl. Christoph Jahr, Gewöhnliche Soldaten; hierauf aufbauend und weiterführend: Alexander Watson, Enduring the Great War, mit umfänglichen Statistiken, vgl. zur Diskussion auch: Stachelbeck, Militärische Effektivität, S. 297, A 217.

108 Walther Rathenau, Die Revolution aus Versehen, in: Walther Rathenau, Kritik der dreifachen Revolution, Nördlingen 1987, S.13–18 (Originalausgabe Frankfurt a. M. 1919, S. 74).

109 Die Revolution der Verantwortung, ebd., S. 74.

110 Troeltsch, Spektator-Briefe, S. 77f. Zum Datierungsproblem der Spektator-Briefe dieser Zeit: Ernst Troeltsch. Spectator-Briefe und Berliner Briefe (1919–1922), hg. von Gangolf Hübinger, Berlin/Boston 2015 (= Ernst Troeltsch. Kritische Gesamtausgabe, Bd. 14), S. 106 u. 115.

111 Klaus Peter Müller, Politik und Gesellschaft im Krieg. Der Legitimitätsverlust des badischen Staates, Stuttgart 1988, S. 259f.; vgl. auch: Deist, Militär und Innenpolitik Teil 2, Nr. 491, A 5 über die ganz unterschiedlichen Beurteilungen der militärischen Behörden bezüglich der Erfolgsaussichten einer Remobilisierung der Bevölkerung.

112 Boris Barth hat in seinem so wertvollen Buch zum »Dolchstoß« diese Aufrufe zu sehr marginalisiert; vgl. Bernd Ulrich/Benjamin Ziemann, Krieg im Frieden. Die umkämpfte Erinnerung an den Ersten Weltkrieg, Frankfurt 1997, S. 37f.: ein Flugblatt von Ende Oktober 1918, man solle sich der Einberufung verweigern; vgl. auch: Hans-Ulrich Knies, Arbeiterbewegung und Revolution in Wuppertal.

Entwicklung und Tätigkeit der Arbeiter- und Soldatenräte in Elberfeld und Barmen, in: Reinhard Rürup (Hg.), Arbeiter- und Soldatenräte im rheinisch-westfälischen Industriegebiet. Studien zur Geschichte der Revolution von 1918/1919, Wuppertal 1975, S. 83–154, hier: S. 89ff. über die misslungenen Aufrufe zur »nationalen Verteidigung«.

113 So sehr zutreffend Ulrich Kluge, Soldatenräte und Revolution, Göttingen 1975, bes. S. 102ff.; dasselbe Urteil bei Müller, Politik und Gesellschaft im Krieg, S. 260; vgl. auch die neuere Darstellung von Scott Stephenson, The Final Battle, S. 121ff.

114 Zu den Ereignissen in Kiel vgl. jetzt die äußerst detaillierte Darstellung von Jones, Am Anfang war Gewalt, S 37ff.

115 Belege bei: Kluge, Soldatenräte und Revolution, S. 33.

116 Aufruf von Admiral Hipper, in: Deist, Militär und Innenpolitik, Teil 2, S. 1348f.

117 Die Regierung Eisner 1918/19. Ministerratsprotokolle und Dokumente, eingel. u. bearb. von Franz J. Bauer, Düsseldorf 1987; Allan Mitchell, Revolution in Bayern 1918/1919. Die Eisner-Regierung und die Räterepublik, München 1967; Falk Wiesemann, Kurt Eisner. Studie zu seiner politischen Biographie, in: Karl Bosl (Hg.), Bayern im Umbruch. Die Revolution von 1918, München 1969, S. 387–426; Bernhard Grau, Kurt Eisner 1867–1919. Eine Biographie, München 2001.

118 S.o. Kap. I.

119 Polizeibericht, zitiert bei Wiesemann, Kurt Eisner, S. 404.

120 Karl-Ludwig Ay, Die Entstehung einer Revolution. Die Volksstimmung in Bayern während des Ersten Weltkrieges, Berlin 1968, S. 204f.

121 Vgl. hierzu und dem Folgenden Bernhard Grau, Kurt Eisner: 1867–1919. Eine Biografie, München 2001, S. 350f.

122 Ebd., S. 351.

123 Die Regierung Eisner, S. 409, Dok. 1.

124 Ebd., S. 409f.

125 Vgl. Die Regierung Eisner, S.3.

126 Pius Dirr (Hg.), Bayerische Dokumente zum Kriegsausbruch und zum Versailler Schuldspruch, München und Berlin 1925 (3. Aufl.), S. 37ff.

127 Die Regierung Eisner, S. 414, Dok. 6.

128 Wiesemann, Kurt Eisner, S. 410.

129 Zit. nach: Berlin, Die deutsche Revolution, S. 167f.

130 Troeltsch, Spektatorbriefe, S. 69 (»Nach der Entscheidung«, geschrieben am Tag des Versailler Friedensschlusses, 26.6.19); Troeltsch, Spectator-Briefe und Berliner Briefe (1919–1922), S. 131.

131 Ebd., S. 315.

132 Général H. Mordacq, L'Armistice du 11 novembre 1918. Récit d'un témoin, Paris 1937, S. 4.

133 Dies und das Folgende nach: Rudin, Armistice 1918, Kap.12: Drafting Armistice Terms for Germany.

134 So auch Bullitt Lowry, Armistice 1918, Kent, OH 1996, S. 12ff.; vgl. die Protokolle der Besprechungen der Alliierten bei: Mermeix, Les négociations secrètes et les quatre armistices. Avec pièces justificatives, Paris 1921, bes. S. 220ff. über Fochs ursprüngliche Vorstellungen und die Entwicklung der Forderungen; vgl. auch: Rudin, Armistice 1918, bes. S. 305f.

135 Vgl. zu Folgendem auch die detaillierte und lebendige Schilderung bei Matthias Erzberger, Erlebnisse im Weltkrieg, »Der Gang nach Compiègne« (S. 326ff.).

136 Folgendes nach der synchronoptischen Edition der ursprünglichen Bedingungen, der deutschen Entgegnungen, der Antwort Fochs hierauf und des abschließenden Vertragstextes, in: Der Waffenstillstand 1918–1919, hg. von der Waffenstillstandskommission, 2 Bde., Berlin 1928, hier Bd. 1, S. 22–57; vgl. zu dem in den Waffenstillstandsbedingungen impliziten »Kriegsschuld«-Vorwurf das folgende Kapitel.

137 C. Paul Vincent, The Politics of Hunger: The Allied Blockade of Germany, 1915–1919, Athens 1985.

138 Vgl. Erzberger, Erlebnisse im Weltkrieg, S. 332.

139 Amtliche Urkunden, Nr. 107, S. 265.

140 Damit ist der Notenwechsel mit Wilson gemeint.

141 Spektator-Briefe, S. 25, geschrieben am 30.11.18, publiziert im Dezember 1919.

III. Kriegsschuld und Dolchstoß

1 John Horne/Alan Kramer, Deutsche Kriegsgreuel 1914. Die umstrittene Wahrheit, Hamburg 2004; zur Ergänzung und Kritik die neue Darstellung von: Ulrich Keller, Schuldfragen. Belgischer Untergrundkrieg und deutsche Vergeltung im August 1914, mit einem Vorwort von Gerd Krumeich, Paderborn 2017.

2 Zur Kampagne um die belgischen Dokumente in der Norddeutschen Allgemeinen Zeitung im Laufe des Oktober 1914 vgl. Purlitz, Deutscher Geschichtskalender, Bd. 1 (1914), S. 281ff.

3 Bernhard Schwertfeger (Hg.), Amtliche Aktenstücke zur Geschichte der europäischen Politik 1885–1914 (Die belgischen Dokumente zur Vorgeschichte des Weltkrieges), 5 Bde., Berlin 1925.

4 Die Publikationen zusammengefasst in: Purlitz, Deutscher Geschichtskalender, Bd. 1 (1914), S. 287ff.

5 Vgl. Johann Sass, Die Deutschen Weißbücher zur auswärtigen Politik 1870–1914. Geschichte und Bibliographie, Berlin & Leipzig 1928. Im Anhang dieses Werkes findet sich auch die Geschichte der Farbbücher der anderen Mächte.

6 Das deutsche Weißbuch. Vorläufige Denkschrift und Aktenstücke zum Kriegsausbruch.

7 Friedrich Stieve (Hg.), Der Diplomatische Schriftwechsel Iswolskis 1911–1914. Aus den Geheimakten der Russischen Staatsarchive, 3 Bde., Berlin 1925; zu den Vorkriegsrüstungen: Gerd Krumeich, Aufrüstung und Innenpolitik in Frankreich vor dem Ersten Weltkrieg, Wiesbaden 1980; David Stevenson, Armaments and the Coming of War: Europe 1904–1914, Oxford 1996.

8 Neuere, noch nicht publizierte Archivforschungen von Thomas Weber (Aberdeen) zeigen allerdings, dass Bernhardis Buch in Deutschland vor dem Krieg zwar heftig diskutiert wurde, aber nur einen geringen Absatz fand, vgl. hierzu: Gerd Krumeich, Bernhardi et le droit à la guerre, in: Arndt Weinrich u. a (Hg.), Guerres futures, guerres imaginées, Paris 2014.

9 Salomon Grumbach, Das annexionistische Deutschland. Eine Sammlung von Dokumenten, die seit dem 4. August 1914 in Deutschland öffentlich oder geheim verbreitet wurden. Mit einem Anhang: antiannexionistische Kundgebungen, Lausanne 1917.

10 Zu Muehlon: Michael Dreyer/Oliver Lembcke, Die deutsche Diskussion um die Kriegsschuldfrage 1918/19, Leipzig 1993, S. 44ff. mit der älteren Literatur; Wolfgang Benz (Hg.), Wilhelm Muehlon. Ein Fremder im eigenen Land. Erinnerungen und Tagebuchaufzeichnungen eines Krupp-Direktors, 1908–1914, Bremen 1989.

11 Zu Lichnowskys Aktivitäten in der Julikrise: Gerd Krumeich, Juli 1914. Eine Bilanz, Paderborn 2015 (2. Aufl.), S.82–84, 169–181.

12 Die Denkschrift abgedruckt bei: John Röhl (Hg.), Zwei deutsche Fürsten zur Kriegsschuldfrage. Lichnowsky und Eulenburg und der Ausbruch des Ersten Weltkriegs, Düsseldorf 1971; vgl. auch: Christian Koch, Diplomatie – Kriegspropaganda – »Landesverrat«. Die deutschen Reaktionen auf die Denkschrift »Meine Londoner Mission 1912–1914« von Karl Max Fürst von Lichnowsky, in: Militärgeschichtliche Zeitschrift 70 (2011), S. 261–286.

13 Koch, Giftpfeile.

14 Vgl. Mermeix, Les négociations secrètes, S. 252f.

15 Klaus Schwabe (Hg.), Quellen zum Friedensschluss von Versailles, Darmstadt 1997, S. 68, Übersetzung korrigiert.

16 Materialien betreffend die Friedensverhandlungen, Teil I, Charlottenburg 1919 (»abgeschlossen 21. Mai 1919«), S. 5.

17 Der Waffenstillstand 1918–1919, hg. im Auftrag der deutschen Waffenstillstandskommission mit Genehmigung des Auswärtigen Amtes, Berlin 1928, Bd. 1, S. 18.

18 Materialien betr. die Friedensverhandlungen, S. 6. Übereinstimmend mit: Papers relating to the Foreign Relations of the United States, 1918, Supplement 1, vol. 1, The World War, No 286: https://history/state.gov./historicaldocuments/frus1918Supp01v01/d385 (konsultiert 28.6.2018).

19 Vgl. auch: Fisch, Krieg und Frieden, S. 218 u. ö.; Fisch, S. 215, betont, dass mit der Lansing-Note vom 5.11.18 der «Kriegsschuld«-Artikel 231 des Versailler Vertrags »teils zwingend, teils mit großer Wahrscheinlichkeit vorgezeichnet« war.

20 Danke, Roger!

21 Vgl. oben, S.143.

22 Vgl. weiter unten, S. 163.

23 Zit. nach: Dreyer/Lembcke, Kriegsschuldfrage, S. 61.

24 Dirr Bayerische Dokumente, S. 3ff.: eine synchronoptische Publikation der bayerischen Dokumente und der Eisner'schen Veröffentlichung derselben; vgl. auch: Grau, Kurt Eisner; Wolfgang Jäger, Historische Forschung und politische Kultur in Deutschland. Die Debatte 1914–1980 über den Ausbruch des Ersten Weltkrieges, Göttingen 1984, S. 22–26.

25 Der gesamte Passus dieser Rede, unten, S. 160, meine Übersetzung.

26 Commission des Responsabilités des auteurs de la guerre et des sanctions. Näheres zu diesem Bericht etwas weiter unten.

27 Hierzu näher Dirr, Bayerische Dokumente, S. IV–IX; vgl. auch den editorischen Bericht zu: »Der verstümmelte Bericht der Herrn von Schoen. Eine Erklärung der deutschen Viererkommission«, in: Max Weber, Zur Neuordnung Deutschlands. Schriften und Reden 1918–1920, hg. von Wolfgang J. Mommsen/Wolfgang Schwentker, Tübingen 1988, S. 353–355.

28 Vgl. zu diesem Problem mein »Juli 1914. Eine Bilanz«, das in gewisser Weise diese Frage zum Mittelpunkt hat. Ich schlage dort vor, die Lokalisierungsabsicht ernst zu nehmen, aber nicht zur Entschuldigung des deutschen Verhaltens, sondern als besten Beleg für das regelrechte Vabanque-Spiel der deutschen Politik.

29 S. die synchronoptische Darstellung bei Dirr, Bayerische Dokumente, S. 1–8.

30 S. dazu das nächste Unterkapitel.

31 Die gesamte Kontroverse findet sich abgedruckt bei: Dirr, Bayerische Dokumente, S. 56–87.

32 Vgl. auch Eisners Gespräch mit Theodor Wolff vom Berliner Tageblatt, 23.11.18, über seine »schöne Revolution« und die Bayerischen Dokumente, die Wolff allerdings »nicht so sensationell« fand: Wolff, Tagebücher, Bd. 2, S. 661f.

33 Max Weber, Zum Thema der »Kriegsschuld«, in: Max Weber, Zur Neuordnung Deutschlands. Schriften und Reden 1918–1920, Tübingen 1988, S. 179–190; Weber setzt hier im Übrigen die Bevölkerungszahl Deutschlands um ca. 10 Millionen zu hoch an; vgl. insgesamt: Wolfgang J. Mommsen, Max Weber and

the Peace Treaty of Versailles, in: Manfred Boemecke/Gerald Feldman/ Elisabeth Glaser (Hg.), Versailles: A Reassessment after 75 Years, Cambridge 1998, S. 535–546.

34 Eisner wurde von vielen Seiten erbittert bekämpft und wenig später ermordet – eine für Deutschland positive Wirkung hatte seine Kampagne nicht. Eisners Mörder, Graf Arco, hat allerdings in seinem Prozess diese Veröffentlichung nicht extra thematisiert. Für ihn war Eisner als »Jude« und Revolutionär ohnehin ein Verräter des (bayerischen) Vaterlandes, vgl. unten, Kap. IV.

35 Vgl. auch: Schröder, Die französischen Sozialisten, S. 357–373, hier S. 367 über die internationale sozialistische Konferenz vom 3. bis 10. Februar 1919 in Bern, wo Eisner bei den französischen Delegierten starke Zustimmung fand, seine Kritiker in der MSPD aber scharf kritisiert wurden.

36 Deutschland schuldig? Deutsches Weißbuch über die Verantwortlichkeit der Urheber des Krieges, hg. mit Genehmigung des Auswärtigen Amtes, Berlin 1919. Zum weiteren Schicksal der Kautsky-Edition siehe etwas weiter unten.

37 Dies und die folgenden Diskussionen nach: Hagen Schulze (Hg.), Das Kabinett Scheidemann, S. 79.

38 Vgl. hierzu Kap. I, S. 36ff.

39 »Commission des responsabilités des auteurs de la guerre et sanctions«; vgl. zu dieser Kommission: Schwengler, Völkerrecht, S. 42–46.

40 Dies und das Folgende nach der deutschen Übersetzung in Purlitz, Deutscher Geschichtskalender Bd. 10 (1919), S. 540ff.

41 Vgl. Paul Mantoux (Hg.), Les délibérations du Conseil des Quatre (24 mars–28 juin 1919), 2 Bde., Paris 1955, hier: Bd. 1, S. 152, meine Übersetzung.

42 Mantoux, Les délibérations, Bd. 2, S. 391f.

43 Hierzu Dreyer/Lembcke, S. 138ff., wo die verschiedenen Erklärungsversionen für die Haltung des Grafen detailliert dargestellt werden; vgl, auch die Aussage von Ernst Jäckh, Mitglied der Delegation, Brockdorff habe ihm unmittelbar nach der Sitzung gesagt, er habe keine «demonstrative Absicht« gehabt, das Ganze sei nur »einfach Versagen der Nerven« gewesen: hier zit. nach: Ernst Troeltsch. Spectator-Briefe und Berliner Briefe (1919–1922), S. 126 A 3.

44 Materialien betreffend die Friedensverhandlungen, Teil. 1, S. 19.

45 Ebd., S. 21.

46 Franz.: »pour les avoir causés«, also »als Verursacher«; vgl. Vincent Laniol, L'article 231 du traité de Versailles, les faits et les représentations. Retour sur un mythe, in: Relations internationales No. 158/2014, S. 9–25. Der hier in der Nachfolge von Pierre Renouvin unternommene Versuch, in der Übersetzung eine bewusste Verschärfung anzunehmen, ist nicht überzeugend; vgl. aber ebd., FN 46, mit der richtigen Unterscheidung zwischen »Angriff« und Aggression«; vgl. Pierre Renouvin/Camille Bloch, L'article 231 du traité de Versailles. Sa

genèse et sa signification, in: Revue d'histoire de la guerre mondiale 1 (1932), S. 1–24; vgl. auch die Kritik an Renouvins These bei: Fisch, Krieg und Frieden, S. 211.

47 Materialien betreffend die Friedensverhandlungen, Teil I, S. 28.

48 In der französischen und englischen Originalfassung steht, dass Deutschland zahlungspflichtig sei »du fait de l'agression de l'Allemagne« beziehungsweise »by the aggression of Germany«, vgl. Lapradelle (Hg.), La Paix de Versailles, t. II, S. 14. Die deutsche Übersetzung ersetzt »Aggression« wieder mit »Angriff«. Vgl. Laniol (wie FN 297).

49 Materialien, S. 28–31.

50 Ebd., S. 60ff.

51 Vgl. hierzu mein »Juli 1914« mit der Auseinandersetzung mit C. Clark; zur Sachverständigenkommission und deren Arbeit im Einzelnen vgl. den ausführlichen Bericht von Wolfgang Schwentker, in: Max Weber, Zur Neuordnung Deutschlands. Schriften und Reden 1918–1920, hg. von Wolfgang J. Mommsen in Zusammenarbeit mit Wolfgang Schwentker, Tübingen 1991, S. 209–217.

52 Der These von Renouvin folgt u.a Eberhard Kolb, Der Frieden von Versailles, München 2005, S. 66; sie beherrscht die aktuelle Weimar-Forschung.

53 Vgl. Hagen Schulze (Hg.), Das Kabinett Scheidemann, Sitzungen vom 15.3., 17.3.1918.

54 Vgl. Kabinett Scheidemann, Sitzung vom 13.5.19.

55 S.o. S. 151ff.

56 Die vorstehenden Stellungnahmen resümiert nach: Purlitz, Deutscher Geschichtskalender. Der Friede von Versailles, o.O., o.J. (1919), S. 489–496. Ebd., S. 453–470 ein ausführlicher Überblick über die Reaktionen der deutschen und internationalen Presse.

57 Ebd., S. 496. Das Folgende nach dieser Quelle.

58 Purlitz, Deutscher Geschichtskalender. Vom Waffenstillstand bis zum Frieden von Versailles, S. 489f.

59 Zit. nach: Mantoux, Les délibérations, Bd. 2 S. 391f. Meine Übersetzung.

60 Ursachen und Folgen III, S. 364f.

61 Purlitz, Deutscher Geschichtskalender. Vom Waffenstillstand bis zum Frieden von Versailles, S. 674.

62 Es ist eine andere Frage, ob sie wirklich hätten einmarschieren können.

63 Vgl. Stéphane Audoin-Rouzeau, Die Delegation der »gueules cassées« in Versailles am 28. Juni 1919, in: Gerd Krumeich (Hg.), Versailles 1919, S. 280–287; Andreas Platthaus hat diese Szene an den Anfang seines Buches gestellt: Andreas Platthaus, Der Krieg nach dem Krieg. Deutschland zwischen Revolution und Versailles 1918/19, Berlin 2018.

64 Mary Gerold-Tucholsky/Fritz J. Raddatz (Hg.), Kurt Tucholsky, Gesammelte Werke in 10 Bänden, Hamburg 1975, hier: Bd. 2, S. 112f.

65 Max Graf Montgelas, Glossen zum Kautsky-Buch, Charlottenburg 1920.

66 Hierzu im Einzelnen die Studie von Dreyer/Lembcke.

67 Die Kriegsschuldfrage. Berliner Monatshefte für internationale Aufklärung, hg. von der Zentralstelle für Erforschung der Kriegsursachen, Berlin 1923–1944.

68 Vgl. insgesamt die in mancher Hinsicht definitive Arbeit von: Ulrich Heinemann, Die verdrängte Niederlage. Politische Öffentlichkeit und Kriegsschuldfrage in der Weimarer Republik, Göttingen 1983. Heinemanns Überzeugung, dass doch Deutschland fraglos allein schuldig am Ausbruch des Weltkrieges war, führt dazu, dass er die Intensität der damaligen Debatte eher ironisch rezipiert; zur starken Zurückhaltung der Fachhistoriker vgl. Christoph Cornelißen, »Schuld am Weltfrieden«. Politische Kommentare und Deutungsversuche deutscher Historiker zum Versailler Vertrag 1919–1933, in: Gerd Krumeich (Hg.), Versailles 1919, S. 237–258.

69 Ein Überblick bei Heinemann, Die verdrängte Niederlage, S. 238–259; vgl. auch die differenzierte Darstellung von Dietmar Klenke, Die SPD-Linke in der Weimarer Republik, 2 Bde., Münster 1987 (2. Aufl.), hier: Bd. 1, S. 153ff.: »Kriegsschuldfrage und SPD-Linke«.

70 Die Kriegsschuldfrage, Bd. 1/2 (1923/4), S. 337f., vgl. auch: Ursachen und Folgen VI, S. 122.

71 Zit. nach: Ursachen und Folgen IX, S. 39; viele weitere Einzelheiten und Stellungnahmen aus den Endzwanziger Jahren bei: Barth, Dolchstoßlegenden, S. 490ff.

72 Troeltsch, S. 65–67. Wenig später (S. 70f.) spricht er sogar von »dem von Gärung und Fäulnis durchwühlten Kehrichthaufen eines Volkes, den der Hungerkrieg und die inneren Kämpfe vorerst übrig gelassen hatten«, weshalb die »Brockdorffsche groß gedachte Politik« (des »Unannehmbar«) nicht durchführbar gewesen sei.

73 Bernd Sösemann (Hg.), Theodor Wolff, Tagebücher 1914–1919, Bd. 2, Boppard 1984, S. 669

74 Vgl. oben, S. 163.

75 Zitat vgl. oben S. 105; viele weitere Beispiele bei Sammet und Barth.

76 Zit. nach: Deist, Der militärische Zusammenbruch des Kaiserreichs, S. 121.

77 Vgl. auch für das Folgende den Forschungsbericht zur Frage der Aktenpublikation: Matthias/Morsey (Hg.), Die Regierung des Prinzen Max von Baden, S. XLIII–LIII.

78 Vgl. hierzu: Hagen Schulze (Hg.), Das Kabinett Scheidemann, No. 8, Sitzung vom 6. Juni 1919 mit den Anmerkungen; eine genaue Analyse der Schriften von Oberst Bauer und deren öffentlichen Wirkung bei: Jardin, Aux racines du mal, S. 478ff.

79 Oberst Bauer, Konnten wir den Krieg vermeiden, gewinnen, abbrechen?, Berlin 1919, S. 49; das »Vergessen« der Front, ebd., S. 2 u.ö.

80 Bauer, S. 62, Hervorhebung im Original.

81 Vorgeschichte des Waffenstillstands, Berlin 1919, S. 12.

82 Hiller von Gaertringen, S. 131.

83 Vgl. oben. S.105.

84 S. etwas weiter unten.

85 Die Debatte wird hier resümiert nach: Purlitz, Deutscher Geschichtskalender, Bd. 10 (1919), S. 13f. und S. 20ff. Zitat Erzberger: Ebd., S. 39; deren Drucklegung: Ebd., S. 56.

86 Wolfram Pyta, Hindenburg. Herrschaft zwischen Hohenzollern und Hitler, München 2007, S. 352, spricht von Hindenburgs »enormer Anpassungsbereitschaft«, die zu einem seiner Markenzeichen werden sollte. Vgl. auch: Anna von der Goltz, Hindenburg. Power, Myth und the Rise of the Nazis, Oxford 2009; Jesko von Hoegen, Der Held von Tannenberg. Genese und Funktion des Hindenburg-Mythos, Köln, Weimar, Wien 2007.

87 Pyta, Hindenburg, S. 441ff.; von der Goltz, Hindenburg, S. 72ff.

88 Von der Goltz, Hindenburg, S. 65ff. über Hindenburgs spektakulären Auftritt vor dem Untersuchungsausschuss.

89 Vgl. zu diesem Punkt oben Kap. I.

90 Zur Herkunft dieses Zitats und Diskussion um den englischen General: Friedrich Hiller v. Gaertringen, »Dolchstoß«-Diskussion und »Dolchstoß-Legende« im Wandel von vier Jahrzehnten, in: Ders./Waldemar Besson (Hg.), Geschichte und Gegenwartsbewusstsein, Göttingen 1963, S. 122–160, hier S. 137.

91 Paul von Hindenburg, Aus meinem Leben, Berlin 1919, S. 40.

92 Vgl. hierzu oben Kap I.

93 Epkenhans, Die deutsche Armee, S. 141–155.

94 Bernd W. Seiler, Dolchstoß und Dolchstoßlegende, in: Zeitschrift für deutsche Sprache 12 (1966), S. 1–20, hier S. 9; vgl. Ernst Troeltschs Kommentar zum »ebenso peinlichen wie unentbehrlichen Untersuchungsausschuß«, den die »Reaktion« nutze, um die Dolchstoßlegende «zur Fahne der Unzufriedenen« mit der Demokratie und Republik zu machen: Troeltsch. Spectator-Briefe und Berliner Briefe (1919–1922), S. 224.

95 Gerhard Paul, Der Dolchstoß. Ein Schlüsselbild nationalistischer Erinnerungspolitik, in: Ders. (Hg.), Das Jahrhundert der Bilder, Bd. 1, Göttingen 2005, S. 300–307.

96 U.A., 4. Reihe, Bd. 3, S. 213.

97 Ebd., S. 211f., vgl. hierzu insgesamt Markus Pöhlmann, Kriegsgeschichte und Geschichtspolitik: Der Erste Weltkrieg. Die amtliche deutsche Militärgeschichtsschreibung 1914–1956, Paderborn usw. 2002, S. 267–271.

98 Hierauf macht auch Heinz Starkulla jr. in seinem bemerkenswerten, aber wenig beachteten Beitrag zur Dolchstoß-Problematik aufmerksam: Heinz Starkulla jr., Propaganda. Begriffe, Typen, Phänomene, Baden-Baden 2015, Kap. 6: Der Propaganda-Dolchstoß, vgl. ebd. S. 172.

99 U.A., 4. Reihe , Bd. 6, S. 71.

100 Hierzu: Koch, Giftpfeile.

101 Das betont auch Starkulla, Propaganda, S. 172.

102 U.A.,4. Reihe, Bd. 6, S. 16–19.

103 Ebd., S. 54.

104 Ebd., S. 40ff.

105 Ebd., S. 145ff.

106 Vgl. zu Bergsträßer: Benjamin Ziemann, Veteranen der Republik. Kriegserinnerung und demokratische Politik 1918–1933, Bonn 2014, S. 112ff. Bergsträßer, so Ziemann, sei bemüht gewesen, dem Untersuchungsausschuss die Unausweichlichkeit der Niederlage aus der Froschperspektive der einfachen Soldaten klarzumachen.

107 Arthur Rosenberg, Entstehung und Geschichte der Weimarer Republik, Frankfurt a. M. 1979 (19. Aufl.).

108 U.A., 4. Reihe, Bd. 6, S. 91ff.

109 Ebd., S. 142ff.

110 S. oben, Kap. 2.

111 U.A., 4. Reihe, Bd. 6, S. 52ff.

112 Ebd., S. 90.

113 Dazu insgesamt: Gerd Krumeich/Joachim Schröder (Hg.), Der Schatten des Weltkriegs. Der Ruhrkampf 1923, Essen 2004.

114 Die genauen Wahlergebnisse bei: Eberhard Kolb, Die Weimarer Republik, München 2002, S. 80.

115 Vgl. zum Dolchstoßprozess neben den Arbeiten von Barth und Sammet noch: Irmtraud Permoser, Der Dolchstoßprozess in München 1925, in: Zeitschrift für bayerische Landesgeschichte 59 (1996), S. 903–926; ausführlich auch: Jardin, Aux racines du mal, S. 581ff.; vgl. auch Pöhlmann, Kriegsgeschichte, S. 271–274.

116 Dieses Problem ist noch sehr deutlich in dem sachlich weiterführenden Beitrag des DDR-Historikers Joachim Petzold, Die Dolchstoßlegende. Eine Geschichtsfälschung im Dienst des deutschen Imperialismus und Militarismus, Berlin 1963.

117 Moses, Die Wirkung der Dolchstoßlegende, zit. S. 255.

118 Karl Brammer (Hg.), Der Prozess des Reichspräsidenten. Nebst juristischem Gutachten von Friedrich von Payer, Gustav Radbruch, Eugen Schiffer, Hugo Sinzheimer, Berlin 1925.

119 Zu den Beleidigungsprozessen: Walter Mühlhausen, Friedrich Ebert, Bonn 2006, S. 93f.; eine genaue Dokumentation auch in der ständigen Ausstellung der »Reichspräsident-Friedrich-Ebert-Gedenkstätte« Heidelberg. Vgl. den Ausstellungskatalog: Walter Mühlhausen (Hg.), Friedrich Ebert. Sein Leben, sein Werk, seine Zeit, Heidelberg 1999, S. 310ff.

120 Vgl. die Ausschnitt-Sammlung bei Brammer, S. 204ff.

121 Vgl. Brammer, S. 49.

122 Vgl. ebd., S. 62.

123 Ebd., S. 149–161, bes. S. 156.

124 Besonders pointiert: Otto Kirchheimer, Politische Justiz, Neuwied 1965, S. 121–135.

125 Vgl. Kap. I.

126 Adolf Hitler, Mein Kampf, München 1936, S. 225; vgl. für weitere »Fundstellen« in der NS-Presse: Sammet, »Dolchstoß«, S. 250ff.

IV. Die Schützengräben der Kriegserinnerung

1 George Mosse, Gefallen für das Vaterland. Nationales Heldentum und namenloses Sterben, Stuttgart 1993, insbesondere Kap. 8: »Die Brutalisierung der deutschen Politik«.

2 Richard Bessel, Germany after the First World War, Oxford 1993; ders.: Mobilization and Demobilization in Germany 1916–1919, in: John Horne (Hg.), State, Society and Mobilization in Europe during the First World War, Cambridge 1997, S. 212–222; ders, Die Heimkehr der Soldaten. Das Bild des Frontsoldaten in der Öffentlichkeit der Weimarer Republik, in: Gerhard Hirschfeld/Gerd Krumeich/Irina Renz (Hg.), Keiner fühlt sich hier mehr als Mensch ... Erlebnis und Wirkung des Ersten Weltkriegs, Frankfurt a. M. 1996, S. 260–282; Benjamin Ziemann, Front und Heimat. Ländliche Kriegserfahrungen im südlichen Bayern, 1914–1923, Essen 1997, S. 372ff.; ders., Die Weimarer Republik – eine brutalisierte Gesellschaft?, in: Ders., Gewalt im Ersten Weltkrieg, Essen 2013, Kap. 8; Dirk Schumann, Gewalterfahrungen und ihre nicht zwangsläufigen Folgen. Der Erste Weltkrieg in der Gewaltgeschichte des 20. Jahrhunderts, in: clio-online (http://beta.clio-online.de/webresource/id/webresource-15660, konsultiert 15.1.18); vgl. auch: Schönhoven, Die Entstehung der Weimarer Republik, S. 29f.

3 Hierzu: Dirk Schumann, Einheitssehnsucht und Gewaltakzeptanz. Politische Grundpositionen des deutschen Bürgertums nach 1918, in: Hans Mommsen (Hg.), Der Erste Weltkrieg und die europäische Nachkriegsordnung, Köln, Weimar,Wien 2000, S. 83–105, hier: S.91; Bernd Weisbrod, Gewalt in der Politik. Zur politischen Kultur in Deutschland zwischen den beiden Weltkriegen, in:

Geschichte in Wissenschaft und Unterricht 43 (1992), S. 391–403. Leider geht Weisbrod in diesem fundamentalen Beitrag praktisch nicht auf das Problem der nicht verstandenen Niederlage ein.

4 Stéphane Audoin-Rouzeau/Annette Becker, 14–18, Retrouver la Guerre, Paris 2003; zur Kritik daran: Antoine Prost, Les limites de la brutalisation, in: Vingtième Siècle 81 (2004), S. 5–20.

5 Ernst Jünger, Siebzig verweht, Bd. 5, Stuttgart 1997, S. 81. Ich danke Helmuth Kiesel für diesen Hinweis.

6 Walter Benjamin, Theorien des deutschen Faschismus. Zu der Sammelschrift »Krieg und Krieger«, herausgegeben von Ernst Jünger (1930), in: Ders., Gesammelte Schriften, Bd. 3, Frankfurt a. M. 1972, S. 242.

7 Otto Baumgarten u. a, Geistige und sittliche Wirkungen des Krieges in Deutschland, Stuttgart, Berlin, Leipzig 1927; vgl. auch aus derselben Reihe »Wirtschafts- und Sozialgeschichte des Weltkrieges«: Moritz Liepmann, Krieg und Kriminalität in Deutschland, Stuttgart, Berlin, Leipzig 1930.

8 Baumgarten u. a, Geistige und sittliche Wirkungen, S. 13.

9 Ebd., S. 11.

10 Ebd., S. 12.

11 Anneliese Thimme, Flucht in den Mythos. Die deutschnationale Volkspartei und die Niederlage von 1918, Göttingen 1969, S. 85.

12 Thimme, Flucht in den Mythos, S. 94.

13 Michael Salewski, Der Erste Weltkrieg – ein deutsches Trauma, in: Revue internationale d'histoire militaire 63 (1985), S. 169–185, hier: S. 172.

14 Sebastian Haffner, Geschichte eines Deutschen, München 2000, S. 36; vgl. auch: Hirschfeld u. a, 1918, S. 259.

15 Zit. nach: Wilhelm von Sternburg, »Es ist eine unheimliche Stimmung in Deutschland«. Carl von Ossietzky und seine Zeit, Berlin 1996, S. 118.

16 Thimme, S. 143.

17 Eine in dieser Hinsicht heute noch bedrückende Schrift: Reinhold Eichacker, Haß. Antwort deutscher Dichter auf Versailles, München 1921.

18 Hannover, Heinrich und Elisabeth, Politische Justiz 1918–1933, Bornheim 1987; Ulrike Claudia Hofmann, »Verräter verfallen der Feme!«. Fememorde in Bayern in den Zwanziger Jahren, Köln, Weimar, Berlin 2000; Irmela Nagel, Fememorde und Femeprozesse in der Weimarer Republik, Köln 1991; Schönhoven, Die Entstehung der Weimarer Republik, S. 30, zählt bis 1924 376 registrierte politische Morde, von denen 90 % auf das Konto rechtsradikaler Täter gingen.

19 Vgl. Friedrich Hitzer, Anton Graf Arco. Das Attentat auf Kurt Eisner und die Schüsse im Landtag, München 1988, S. 308 und 312f.; vgl. auch: Victor Klemperer, Man möchte immer weinen und lachen in einem. Revolutionsta-

gebuch 1919, Berlin 2015, S. 190ff. über die Münchener »Tragikomik« beim Prozess Arco und bei den studentischen Demonstrationen für Arcos Begnadigung.

20 Zit. nach: Hans von Pranckh, Der Prozess gegen den Grafen Anton Arco-Valley, München 1920, S. 174.

21 Zit. nach: Thimme, Flucht in den Mythos, S. 137.

22 Hierzu nach wie vor: Ulrich Linse, Barfüßige Propheten. Erlöser der Zwanziger Jahre, Berlin 1983.

23 Vgl. Wolfgang Benz, Die Protokolle der Weisen von Zion. Die Legende von der jüdischen Weltverschwörung, München 2007, S. 32.

24 Zur Verbreitung vgl. ebd., S.69ff.; vgl. auch: Catherine Nicault, Le Procès des Protocoles des Sages de Sion, in: 20e siècle 53 (1997), S. 68–84.

25 Alfred Rosenberg (Hg.), Die Protokolle der Weisen von Zion und die jüdische Weltpolitik, München 1923 u.ö.

26 Benz, S. 70f.

27 Ebd.

28 Zit. nach: Eberhard Jäckel/Axel Kuhn (Hg.), Hitler. Sämtliche Aufzeichnungen 1905–1924, Stuttgart 1980, S. 677.

29 Vgl. u.a die Hetzschrift des »Pfarrer a. D.« L. Münchmeyer, Marxisten als Mörder am deutschen Volke. Auf Urkunden gestütztes Beweismaterial für den organisierten Landesverrat und den Dolchstoß der Marxisten aller Schattierungen, der Zerstörer deutscher Ehr und Wehr, München 1932, S. 64f.

30 Rosenthal, Die Ehre des jüdischen Soldaten, S. 123f.

31 Alle Zitate bei von Wrisberg, Heer und Heimat, S. 94 f.

32 Diese Frage ist hier nicht weiter zu vertiefen. Vgl. insgesamt die sehr informative Darstellung des »Statistikerstreits« bei Rosenthal, Die Ehre, S. 116ff.; zu Wrisberg auch ausführlich: Jardin, Aux racines du mal, S. 544ff.

33 U.A.,4. Reihe, Bd.4, S. 28.

34 S.o. S. 208.

35 Haffner, Geschichte eines Deutschen, S. 53f.

36 Vgl. Paul Lerner, Hysterical Men: War, Psychiatry, and the Politics of Trauma in Germany, 1890–1930, Ithaca 2003, bes. S. 224ff.; vgl. Lutz Niethammer, Kollektive Identität. Heimliche Quellen einer unheimlichen Konjunktur, Reinbek 2000.

37 Angela Kühner, Kollektive Traumata. Annahmen, Konzepte, Argumente, Perspektiven, Gießen 2007; vgl. auch: Andreas Maercker, Trauma und Trauma-Folgestörungen, München 2017, der recht ausführlich die Problematik des Konzepts »kollektives Trauma« beschreibt (S. 69–82) und für einen »Mittelweg« zwischen Ablehnung und Anwendung plädiert.

38 Michael Linden, Verbitterung und posttraumatische Verbitterungsstörung, Göttingen 2017, S. 82.

39 Lerner, S. 242 und 295; vgl. zu den üblichen Therapien: Peter Riedesser/Axel Verderber, Maschinengewehre hinter der Front. Zur Geschichte der deutschen Militärpsychiatrie, Frankfurt a. M. 1996; Bernd Ulrich, Die Kriegspsychologie der zwanziger Jahre und ihre geschichtspolitische Instrumentalisierung, in: Inka Mülder-Bach (Hg.), Modernität und Trauma. Beiträge zum Zeitenumbruch des Ersten Weltkrieges, Wien 2000, S. 63–78; den aktuellen Forschungsstand zum Thema »Nerven und Krieg« beschreibt eine Tagung des Friedrich-Meinecke-Instituts der FU Berlin vom Oktober 2017, vgl.: https://www.hsozkult.de/conferencereport/id/tagungsberichte-7413, konsultiert 20.6.18.

40 Hannah Arendt, Elemente und Ursprünge totaler Herrschaft, Frankfurt a. M. 1955, S. 12.

41 Aquilino Ribeiro, Deutschland 1920. Eine Reise von Portugal nach Berlin und Mecklenburg, Bremen 1997.

42 Ribeiro, S. 26f.

43 Vgl. für Großbritannien die vergleichende Arbeit von Deborah Cohen, The War Come Home. Disabled Veterans in Britain and Germany, 1914–1939, Berkeley-Los Angeles-London 2001, bes. S. 90f.

44 Schumann, Einheitssehnsucht, S. 83; vgl. zum Problem der von rechts und links ausgehenden »Gewaltspirale«: Peter Hoeres, Die Kultur von Weimar. Durchbruch der Moderne, Bonn 2014, S. 23f.

45 Ernst Glaeser, Jahrgang 1902, Berlin 1928, S. 288ff.; mir liegt die Ausgabe von 1931, im »81.–100. Tausend« vor; das Buch ist immer wieder neu aufgelegt worden, vgl. auch die Neuausgabe hg. von Christian Klein, Göttingen 2013.

46 Glaeser, S. 292f.

47 Ebd., S. 295.

48 Zit. bei Daniel, Arbeiterfrauen, S. 240.

49 Vincent, The Politics of Hunger, S. 240f. Die wichtigste zeitgenössische Untersuchung: Moritz Liepmann, Krieg und Kriminalität, Stuttgart 1930.

50 Vgl. Ralph Winkle, Der Dank des Vaterlandes. Eine Symbolgeschichte des Eisernen Kreuzes 1914–1936, Essen 2007, S. 35ff.

51 Max Weber, Ein Wahlrechtsnotgesetz des Reichs. Das Recht der heimkehrenden Krieger, in: Ders., Zur Politik im Weltkrieg, hg. von Wolfgang J. Mommsen in Zusammenarbeit mit Gangolf Hübinger, Tübingen 1984 (Max Weber Gesamtausgabe Bd. I/15), S. 217–221, hier S. 221.

52 Vgl. zu dieser Strömung der Endzwanziger Jahre den »Epilog« dieses Buches.

53 Hans Freimark, Die Revolution als psychische Massenerscheinung (1920), hier zit. nach: Winkle, Der Dank, S. 202; Freimark war ein bekannter Psychologe und Esoteriker.

54 Richard Bessel, Die Heimkehr der Soldaten, in: Gerhard Hirschfeld u. a (Hg.), Keiner fühlt sich hier mehr als Mensch ... Erlebnis und Wirkung des Ersten Weltkriegs, Frankfurt a. M. 1996, S. 268.

55 Vgl. die Arbeiten von Richard Bessel und Benjamin Ziemann; vgl. auch: Ulrich/Ziemann, Krieg im Frieden, S. 10.

56 Ulrich/Ziemann, Krieg im Frieden, S. 12.

57 Vgl. immer noch die bahnbrechende Arbeit von Kurt Sontheimer, Antidemokratisches Denken in der Weimarer Republik, München 1962; vgl. auch die genaue Beschreibung von Ideologie und Selbstverständnis der Freikorps bei: Andreas Wirsching, Vom Weltkrieg zum Bürgerkrieg? Politischer Extremismus in Deutschland und Frankreich 1918–1933/9. Berlin und Paris im Vergleich, München 1999, S. 131f.

58 Hierzu jetzt die Edition der »Stahlgewitter«: Helmuth Kiesel (Hg.), Ernst Jünger. In Stahlgewittern. Historisch-kritische Ausgabe, 2 Bde., Stuttgart 2013; zur traumatischen Dimension von Jüngers »Fassungen« seiner frühen Schriften vgl. nach wie vor: Karlheinz Bohrer, Die Ästhetik des Schreckens. Die pessimistische Romantik und Ernst Jüngers Frühwerk, München 1978; hierzu weiter mit der neueren Literatur: Dieter Nitzgen, Erwartungsangst und Schmerzgewissheit. Traumatische Aspekte im Werk von Ernst Jünger, in: Günter H. Seidler/Wolfgang U. Eckart (Hg.), Verletzte Seelen. Möglichkeiten und Perspektiven einer historischen Traumaforschung, Gießen 2005, S. 107–124.

59 Franz Schauwecker, Im Todesrachen. Die deutsche Seele im Weltkriege, Halle (Saale) 1919, S. 10.

60 Karl Prümm, Die Literatur des soldatischen Nationalismus der 20er Jahre (1918–1933), Kronberg 1974; vgl. jetzt die große Darstellung von Helmuth Kiesel, Geschichte der deutschsprachigen Literatur 1918–1933, München 2017, S. 505 ff. über Schauwecker, Beumelburg und Jünger als »frühe kriegsaffine Kriegsbücher«.

61 Sontheimer, Antidemokratisches Denken, S. 105; zur Kritik der Mythisierung des »Frontkämpfers« auch: Benjamin Ziemann, Die Konstruktion des Kriegsveteranen und die Symbolik seiner Erinnerung 1918–1933, in Dülffer/Krumeich, S. 101–118.

62 Jungstahlhelm Greifswald (Hg.), Front Heil! Eine Auswahl deutscher Lieder, Greifswald 1924, S. 79, teilweise mit leichten Abwandlungen zit. bei: Christian Saehrendt, Der Stellungskrieg der Denkmäler. Kriegerdenkmäler im Berlin der Zwischenkriegszeit (1919–1939), Bonn 2004, S. 12.

63 Stephenson, Final Battle, S. 172ff.

64 Hermann Kantorowicz, Der Offiziershass im deutschen Heer, Freiburg 1919; vgl. auch das Gutachten von Martin Hobohm für den Untersuchungsausschuss des Reichstages: U.A., 4. Reihe, Bd. 11, 1. Teil: Der innere Zusammenbruch.

Soziale Heeresmißstände als Teilursache des deutschen Zusammenbruchs von 1918, Berlin 1929; hierzu auch: Ulrich/Ziemann, Krieg im Frieden, S. 85–88.

65 Eduard Zimmerle (Bearb.), Das 3. Württembergische Feldartillerie-Regiment Nr. 49 im Weltkrieg 1914–1918, Stuttgart 1922.

66 Das war eine Truppe, die der Berliner Polizeipräsident Eichhorn zusammengestellt hatte.

67 Aufruf der »Roten Fahne« vom 3.12.18, in: Ursachen und Folgen III, S. 29f.; zur symbolischen Relevanz des Abreißens der Ehrenzeichen vgl. die quellenreiche Darstellung bei: Winkle, Der Dank des Vaterlandes, Kap. 6, S. 201–240.

68 Zur Methode Döblins: Kiesel, Geschichte der deutschsprachigen Literatur, S. 1180ff.

69 Alfred Döblin, November 1918, Bd. 3: Heimkehr der Fronttruppen, Berlin 1981, S. 166f.; vgl. auch ebd., S. 242ff.: »Die beiden Divisionen in Berlin«; vgl. zu »November 1918«: Helmut Kiesel, Literarische Trauerarbeit. Das Exil- und Spätwerk Alfred Döblins, Tübingen 1986.

70 Zit. nach: Ursachen und Folgen III, S. 504f. Alfred Döblin, Heimkehr der Fronttruppen, S. 164f. hat Eberts Aufruf in die damalige Stimmung zurückversetzt: »Er schmeichelte den Truppen« und »Er warf sich mächtig an die Soldaten heran.«; eine sehr differenzierte Analyse der Rede Eberts bei: Jardin, Aux racines du mal, S. 452f.

71 Zit. nach: Kaehler, Im Felde unbesiegt, S. 303f.; Der Topos findet sich auch in den Erklärungen einer Reihe von Soldatenräten. Viele Beispiele hierzu bei: Jardin, Aux racines du mal, S. 435f.

72 Zit. nach: Hirschfeld u. a, 1918, S. 267.

73 Zu den Generationsfolgen: Ulrich Herbert, Generation der Sachlichkeit. Die völkische Studentenbewegung der frühen zwanziger Jahre in Deutschland, in: Frank Bajohr u. a (Hg.), Zivilisation und Barbarei. Detlev Peukert zum Gedenken, Hamburg 1991, S. 115–144.

74 Auf den Groener-Ebert-»Pakt« und Noske als »Bluthund« ist hier nicht näher einzugehen.

75 Ich verweise ausdrücklich auf den zu Recht als »lesenswert« eingestuften Wikipedia-Beitrag »Erste Internationale Dada-Messe«, wo sich auch Links zu einzelnen Werken sowie eine sehr gut informierte Bibliographie zur Dada-Messe finden. Weiterhin: Karl Riha, Dada Berlin – Texte, Manifeste, Aktionen, Ditzingen 2005; Rosamunde Neugebauer, Georg Grosz. Macht und Ohnmacht satirischer Kunst, Berlin 1993; Reinhard Hippen, Kabarett der spitzen Feder, Zürich 1986; Hanne Bergius: Das Lachen Dadas. Die Berliner Dadaisten und ihre Aktionen, Gießen 1989.

76 Nach Neugebauer, George Grosz, S. 73f.

77 Zit. nach: Saehrendt, Stellungskrieg der Denkmäler, S. 31.

78 Walter Mehring, Berlin Dada, Zürich 1959, S. 69f. vgl. auch: Neugebauer, George Grosz, S. 53.

79 http://www.zeitenblicke.de/2004/01/derenthal/derenthal4.htm, konsultiert 15.3.18.

80 Abbildung in: Katalog Otto Dix. Welt und Sinnlichkeit, Bonn/Vaduz 2005, S. 49.

81 Hier zit. nach: Ebd., S. 35.

82 Katalog des Historial: Otto Dix; das Historial besitzt eine der seltenen kompletten Editionen von »Der Krieg«.

83 »Schützengraben«, Öl auf Rupfen, abgebildet in: Birgit Dalbajewa u. a (Hg.), Otto Dix. Der Krieg – Das Dresdner Triptychon, Dresden 2014, S. 93.

84 Vgl. Löffler, Otto Dix und der Krieg, S. 21.

85 Zum Vergleich mit den anderen Dada-Bewegungen: Der Katalog der Dada-Ausstellung des Centre Pompidou, Paris: Laurent Lebon (Hg.), Dada, Paris 2005; ein deutsch-französischer Vergleich bei: Annette Becker, Créer pour oublier? Les dadaïstes et la mémoire de la guerre, in: 14/18 aujourd'hui 5 (2002), S. 128–143.

86 Vgl. bes.: Kienitz, Beschädigte Helden.

87 Nils Löffelbein, Ehrenbürger der Nation. Die Kriegsbeschädigten des Ersten Weltkriegs in Politik und Propaganda des Nationalsozialismus, Essen 2013.

88 Vgl. Ernst Friedrich, Krieg dem Kriege, Berlin 1924, Neudruck Berlin 2015, mit einer Einführung von Gerd Krumeich.

89 Vgl. dazu meine Einleitung in der Neuausgabe von 2015.

90 Ignaz Wrobel, Sechzig Photographien, in: Die Weltbühne 23 (5.6.1924), S. 768–770.

91 Friedrich, Krieg dem Kriege, S. 11.

92 Ebd., S. 6.

93 Ebd., S. 54f.; Der Zynismus dieser Darstellung ist umso bösartiger, als »Vadding« ja eine populäre gemütlich-schrullige und ziemlich »zivilistische« Gestalt des Zeichners Otto Zille war, dessen Kriegszeichnungen »Vadding in Frankreich« (2 Folgen, Berlin 1916) und »Vadding in Ost und West« (Berlin 1916) während des Krieges weiteste Verbreitung gefunden hatten.

94 Ernst Toller, Hinkemann. Eine Tragödie. Mit 6 Zeichnungen von George Grosz, Leipzig und Weimar 1979, zit. S. 24.

95 Benjamin, Zu der Sammelschrift »Krieg und Krieger«, S. 242.

96 Reichstag, 57. Sitzung, S. 1559–1569.

97 So die zutreffende Formulierung von: Detlef Lehnert/Klaus Megerle, Politische Identität und nationale Gedenktage. Zur politischen Kultur in der Weimarer Republik, Opladen 1989, S. 13.

98 Reichstag, 63. Sitzung (22.7.19), S. 1831: der Artikel 171a (später: 175) wird ohne Diskussion angenommen.

99 Winkle, Der Dank des Vaterlandes, S. 247ff.

100 Hierzu bes. den konzisen Überblick bei Löffelbein, Ehrenbürger der Nation, Kap. 1: Das Heer der Verbitterten – Die Republik und ihre Invaliden, S. 35–64; vgl. im Einzelnen: Cohen, The War Come Home, S. 87–93, über die häufigen – auch gewaltsamen Proteste; ebd. S. 151ff. über die Probleme, welche durch vielfache Betrugsversuche von Bettlern, die sich als Kriegsversehrte ausgaben, entstanden.

101 Vgl. zu diesem Traditionsbruch: Benjamin Ziemann, Republikanische Kriegserinnerungen in einer polarisierten Öffentlichkeit. Das Reichsbanner Schwarz-Rot-Gold als Veteranenverband der sozialistischen Arbeiterschaft, in: Historische Zeitschrift 267 (1998), S. 357–398, hier bes. S. 377ff.

102 So der Titel des in diesem Abschnitt besonders ausgewerteten Buches von Christian Saehrendt.

103 Zit. nach: Jörg Koch, Von Helden und Opfern. Kulturgeschichte des deutschen Kriegsgedenkens, Darmstadt 2013, S. 112.

104 Vgl. insgesamt: Bernd Buchner, Um nationale und republikanische Identität. Die deutsche Sozialdemokratie und der Kampf um die politischen Symbole in der Weimarer Republik, Bonn, 2001, S. 68ff. über den »Flaggenstreit« und S. 220ff. über die Totenehrung und die »durchgehende Ambivalenz« (S. 231) der Sozialdemokratie.

105 Dies in Aufnahme eines der wichtigsten Beiträge zum Thema Gedenkkultur: Reinhart Koselleck/Michael Jeismann (Hg.), Der politische Totenkult. Kriegerdenkmäler in der Moderne, München 1994.

106 Einen Überblick über die Typen von Monumenten, die in Frankreich errichtet wurden, mit vielen Bildquellen: Philippe Rive u. a (Hg.), Monuments de Mémoire. Les Monuments aux morts de la Première Guerre Mondiale, Paris, La documentation française, o.J. (1995).

107 Antoine Prost, Les Monuments aux Morts. Culte républicain? Culte civique? Culte patriotique?, in: Pierre Nora (Hg.), Les Lieux de Mémoire, Bd. 1 (Paris 1987), S. 195–225; ders., Mémoires locales et Mémoires nationales: Les Monuments de 1914 à 1918 en France, in: Guerres mondiales et conflits contemporains 167 (1992), S. 41–50; Annette Becker, Les Monuments aux Morts. Mémoire de la Grande Guerre, Paris o.J. (1998); dies., Der Kult der Erinnerung nach dem Großen Krieg, in: Koselleck/Jeismann, Der politische Totenkult, S. 315–324; vgl. auch: Michael Jeismann/Rolf Westheider, Bürger und Soldaten. Deutsche und französische Kriegerdenkmäler zum Ersten Weltkrieg, in: Geschichtswerkstatt 16 (1988), S. 6–15.

108 Vgl. den konzisen und detaillierten deutsch-französischen Vergleich am Beispiel von Berlin und Paris bei: Elise Julien, Paris, Berlin. La mémoire de la guerre 1914–1933, Rennes 2009, S. 221ff.

109 Zit. nach: Saehrendt, Stellungskrieg, S. 92.

110 Vgl. zum »Reichskunstwart« Edwin Redslob und seinen Aktivitäten: Christian Welsbacher (Hg.), Der Reichskunstwart, Weimar 2010; Alexandra Kaiser, Von Helden und Opfern. Eine Geschichte des Volkstrauertags, Frankfurt a. M. 2010, bes. S. 27ff.

111 Sabine Behrenbeck, Zwischen Trauer und Heroisierung. Vom Umgang mit Kriegstod und Niederlage nach 1918, in: Duppler/Groß, Kriegsende 1918, S. 322; vgl. auch: Ulrich/Ziemann, Krieg im Frieden, S. 129; Ziemann, Front und Heimat, S. 378 betont dies als charakteristisch für das ländliche Bayern.

112 Ebd., S. 315–342, bes. 323f.

113 Zit. nach: Meinhold Lurz, Kriegerdenkmäler in Deutschland, Bd. 4, Weimarer Republik, Heidelberg 1985, S. 19; vgl. auch: Ulrich/Ziemann, Krieg im Frieden, S. 124ff.

114 Zit. nach: Koch, Von Helden und Opfern, S. 113; zur Entwicklung des »Volksbundes« in extrem nationalistische und revanchistische Richtung: Brandt, Kriegsschauplatz.

115 Simplicissimus, Jg. 29, S. 412 (20.10.1924): »Das Märchen vom Kriegerdenkmal«, vgl. http://www.simplicissimus.info/uploads/tx_lombkswjournaldb/pdf/1/29/29_30.pdf, konsultiert 21.6.18.

116 Ziemann, Veteranen der Republik, S. 187, mit Bezug auf: Koselleck, Zur politischen Ikonologie; ähnliche Kritik auch bei: Michaela Stoffels, Kriegerdenkmale als Kulturobjekte. Trauer- und Nationskonzepte in Monumenten der Weimarer Republik, Köln/Weimar/Wien 2011, S. 15; zu den Gedenk-Bemühungen der Republik auch: Ulrich/Ziemann, Krieg im Frieden, S. 134f.

117 Dies wird besonders deutlich in der umfassenden Arbeit von Alexandra Kaiser, Von Helden und Opfern, über die verschiedenen republikanischen Initiativen des Kriegsgedenkens.

118 Koselleck, zur politischen Ikonologie, S. 37; vgl. dazu: Deutscher Ehrenhain für die Helden von 1914/18, Leipzig 1931, wo ca. 800 Kriegerdenkmäler abgebildet sind, leider ohne Angabe des Entstehungsjahres. Die »Rache«-Denkmäler sind deutlich in der Minderzahl und bes. von Regimentern und Universitäten (!) erstellt worden.

119 Vgl. für das Folgende: Buchner, Um nationale und republikanische Identität, S. 222ff.; vgl. auch Ziemann, Veteranen der Republik, S. 192–208, bes. über die Möglichkeiten und Grenzen der Zusammenarbeit von Stahlhelm und Reichsbanner.

120 Gerd Krumeich, Denkmäler zwischen Mahnmal und Schandmal, in: Clemens von Looz-Corswarem/Hans-Georg Molitor (Hg.), Krieg und Frieden in Düsseldorf. Sichtbare Zeichen der Vergangenheit, Düsseldorf 2004, S. 219–238; eine Abbildung des ursprünglichen Denkmals von Jupp Rübsam und der Überreste unter: http://www.denkmalprojekt.org/2012/duesseldorf_39er-denkmal_nrw.html, konsultiert

21.6.18; interessanterweise hat Reinhart Koselleck in seinem so initialen Beitrag: Zur politischen Ikonologie, S. 11f., das Düsseldorfer Denkmal und seine Zerstörung durch den NS als »Denkmal der Diskontinuität« bezeichnet. Eine Abb. ebd., S. 12.

121 Lurz, Kriegerdenkmäler, S. 112f.; vgl. zu den konkurrierenden Konzepten des Kriegstoten-Gedenkens: Kaiser, Helden, bes. S. 90–175.

122 Das Stadtarchiv Marbach verfügt über ein unsortiertes Aktenbündel zu diesem Denkmal. Die bislang wohl einzige, leider stark polemische Publikation hierzu: Alexander-Seitz-Geschichtswerkstatt Marbach und Umgebung (Hg.): »Furchtlos und Treu«. Die Geschichte des Marbacher Kriegerdenkmals, Marbach 1985.

123 Vgl. hierzu Lurz, Kriegerdenkmäler, Bd. 5; der Verzicht auf NS-Insignien ist ein Grund, warum viele dieser Denkmäler auch die »Reinigung« nach 1945 überstanden, weil die Vorschriften des Alliierten Kontrollrats nur die Entfernung von Denkmälern mit NS-Symbolen verlangten.

124 Vgl. zur Geschichte dieses Denkmals mit den Einweihungsfeiern, der Zerstörung und Wiederaufrichtung im Stadtmuseum: https://www.youtube.com/watch?v=F8pE_5V-0jg (konsultiert 4. 7. 2018).

125 Abbildung und Erläuterungen unter: https://de.wikipedia.org/wiki/Kriegerdenkmal_(D%C3%BCsseldorf-Golzheim), konsultiert 21.6.2018.

126 Weitere Beispiele bei: Stoffels, Kriegerdenkmale als Kulturobjekte, über die Denkmalsprojekte und Realisierungen der Universitäten München und Berlin, S. 499 ff. (München) und 96 f. über den erbitterten Streit zwischen der Berliner Universität und dem Ministerium.

Epilog: Der (Aus)Weg aus dem Trauma

1 https://de.wikipedia.org/wiki/Trauma_(Psychologie)#Kollektives_Trauma, konsultiert 21.6.2018.

2 Michael Gollbach, Die Wiederkehr des Weltkrieges in der Literatur. Zu den Frontromanen der späten Zwanziger Jahre, Kronberg/Ts. 1978; Müller, Der Krieg und die Schriftsteller; Jörg Lehmann, Imaginäre Schlachtfelder. Kriegsliteratur in der Weimarer Republik, Norderstedt 2014; Bernadette Kester, Film Front Weimar, Amsterdam 2003; Anton Kaes, Shell Shock Cinema: Weimar Culture and the Wounds of War, Princeton, NJ 2009; Rainer Rother/Karin Herbst-Meßlinger (Hg.), Der Erste Weltkrieg im Film, München 2009.

3 Vgl. auch die Überlegungen der SPD-Reichstagsabgeordneten Anna Siemsen, 1930, über die »Mode der Kriegsliteratur« und die Literatur der Endzwanziger Jahre als Befreiung der Kriegskinder aus dem Trauma, in: Ulrich/Ziemann, Krieg im Frieden, S. 102f.

4 Vgl. für das Folgende die neue und unfassbar detailreiche Enzyklopädie der Literatur der Weimarer Republik: Kiesel, Geschichte der deutschsprachigen Literatur 1918–1933, S. 784ff.

5 S. 278ff. in der Ausgabe von 1929.

6 Vgl. Gerd Krumeich, Zwischen soldatischem Nationalismus und NS-Ideologie. Werner Beumelburg und die Erzählung des Ersten Weltkriegs, in: Wolfram Pyta (Hg.), Burgfrieden und Union Sacrée. Literarische Deutungen und Ordnungsvorstellungen in Deutschland und Frankreich 1914–1933, München 2011, S. 295–312.

7 Beumelburg, Sperrfeuer, S. 524f. Zu beachten ist die Verdoppelung der Behauptung vom festen Zusammenhalt der kämpfenden Truppe.

8 Rüdiger Bergien, Die bellizistische Republik. Wehrkonsens und »Wehrhaftmachung« in Deutschland 1918–1933, München 2012, der aber leider auf diese mentalen Verformungen kaum eingeht.

9 Deutscher Ehrenhain für die Helden von 1914/18, Leipzig 1931, S. 8.

10 Vgl. hierzu: Christian Ingrao, Etudiants allemands, mémoire de guerre et militantisme nazi: Etude de cas, in: 14/18 aujourd'hui 5 (2002), S. 55–72.

11 Vgl. Saehrendt, Stellungskrieg, S. 30, mit Zitaten aus Rotfront-Zeitschriften. Ebd., S. 160f., eine stringente Einordnung dieser Ausdrucksformen in die politische Sphäre; vgl. auch: Andrew Donson, Why did German youth become fascists? Nationalist males born 1900 to 1908 in war and revolution, in: Social History 31 (2006), S. 337–358, bes. S. 350ff.

12 Vgl. Bernd A. Rusinek, Der Kult der Jugend und des Krieges. Militärischer Stil als Phänomen der Jugendkultur in der Weimarer Zeit, in: Jost Dülffer/Gerd Krumeich (Hg.), Der verlorene Frieden. Politik und Kriegskultur nach 1918, Essen 2002, S. 171–197, hier: S. 172.

13 Ebd.

14 Saehrendt, Stellungskrieg, S. 160f.

15 Hierzu: Arndt Weinrich, Der Weltkrieg als Erzieher. Jugend zwischen Weimarer Republik und Nationalsozialismus, Essen 2013, S. 152ff.

16 Gerhard Hirschfeld, Der Führer spricht vom Krieg. Der Erste Weltkrieg in den Reden Adolf Hitlers, in: Gerd Krumeich (Hg.), Nationalsozialismus und Erster Weltkrieg, Essen 2010, S. 35–52.

17 Löffelbein, Ehrenbürger der Nation.

18 Emblematisch hierfür ist: Franz Schauwecker, Aufbruch der Nation, Berlin 1929.

19 Zit. nach: Max Domarus (Hg.), Hitler. Reden 1932–1945, Bd. 1, Wiesbaden 1973, S. 229. Nach dieser Quelle auch das Folgende.

20 Domarus, S. 242 und 243; bereits in einer großen Rede vom 9.11.1928 hatte Hitler erklärt, dass sich »Millionen von Deutschen« mit der Republik »versöhnt« hätten, wenn diese versucht hätte, die Verteidigung Deutschlands neu zu organisieren, statt den Waffenstillstand abzuschließen. Vgl. Bärbel Dusik u. a: (Hg.), Hitler. Reden, Schriften, Anordnungen, Bd. 3, Teil 1 (Juli 1928–Februar 1929), München u. a 1994, S. 222.

21 Dies hat schon Annelise Thimme, Flucht in den Mythos, S. 64f. bemerkt: »Nichts zeigt [...] eindeutiger, dass der 9. November 1918 und der verlorene Krieg [...] auch den Linksparteien, die Kommunisten ausgenommen, einen psychischen Knacks [sic!] gegeben hatte, von dem man vielleicht gerechterweise nicht erwarten konnte, dass ihn die beteiligte Generation überwinden sollte.«

22 Vgl. insgesamt: Sabine Behrenbeck, Der Kult um die toten Helden. Nationalsozialistische Mythen, Riten und Symbole, 1923–1945, Köln 2011 (2. Aufl.), bes. S. 247ff.; Hans-Ulrich Thamer, Von der Monumentalisierung zur Verdrängung der Geschichte. Nationalsozialistische Denkmalspolitik und die Entnazifizierung von Denkmälern nach 1945, in: Winfried Speitkamp (Hg.), Denkmalsturz. Zur Konfliktgeschichte politischer Symbolik, Göttingen 1997, S. 109–136, bes. 113ff.

23 Vgl. Beil, Kriegsausstellungen.

24 Vgl. Winkle, Der Dank des Vaterlandes; Löffelbein, Ehrenbürger der Nation.

25 Ian Kershaw, Der Hitlermythos, S. 134.

Quellen- und Literaturverzeichnis

Quellen

Amtliche Kriegsdepeschen. Nach Berichten des Wolff'schen Telegraphischen Bureaus, Bde. 6–8, Berlin 1917/1918

Amtliche Urkunden zur Vorgeschichte des Waffenstillstandes 1918, Berlin 1928 (4. Aufl.; die 1. Auflage erschien 1919 unter dem Titel: Vorgeschichte des Waffenstillstands. Amtliche Urkunden)

Baden, Max von, Erinnerungen und Dokumente, Stuttgart 1927

Bauer, Franz J. (Hg.), Die Regierung Eisner 1918/19. Ministerratsprotokolle und Dokumente, Düsseldorf 1987

Becker, Jean-Jacques (Hg.), Georges Clemenceau. Articles et discours de guerre 1914–1918, Paris 2012

Benz, Wolfgang (Hg.), Wilhelm Muehlon. Ein Fremder im eigenen Land. Erinnerungen und Tagebuchaufzeichnungen eines Krupp-Direktors, 1908–1914, Bremen 1989

Berlin, Jörg (Hg.), Die deutsche Revolution 1918/19. Quellen und Dokumente, Köln 1979

Brammer, Karl (Hg.), Der Prozess des Reichspräsidenten. Nebst juristischem Gutachten von Friedrich von Payer, Gustav Radbruch, Eugen Schiffer, Hugo Sinzheimer, Berlin 1925

Breithaupt, Wolfgang, Volksvergiftung 1914–1918. Dokumente der Vorbereitung des 9. November 1918, Berlin/Leipzig 1925

Churchill, Winston S., Die Weltkrisis 1916/1918, Bd. 2, Zürich u.a. 1928

Déperchin, Annie (Hg.), Le Journal de guerre de Pierre Malicet. Un magistrat des territoires occupés pendant la Première Guerre mondiale, Lille 2016

Der Vertrag von Versailles. Der Friedensvertrag zwischen Deutschland und den Alliierten und Assoziierten Mächten nebst dem Schlußprotokoll und der Vereinbarung betr. die militärische Besetzung der Rheinlande. Amtlicher Text, im Auftrage des Auswärtigen Amtes, Berlin 1924

Der Waffenstillstand 1918–1919, hg. im Auftrag der deutschen Waffenstillstandskommission mit Genehmigung des Auswärtigen Amtes, 2 Bde., Berlin 1928

Deutscher Ehrenhain für die Helden von 1914/18, Leipzig 1931

Deutschland schuldig? Deutsches Weißbuch über die Verantwortlichkeit der Urheber des Krieges, hg. mit Genehmigung des Auswärtigen Amtes, Berlin 1919

Die Kriegsschuldfrage. Berliner Monatshefte für internationale Aufklärung, hg. von der Zentralstelle für Erforschung der Kriegsursachen, Berlin 1923–1944

Die Regierung des Prinzen Max von Baden, bearbeitet von Erich Matthias und Rudolf Morsey, Düsseldorf 1962

Die Regierung Eisner 1918/19. Ministerratsprotokolle und Dokumente, eingel. u. bearb. von Franz J. Bauer, Düsseldorf 1987

Die Ursachen des Deutschen Zusammenbruchs im Jahre 1918. Vierte Reihe im Werk des Untersuchungsausschusses, Bde. 1–9, Berlin 1925–1928

Dirr, Pius (Hg.), Bayerische Dokumente zum Kriegsausbruch und zum Versailler Schuldspruch, München und Berlin 1925 (3. Aufl.)

Dokumente aus geheimen Archiven. Berichte des Berliner Polizeipräsidenten zur Stimmung und Lage der Bevölkerung in Berlin, Bd. 4, 1914–1918, Weimar 1987

Dokumente und Materialien zur Geschichte der deutschen Arbeiterbewegung, Reihe II, Bd. 1, 1914–1917, Berlin 1958

Eichacker, Reinhold (Hg.), Haß. Antwort deutscher Dichter auf Versailles, München 1921

Fried, Alfred H., Mein Kriegs-Tagebuch, Bd. 3, Zürich 1919

Friedrich, Ernst, Krieg dem Kriege. Berlin 1924, Neudruck Berlin 2015, mit einer Einführung von Gerd Krumeich

Görlitz, Walter (Hg.), Regierte der Kaiser? Kriegstagebücher, Aufzeichnungen und Briefe des Chefs des Maine-Kabinetts, Admiral Georg Alexander von Müller, Göttingen 1959

Grumbach, Salomon (Hg.), Das annexionistische Deutschland. Eine Sammlung von Dokumenten, die seit dem 4. August 1914 in Deutschland öffentlich oder geheim verbreitet wurden. Mit einem Anhang: antiannexionistische Kundgebungen, Lausanne 1917

Guelton, Frédéric (Hg.), Général Edmond Buat, Journal 1914–1923, Paris 2015

Hindenburg, Paul von, Aus meinem Leben, Berlin 1919

Jäckel, Eberhard/Axel Kuhn (Hg.), Hitler. Sämtliche Aufzeichnungen 1905–1924, Stuttgart 1980

Jünger, Ernst, Kriegstagebuch 1914–1918, hg. von Helmuth Kiesel, Stuttgart 2010

Klemperer, Victor, Man möchte immer weinen und lachen in einem. Revolutionstagebuch 1919, Berlin 2015

Lapradelle, Albert Geouffre de (Hg.), La Paix de Versailles, Bd. 2, Paris o.J. (1929)

Lowry, Bullitt, Armistice 1918, Kent, OH 1996

Ludendorff, Erich von, Meine Kriegserinnerungen, Berlin 1919

Ludendorff, Erich (Hg.), Urkunden der Obersten Heeresleitung, Berlin 1920

Mantoux, Paul (Hg.), Les délibérations du Conseil des Quatre (24 mars–28 juin 1919), 2 Bde., Paris 1955

Materialien betreffend die Friedensverhandlungen, Teil I, Charlottenburg 1919

Materna, Ingo/Hans-Joachim Schreckenbach (Hg.), Berichte des Berliner Polizeipräsidenten zur Stimmung und Lage der Bevölkerung in Berlin 1914–1918, Weimar 1987

Matthias, Erich/Rudolf Morsey (Hg.), Der Interfraktionelle Ausschuss 1917/18, Düsseldorf 1959

Mermeix, Les négociations secrètes et les quatre armistices. Avec pièces justificatives, Paris 1921 (12. Aufl.).

Michaelis, Herbert/Ernst Schraepler (Hg.), Ursachen und Folgen. Vom deutschen Zusammenbruch 1918 und 1945 bis zur staatlichen Neuordnung Deutschlands in der Gegenwart, Bde. 1–3 (1917–1919), Berlin o.J. (1970)

Michalka, Wolfgang/Gottfried Niedhart (Hg.), Die ungeliebte Republik. Dokumente zur Innen- und Außenpolitik Weimars 1918–1933, München 1980

Militär und Innenpolitik im Weltkrieg 1914–1918, 2 Teile, bearbeitet von Wilhelm Deist, Düsseldorf 1970

Mordacq, Général H., L'Armistice du 11 novembre 1918. Récit d'un témoin, Paris 1937

Müller, Admiral von, Regierte der Kaiser?, Göttingen 1959

Oberst Bauer, Konnten wir den Krieg vermeiden, gewinnen, abbrechen?, Berlin 1919

Papers relating to the Foreign Relations of the United States, The World War 1918, Supplement 1, vol. 1, Washington, D.C. 1933.

Pfeilstifter, Georg (Hg.), Feldbriefe katholischer Soldaten, 3 Bde., Freiburg i. Br. 1918

Purlitz, Friedrich (Hg.), Deutscher Geschichtskalender. Der Europäische Krieg in aktenmäßiger Darstellung, Bde. 1 (1914) bis 10 (1919), Leipzig 1914–1919

Purlitz, Friedrich (Hg.), Deutscher Geschichtskalender. Der Europäische Krieg in aktenmäßiger Darstellung, Ergänzungsband: Vom Waffenstillstand bis zum Frieden von Versailles, Leipzig o.J. (1919)

Purlitz, Friedrich (Hg.), Deutscher Geschichtskalender. Der Friede von Versailles, o.O., o.J. (1919)

Rathenau, Walther, Kritik der dreifachen Revolution. Apologie, Nördlingen 1987 (Erstausgabe 1919)

Rathenau, Walther, Nach der Flut, Berlin 1919

Ribeiro, Aquilino, Deutschland 1920. Eine Reise von Portugal nach Berlin und Mecklenburg, Bremen 1997

Röhl, John (Hg.), Zwei deutsche Fürsten zur Kriegsschuldfrage. Lichnowsky und Eulenburg und der Ausbruch des Ersten Weltkriegs, Düsseldorf 1971

Rupprecht, Kronprinz von Bayern, Mein Kriegstagebuch, Bd. 2, München 1929

Schiff, Victor, So war es in Versailles, Berlin 1929

Schulze, Hagen (Hg.), Das Kabinett Scheidemann, Boppard 1971

Schwabe, Klaus (Hg.), Quellen zum Friedensschluss von Versailles, Darmstadt 1997

Schwertfeger, Bernhard (Hg.), Amtliche Aktenstücke zur Geschichte der europäischen Politik 1885–1914 (Die belgischen Dokumente zur Vorgeschichte des Weltkrieges), 5 Bde., Berlin 1925

Schwertfeger, Bernhard (Hg.), Der Tiger. Die Kriegsreden Georges Clemenceaus, Berlin 1921

Stegemann, Hermann, Erinnerungen aus meinem Leben und aus meiner Zeit, Stuttgart 1930

Thaer, Albrecht von, Generalstabsdienst an der Front und in der O.H.L., hg. von Siegfried A. Kaehler, Göttingen 1958

Wolff, Theodor, Tagebücher 1914–1919, hg. von Bernd Sösemann, Teil II, Boppard 1984

Toller, Ernst, Hinkemann. Eine Tragödie. Mit 6 Zeichnungen von George Grosz, Leipzig, Weimar 1979 (Erstausgabe 1923)

Troeltsch, Ernst, Spektator-Briefe. Aufsätze über die deutsche Revolution und die Weltpolitik 1918/22, Tübingen 1924

Troeltsch, Ernst, Spectator-Briefe und Berliner Briefe (1919–1922), hg. von Gangolf Hübinger, Berlin/Boston 2015 (= Ernst Troeltsch. Kritische Gesamtausgabe, Bd. 14)

Weber, Max, Zur Politik im Weltkrieg, hg. von Wolfgang J. Mommsen in Zusammenarbeit mit Gangolf Hübinger, Tübingen 1984 (Max Weber Gesamtausgabe Bd. I/15)

Weber, Max, Zur Neuordnung Deutschlands. Schriften und Reden 1918–1920, hg. von Wolfgang J. Mommsen in Zusammenarbeit mit Wolfgang Schwentker, Tübingen 1988 (Max Weber Gesamtausgabe Bd. I/16)

Wegener, Georg, Der Wall von Eisen und Feuer. Ein Jahr an der Westfront, Leipzig 1915

Wild von Hohenborn, Adolf, Briefe und Tagebuchaufzeichnungen, hg. von Helmut Reichold, Boppard 1986

Witkop, Philipp, Kriegsbriefe gefallener Studenten, München 1929

Literatur

Afflerbach, Holger, Auf Messers Schneide. Wie das Deutsche Reich den Ersten Weltkrieg verlor, München 2018

Altenhöner, Florian, Kommunikation und Kontrolle. Gerüchte und städtische Öffentlichkeiten in Berlin und London 1914/1918, München 2008

Altrichter, Friedrich, Die seelischen Kräfte des deutschen Heeres im Frieden und im Weltkriege, Berlin 1933

Angress, Werner T., Das deutsche Militär und die Juden im Ersten Weltkrieg, in: Militärgeschichtliche Mitteilungen 19 (1976), S. 77–146

Audoin-Rouzeau, Stéphane/Annette Becker, 14–18, Retrouver la Guerre, Paris 2003

Audoin-Rouzeau, Stéphane, Children and the Primary Schools of France 1914–1918, in: John Horne (Hg.), State, Society and Mobilization in Europe during the First World War, Cambridge 1997, S. 39–52

Audoin-Rouzeau, Stéphane, Die Delegation der »gueules cassées« in Versailles am 28. Juni 1919, in : Gerd Krumeich (Hg.), Versailles 1919. Ziele – Wirkung – Wahrnehmung, Essen 2001, S. 280–287

Ay, Karl-Ludwig, Die Entstehung einer Revolution. Die Volksstimmung in Bayern während des Ersten Weltkrieges, Berlin 1968

Baily, Stephen, The Berlin Strike of January 1918, in: Central European History 13 (1980), S. 158–174

Barth, Boris, Dolchstoßlegenden und politische Desintegration. Das Trauma der deutschen Niederlage im Ersten Weltkrieg 1914–1933, Düsseldorf 2003.

Baumeister, Martin, Kriegstheater. Großstadt, Front und Massenkultur 1914–1918, Essen 2005

Beaupré, Nicolas (Hg.), Fritz von Unruh. Le Chemin du Sacrifice, Paris 2014

Beaupré, Nicolas, Das Trauma des großen Krieges 1918–1932/33, Darmstadt 2009

Becker, Annette, Créer pour oublier? Les dadaïstes et la mémoire de la guerre, in: 14/18 aujourd'hui 5 (2002), S. 128–143

Becker, Annette, Les Monuments aux Morts. Mémoire de la Grande Guerre, Paris o.J. (1998)

Behrenbeck, Sabine, Der Kult um die toten Helden. Nationalsozialistische Mythen, Riten und Symbole, 1923–1945, Köln 2011 (2. Aufl.)

Behrenbeck, Sabine, Zwischen Trauer und Heroisierung. Vom Umgang mit Kriegstod und Niederlage nach 1918, in: Jörg Duppler/Gerhard P. Groß, Kriegsende 1918. Ereignis, Wirkung, Nachwirkung, München 1999, S. 315–342

Beil, Christine, Der ausgestellte Krieg. Präsentationen des Ersten Weltkriegs 1914–1919, Tübingen 2004

Benz, Wolfgang, Die Protokolle der Weisen von Zion. Die Legende von der jüdischen Weltverschwörung, München 2007

Bessel, Richard, Die Heimkehr der Soldaten. Das Bild des Frontsoldaten in der Öffentlichkeit der Weimarer Republik, in: Gerhard Hirschfeld/Gerd Krumeich/Irina Renz (Hg.), Keiner fühlt sich hier mehr als Mensch. Erlebnis und Wirkung des Ersten Weltkriegs, Essen 1993, S. 221–240

Bessel, Richard, Germany after the First World War, Oxford 1993

Bessel, Richard, Mobilization and Demobilization in Germany 1916–1919, in: John Horne (Hg.), State, Society and Mobilization in Europe during the First World War, Cambridge 1997, S. 212–222

Boebel, Chaja (Hg.), Streiken gegen den Krieg. Die Bedeutung der Massenstreiks in der Metallindustrie vom Januar 1918, Hamburg 2008

Boldt, Werner, Der Januarstreik in Bayern mit besonderer Berücksichtigung Nürnbergs, in: Jahrbuch für fränkische Landesforschung 25 (1965), S. 5–42

Brandt, Susanne, Vom Kriegsschauplatz zum Gedächtnisraum. Die Westfront 1914–1940, Baden-Baden 2000

Bruendel, Steffen, 100 Jahre »Augusterlebnis«. Deutungskonjunkturen eines historischen Phänomens, in: Nils Löffelbein u.a. (Hg.), Europa 1914. Wege ins Unbekannte, Paderborn 2016, S. 193–218

Buchner, Bernd, Um nationale und republikanische Identität. Die deutsche Sozialdemokratie und der Kampf um die politischen Symbole in der Weimarer Republik, Bonn 2001

Buschmann, Nikolaus, Der verschwiegene Krieg. Kommunikation zwischen Front und Heimatfront, in: Gerhard Hirschfeld u.a. (Hg.), Kriegserfahrungen, Essen 1997, S. 208–224

Büttner, Ursula, Weimar. Die überforderte Republik 1918–1933, Stuttgart 2008

Cabanes, Bruno, Die französischen Soldaten und der »Verlust des Sieges«, in: Gerd Krumeich (Hg.), Versailles 1919, Ziele – Wirkung – Wahrnehmung, Essen 2001, S. 269–279

Cabanes, Bruno, La victoire endeuillée. La sortie de guerre des soldats français (1918–1920), Paris 2004

Cochet, François, La Première Guerre mondiale, Paris 2005

Cohen, Deborah, The War Come Home. Disabled Veterans in Britain and Germany, 1914–1939, Berkeley-Los Angeles-London 2001

Cornelißen, Christoph, »Schuld am Weltfrieden«. Politische Kommentare und Deutungsversuche deutscher Historiker zum Versailler Vertrag 1919–1933, in: Gerd Krumeich (Hg.), Versailles 1919. Ziele – Wirkung – Wahrnehmung, Essen 2001, S. 237–258

Daniel, Ute, Arbeiterfrauen in der Kriegsgesellschaft. Beruf, Familie und Politik im Ersten Weltkrieg, Göttingen 1989

Daniel, Ute, Beziehungsgeschichten. Politik und Medien im 20. Jahrhundert, Hamburg 2018

Davis, Belinda J., Home Fires Burning: Food, Politics and Everyday Life in World War I, Berlin, Chapel Hill 2000

Deist, Wilhelm, Der militärische Zusammenbruch des Kaiserreichs. Zur Realität der »Dolchstoßlegende«, in: Ursula Büttner (Hg.), Das Unrechtsregime, Hamburg 1986, Bd. 1, S. 101–129

Didczuneit, Veit u.a. (Hg.), Schreiben im Krieg. Schreiben vom Krieg. Feldpost im Zeitalter der Weltkriege, Essen 2011

Donson, Andrew, Why did German Youth Become Fascists? Nationalist Males Born 1900 to 1908 in War and Revolution, in: Social History 31 (2006), S. 337–358

Dreyer, Michael/Oliver Lembcke, Die deutsche Diskussion um die Kriegsschuldfrage 1918/19, Leipzig 1993

Duppler, Jörg/Gerhard P. Groß (Hg.), Kriegsende 1918. Ereignis, Wirkung, Nachwirkung, München 1999

Duroselle, Jean Baptiste, La Grande Guerre des Français. L'incompréhensible, Paris 1994

Dutrône, Christophe, Feu Sur Paris. L'Histoire vraie de la Grosse Bertha, Paris 2012

Epkenhans, Michael, Die deutsche Armee – an der Heimatfront besiegt?, in: Rudolf Jaun u.a. (Hg.), An der Front und hinter der Front. Der Erste Weltkrieg und seine Gefechtsfelder, Baden (Schweiz) 2015, S. 141–155

Fehlemann, Silke, Trostlose Zeiten. Weibliche Familienangehörige im Ersten Weltkrieg und in der Zwischenkriegszeit (Habilitationsschrift Düsseldorf 2018, MS)

Fisch, Jörg, Krieg und Frieden im Friedensvertrag, Stuttgart 1979

Fischer, Fritz, Griff nach der Weltmacht. Die Kriegszielpolitik des kaiserlichen Deutschland, Düsseldorf 1961

Gerwarth, Robert, Rechte Gewaltgemeinschaften und die Stadt nach dem Ersten Weltkrieg: Berlin, Wien und Budapest im Schatten von Kriegsniederlage und Revolution, in: Friedrich Lenger (Hg.), Kollektive Gewalt in der Stadt. Europa 1890–1939, München 2013, S. 103–121

Geyer, Martin H., Verkehrte Welt. Revolution, Inflation und Moderne: München 1914–1924, Göttingen 1998

Geyer, Michael, Insurrectionary Warfare: The German Debate about a Levée en Masse in October 1918, in: Journal of Modern History 73 (2001) S. 459–527

Geyer, Michael, Rückzug und Zerstörung 1917, in: Gerhard Hirschfeld/Gerd Krumeich/Irina Renz (Hg.), Die Deutschen an der Somme 1914–1918. Krieg, Besatzung, verbrannte Erde, Essen 2016, S. 231–247

Gollbach, Michael, Die Wiederkehr des Weltkrieges in der Literatur. Zu den Frontromanen der späten Zwanziger Jahre, Kronberg/Ts 1978

Grau, Bernhard, Kurt Eisner 1867–1919. Eine Biographie, München 2001

Groß, Gerhard P., Das Ende des Ersten Weltkriegs und die Dolchstoßlegende, Ditzingen 2018

Gründel, E. Günther, Die Sendung der jungen Generation. Versuch einer umfassenden revolutionären Sinndeutung der Krise, München 1932

Gruss, H., Die deutschen Sturmbataillone im Weltkrieg, Berlin 1939

Guelton, Frédéric (Hg.), 1918. L'Etrange victoire. Archives du Ministère de la guerre et témoignages inédits, Paris 2008

Haffner, Sebastian, Die deutsche Revolution 1918/19. Wie war es wirklich?, München 1979

Haffner, Sebastian, Geschichte eines Deutschen, München 2000

Haidl, Roland, Ausbruch aus dem Ghetto? Katholizismus im deutschen Heer 1914–1918, in: Gerd Krumeich/Hartmut Lehmann (Hg.), »Gott mit uns«. Nation, Religion und Gewalt im 19. und frühen 20. Jahrhundert, Göttingen 2000, S. 263–272

Hardach, Gerd, Der Erste Weltkrieg, München 1973

Heinemann, Ulrich, Die verdrängte Niederlage. Politische Öffentlichkeit und Kriegsschuldfrage in der Weimarer Republik, Göttingen 1983

Herbert, Ulrich, Generation der Sachlichkeit. Die völkische Studentenbewegung der frühen zwanziger Jahre in Deutschland, in: Frank Bajohr u.a. (Hg.), Zivilisation und Barbarei. Detlev Peukert zum Gedenken, Hamburg 1991, S. 115–144

Herzfeld, Hans, Die deutsche Sozialdemokratie und die Auflösung der nationalen Einheitsfront im Weltkriege, Berlin 1928

Hettling, Manfred/Michael Jeismann, Der Weltkrieg als Epos. Philipp Witkops »Kriegsbriefe gefallener Studenten«, in: Gerhard Hirschfeld/Gerd Krumeich/Irina Renz (Hg.), Keiner fühlt sich hier mehr als Mensch. Erlebnis und Wirkung des Ersten Weltkriegs, Essen 1993, S. 175–198

Hieronimus, Marc, Krankheit und Tod 1918. Zum Umgang mit der Spanischen Grippe in Frankreich, England und dem Deutschen Reich, Münster, Hamburg, Berlin, London 2006

Hiller v. Gaertringen, Friedrich, »Dolchstoß«-Diskussion und »Dolchstoß-Legende« im Wandel von vier Jahrzehnten, in: Ders./Waldemar Besson (Hg.), Geschichte und Gegenwartsbewusstsein, Göttingen 1963, S. 122–160

Hirschfeld, Gerhard, Der Führer spricht vom Krieg. Der Erste Weltkrieg in den Reden Adolf Hitlers, in: Gerd Krumeich (Hg.), Nationalsozialismus und Erster Weltkrieg, Essen 2010, S. 35–52

Hirschfeld, Gerhard/Gerd Krumeich/Irina Renz (Hg.), 1918. Die Deutschen zwischen Weltkrieg und Revolution, Berlin 2018

Hirschfeld, Gerhard/Gerd Krumeich/Irina Renz (Hg.), Die Deutschen an der Somme 1914–1918. Krieg, Besatzung, verbrannte Erde, Essen 2016 (2. und erheblich ergänzte Auflage)

Hirschfeld, Gerhard, Gerd Krumeich, Irina Renz (Hg.), Keiner fühlt sich mehr als Mensch … Erlebnis und Wirkung des Ersten Weltkriegs, Essen 1993

Hitzer, Friedrich, Anton Graf Arco. Das Attentat auf Kurt Eisner und die Schüsse im Landtag, München 1988

Hobohm, Martin, Der innere Zusammenbruch. Soziale Heeresmißstände als Teilursache des deutschen Zusammenbruchs von 1918, Berlin 1929

Hoeres, Peter, Die Kultur von Weimar. Durchbruch der Moderne, Bonn 2014

Hoffmann, Christhard, Between Integration and Rejection: The Jewish Community in Germany 1914–1918, in: John Horne (Hg.), State, Society and Mobilization in Europe during the First World War, Cambridge 1997, S. 89–104

Hofmann, Ulrike Claudia, »Verräter verfallen der Feme!« Fememorde in Bayern in den Zwanziger Jahren, Köln, Weimar, Berlin 2000

Horne, John/Alan Kramer, Deutsche Kriegsgreuel 1914. Die umstrittene Wahrheit, Hamburg 2004

Horne, John, Remobilizing for »Total War«: France and Britain 1917–18, in: John Horne (Hg.), State, Society and Mobilization in Europe during the First World War, Cambridge 1997, S. 195–211

Houlihan, Patrick J., Catholicism and the Great War: Religion and Everyday Life in Germany and Austria-Hungary, 1914–1922, Cambridge 2015

Huber, Ernst Rudolf, Deutsche Verfassungsgeschichte seit 1789, Bd. 5 (1914–1919), Stuttgart 1978

Ingrao, Christian, Etudiants allemands, mémoire de guerre et militantisme nazi. Etude de cas, in: 14/18 aujourd'hui 5 (2002), S. 55–72

Jäger, Wolfgang, Historische Forschung und politische Kultur in Deutschland. Die Debatte 1914–1980 über den Ausbruch des Ersten Weltkrieges, Göttingen 1984

Jahr, Christoph, Bei einer geschlagenen Armee ist der Klügste, wer zuerst davonläuft. Das Problem der Desertion im deutschen und britischen Heer 1918, in: Jörg Duppler/Gerhard P. Groß (Hg.), Kriegsende 1918. Ereignis, Wirkung, Nachwirkung, München 1999, S. 241–272

Jahr, Christoph, Gewöhnliche Soldaten. Desertion und Deserteure im deutschen und britischen Heer 1914–1918, Göttingen 1998

Jardin, Pierre, Aux racines du mal. 1918. Le déni de la défaite, Paris 2005

Jones, Marc, Am Anfang war Gewalt. Die deutsche Revolution 1918/19 und der Beginn der Weimarer Republik, Berlin 2017

Julien, Elise, Paris, Berlin. La mémoire de la guerre 1914–1933, Rennes 2009

Jünger, Ernst, Siebzig verweht, Bd. 5, Stuttgart 1997

Kaehler, Siegfried A., Die Waffenstillstandsforderung der O.H.L., in: Ders., Studien zur deutschen Geschichte, Göttingen 1961, S. 259–279

Kaehler, Siegfried A., Über die Herkunft des Schlagwortes »Im Felde unbesiegt«, in: Ders., Studien zur deutschen Geschichte, Göttingen 1961, S. 303–305

Kaes, Anton, Shell Shock Cinema: Weimar Culture and the Wounds of War, Princeton, NJ 2009

Kaiser, Alexandra, Von Helden und Opfern. Eine Geschichte des Volkstrauertags, Frankfurt a. M. 2010

Keller, Ulrich, Schuldfragen. Belgischer Untergrundkrieg und deutsche Vergeltung im August 1914. Mit einem Vorwort von Gerd Krumeich, Paderborn 2017

Kienitz, Sabine, Beschädigte Helden. Kriegsinvalidität und Körperbilder 1914–1923, Paderborn 2008

Kiesel, Helmuth, Geschichte der deutschsprachigen Literatur 1918–1933, München 2017

Kiesel, Helmuth, Literarische Trauerarbeit. Das Exil- und Spätwerk Alfred Döblins, Tübingen 1986

Kittel, Manfred, Provinz zwischen Reich und Republik. Politische Mentalitäten in Deutschland und Frankreich 1918–1933/36, München 2000

Klein, Fritz, Versailles und die deutsche Linke, in: Gerd Krumeich (Hg.), Versailles 1919. Ziele – Wirkung – Wahrnehmung, Essen 2001, S. 314–322

Klenke, Dietmar, Die SPD-Linke in der Weimarer Republik, 2 Bde., Münster 1987 (2. Aufl.)

Kluge, Ulrich, Soldatenräte und Revolution, Göttingen 1975

Kluge, Ulrich, Militärrevolte und Staatsumsturz. Ausbreitung und Konsolidierung der Räteorganisationen im rheinisch-westfälischen Industriegebiet, in: Reinhard Rürup (Hg.), Arbeiter- und Soldatenräte im rheinisch-westfälischen Industriegebiet. Studien zur Geschichte der Revolution von 1918/1919, Wuppertal 1975, S. 39–82

Knies, Hans-Ulrich, Arbeiterbewegung und Revolution in Wuppertal. Entwicklung und Tätigkeit der Arbeiter- und Soldatenräte in Elberfeld und Barmen, in: Reinhard Rürup (Hg.), Arbeiter- und Soldatenräte im rheinisch-westfälischen Industriegebiet. Studien zur Geschichte der Revolution von 1918/1919, Wuppertal 1975, S. 83–154

Koch, Christian, Diplomatie – Kriegspropaganda – »Landesverrat«. Die deutschen Reaktionen auf die Denkschrift »Meine Londoner Mission 1912–1914« von Karl Max Fürst von Lichnowsky, in: Militärgeschichtliche Zeitschrift 70 (2011), S. 261–286

Koch, Christian, Giftpfeile über der Front. Flugschriftpropaganda im und nach dem Ersten Weltkrieg, Essen 2015

Koch, Jörg, Von Helden und Opfern. Kulturgeschichte des deutschen Kriegsgedenkens, Darmstadt 2013

Kocka, Jürgen, Klassengesellschaft im Krieg. Deutsche Sozialgeschichte 1914–1918, Göttingen 1978

Kolb, Eberhard, Der Frieden von Versailles, München 2005

Kolb, Eberhard, Die Weimarer Republik, München 2002

Koselleck, Reinhart, Zur politischen Ikonologie des gewaltsamen Todes. Ein deutsch-französischer Vergleich, Basel 1998

Krumeich Gerd, Zwischen soldatischem Nationalismus und NS-Ideologie: Werner Beumelburg und die Erzählung des Ersten Weltkriegs, in: Wolfram Pyta (Hg.), Burgfrieden und Union Sacrée. Literarische Deutungen und Ordnungsvorstellungen in Deutschland und Frankreich 1914–1933, München 2011, S. 295–312

Krumeich, Gerd (Hg.), Versailles 1919. Ziele – Wirkung – Wahrnehmung, Essen 2001

Krumeich, Gerd/Antoine Prost, Verdun 1916. Die Schlacht und ihr Mythos aus deutsch-französischer Sicht, Essen 2016

Krumeich, Gerd/Joachim Schröder (Hg.), Der Schatten des Weltkriegs. Der Ruhrkampf 1923, Essen 2004

Krumeich, Gerd/M. Rainer Lepsius (Hg.), Max Weber, Briefe 1918–1920, Tübingen 2012 (Max Weber Gesamtausgabe, Bd. II/10, 1. Halbbd.)

Krumeich, Gerd, Aufrüstung und Innenpolitik in Frankreich vor dem Ersten Weltkrieg, Wiesbaden 1980

Krumeich, Gerd, Zu den Ursprüngen des NS-Antisemitismus. Die »Judenzählung« im Ersten Weltkrieg, in: Susanne Brandt/Thomas Gerhards/Uta Hinz (Hg.), Deutschland, Frankreich und der Krieg, Essen 2015, S. 289–301.

Krumeich, Gerd, Der deutsche Soldat an der Somme 1914–1916. Zwischen Idylle und Entsetzen, in: Siegfried Quandt/Horst Schichtel (Hg.), Der Erste Weltkrieg als Kommunikationsereignis, Gießen 1993, S. 45–62

Krumeich, Gerd, Der Krieg als großer Arbeitsplatz. Frühjahr 1917: Der deutsche Rückzug und die Folgen, in: FAZ (Beilage: Bilder und Zeiten) 21.3.1998

Krumeich, Gerd, Ernest Lavisse und die Kritik an der deutschen »Kultur«, in: Wolfgang J. Mommsen (Hg.), Kultur und Krieg. Die Rolle der Intellektuellen, Künstler und Schriftsteller im Ersten Weltkrieg, S. 143–154

Krumeich, Gerd, Verstümmelungen und Kunstglieder. Formen körperlicher Verheerungen im 1. Weltkrieg, in: Sozialwissenschaftliche Informationen 9 (1990), S. 97–102

Krumeich, Gerd, Juli 1914. Eine Bilanz, Paderborn 2015 (2. Aufl.)

Kuhl, Hermann v., Der Weltkrieg 1914–1918, Bd. 2, Berlin 1933

Kühner, Angela, Kollektive Traumata. Annahmen, Konzepte, Argumente, Perspektiven, Gießen 2007

Lange, Britta, Einen Krieg ausstellen. Die »Deutsche Kriegsausstellung« 1916 in Berlin, Berlin 2003

Lange, Karl, Marneschlacht und deutsche Öffentlichkeit 1914–1939. Eine verdrängte Niederlage und ihre Folgen, Düsseldorf 1974

Laniol, Vincent, L'article 231 du traité de Versailles, les faits et les représentations. Retour sur un mythe, in: Relations internationales No. 158/2014, S. 9–25

Laparra, Jean-Claude/Pascal Hesse, Le Sturmbataillon Rohr 1916–1918, Paris 2010

Laparra, Jean-Claude, 1918. L'année décisive, Paris 2018

Latzel, Klaus, Vom Kriegserlebnis zur Kriegserfahrung. Theoretische und methodische Überlegungen zur erfahrungsgeschichtlichen Untersuchung von Feldpostbriefen, in: Militärgeschichtliche Mitteilungen 56 (1997), S. 1–30

Launay, Michel, Versailles, une paix bâclée?, Paris 1999

Lehmann, Jörg, Imaginäre Schlachtfelder. Kriegsliteratur in der Weimarer Republik, Norderstedt 2014

Lehnert, Detlef/Klaus Megerle, Politische Identität und nationale Gedenktage. Zur politischen Kultur in der Weimarer Republik, Opladen 1989

Linse, Ulrich, Barfüßige Propheten. Erlöser der Zwanziger Jahre, Berlin 1983

Lipp, Anne, Meinungslenkung im Krieg. Kriegserfahrungen deutscher Soldaten und ihre Deutung 1914–1918, Göttingen 2003

Löffelbein, Nils, Ehrenbürger der Nation. Die Kriegsbeschädigten des Ersten Weltkriegs in Politik und Propaganda des Nationalsozialismus, Essen 2013

Longerich, Peter, Deutschland 1918–1933. Die Weimarer Republik. Handbuch zur Geschichte, Hannover 1995

Luban, Ottokar, Die politischen Massenstreiks in den letzten Weltkriegsjahren und die Haltung der Freien Gewerkschaften (1916–1918), in: C. Führer u.a. (Hg.), Revolution und Arbeiterbewegung in Deutschland 1918–1920, Essen 2013, S. 121–134

Lurz, Meinhold, Kriegerdenkmäler in Deutschland, Bd. 4, Weimarer Republik, Heidelberg 1985

Michels, Eckard, Die »Spanische Grippe« 1918/19, Verlauf, Folgen und Deutungen in Deutschland im Kontext des Ersten Weltkriegs, in: Vierteljahreshefte für Zeitgeschichte 58 (2010), S. 1–33

Miller, Henry W., The Paris Gun: The Bombardment of Paris by the German Long-Range Guns and the Great German Offensives of 1918, London 1930

Miller, Susanne, Burgfrieden und Klassenkampf, Düsseldorf 1974

Miquel, Pierre, La paix de Versailles et l'opinion publique française, Paris 1972

Miquel, Pierre, Versailles im politischen Meinungsstreit Frankreichs 1919–1926, in: Vierteljahreshefte für Zeitgeschichte 20 (1972), S. 1–15

Mitchell, Allan, Revolution in Bayern 1918/1919. Die Eisner-Regierung und die Räterepublik, München 1967

Mommsen, Wolfgang J., Max Weber and the Peace Treaty of Versailles, in: Manfred Boemecke/Gerald Feldman/Elisabeth Glaser (Hg.), Versailles: A Reassessment after 75 Years, Cambridge 1998, S. 535–546

Moses, John A., Die Wirkung der Dolchstoßlegende im deutschen Geschichtsbewusstsein, in: Bernd Hüppauf (Hg.), Ansichten vom Krieg, Königstein, 1984, S. 240–256

Mosse, George, Gefallen für das Vaterland. Nationales Heldentum und namenloses Sterben, Stuttgart 1993

Mühlhausen, Walter, Friedrich Ebert, Bonn 2006

Mühlhausen, Walter (Hg.), Friedrich Ebert. Sein Leben, sein Werk, seine Zeit, Heidelberg 1999

Müller, Hans-Harald, Der Krieg und die Schriftsteller, Stuttgart 1986

Müller, Klaus Peter, Politik und Gesellschaft im Krieg. Der Legitimitätsverlust des badischen Staates, Stuttgart 1988

Nagel, Irmela, Fememorde und Femeprozesse in der Weimarer Republik, Köln 1991

Natter, Wolfgang G., Literature at War 1914–1940: Representing the »Time of Greatness« in Germany, New Haven, London, 1999

Nicault, Catherine, Le Procès des Protocoles des Sages de Sion, in: 20e siècle 53 (1997), S. 68–84

Niess, Wolfgang, Die Revolution von 1918/19 in der deutschen Geschichtsschreibung, Berlin 2013

Oppelt, Ulrike, Film und Propaganda im Ersten Weltkrieg, Stuttgart 2002

Paul, Gerhard, Der Dolchstoß. Ein Schlüsselbild nationalistischer Erinnerungspolitik, in: Ders. (Hg.), Das Jahrhundert der Bilder, Bd. 1, Göttingen 2009, S. 300–307

Permoser, Irmtraud, Der Dolchstoßprozess in München 1925, in: Zeitschrift für bayerische Landesgeschichte 59 (1996), S. 903–926

Petzold, Joachim, Die Dolchstoßlegende. Eine Geschichtsfälschung im Dienst des deutschen Imperialismus und Militarismus, Berlin 1963

Platthaus, Andreas, Der Krieg nach dem Krieg. Deutschland zwischen Revolution und Versailles 1918/19, Berlin 2018

Pöhlmann, Markus, Der Panzer und die Mechanisierung des Krieges, Paderborn 2016

Pöhlmann, Markus, Die Rückkehr an die Somme 1918, in: Gerhard Hirschfeld/Gerd Krumeich/Irina Renz, Die Deutschen an der Somme, S. 275–310

Pöhlmann, Markus, Kriegsgeschichte und Geschichtspolitik: Der Erste Weltkrieg. Die amtliche deutsche Militärgeschichtsschreibung 1914–1956, Paderborn usw. 2002

Prost, Antoine, Les limites de la brutalisation, in: Vingtième Siècle 81 (2004), S. 5–20

Prost, Antoine, Les Monuments aux Morts. Culte républicain? Culte civique? Culte patriotique?, in: Pierre Nora (Hg.), Les Lieux de Mémoire, Bd. 1 (Paris 1987)

Pyta, Wolfram, Hindenburg. Herrschaft zwischen Hohenzollern und Hitler, München 2007

Rasmussen, Anne, Dans l'urgence et le secret. Conflits et consensus autour de la grippe espagnole, 1918–1919, in: Mil neuf cent 25 (2007), S. 171–190

Renouvin, Pierre/Camille Bloch, L'article 231 du traité de Versailles. Sa genèse et sa signification, in: Revue d'histoire de la guerre mondiale 1 (1932), S. 1–24

Ridel, Charles, Les embusqués, Paris 2007

Ritter, Gerhard, Staatskunst und Kriegshandwerk. Das Problem des »Militarismus« in Deutschland, Bd. 4, München 1968

Robert, Jean-Louis, Les Ouvriers, la Patrie et la Révolution, Paris 1995

Roerkohl, Anne, Hungerblockade und Heimatfront. Die kommunale Lebensmittelversorgung in Westfalen während des Ersten Weltkrieges, Stuttgart 1991

Rosenberg, Alfred (Hg.), Die Protokolle der Weisen von Zion und die jüdische Weltpolitik, München 1923

Rosenthal, Jakob, Die Ehre des jüdischen Soldaten. Die Judenzählung im Ersten Weltkrieg und ihre Folgen, Frankfurt 2007

Roth, Regina, Staat und Wirtschaft im Ersten Weltkrieg. Kriegsgesellschaften als kriegswirtschaftliche Steuerungsinstrumente, Berlin 1997

Rother, Rainer/Karin Herbst-Meßlinger (Hg.), Der Erste Weltkrieg im Film, München 2009

Rother, Rainer, »Bei unseren Helden an der Somme« – Der deutsche Somme-Film, in: Gerhard Hirschfeld/Gerd Krumeich/Irina Renz (Hg.), Die Deutschen an der Somme 1914–1918, Essen 2016, S. 213–230

Rother, Rainer, Vom »Kriegssofa« zum »Flug an die Front«. Anmerkungen zum deutschen Film im Ersten Weltkrieg, in: Rainer Rother (Hg.), Die letzten Tage der Menschheit. Bilder des Ersten Weltkriegs, Berlin 1994, S. 197–206

Rudin, Harry R., Armistice 1918, New Haven 1944

Rusinek, Bernd A., Der Kult der Jugend und des Krieges. Militärischer Stil als Phänomen der Jugendkultur in der Weimarer Zeit, in: Jost Dülffer/Gerd Krumeich (Hg.), Der verlorene Frieden. Politik und Kriegskultur nach 1918, Essen 2002, S. 171–197

Saehrendt, Christian, Der Stellungskrieg der Denkmäler. Kriegerdenkmäler im Berlin der Zwischenkriegszeit (1919–1939), Bonn 2004

Salewski, Michael, Der Erste Weltkrieg – ein deutsches Trauma, in: Revue internationale d'histoire militaire 63 (1985), S. 169–185

Sammet, Rainer, »Dolchstoß«. Deutschland und die Auseinandersetzung mit der Niederlage im Ersten Weltkrieg (1918–1933), Berlin 2003

Schönhoven, Klaus, Die Entstehung der Weimarer Republik aus dem Krieg, in: Heinrich August Winkler (Hg.), Weimar im Widerstreit. Deutungen der ersten deutschen Republik im geteilten Deutschland, München 2002, S. 13–32

Schröder, Hans-Joachim, Fritz von Unruh (1885–1970) – Kavallerieoffizier, Dichter und Pazifist, in: Wolfram Wette (Hg.), Pazifistische Offiziere in Deutschland, 1871–1933, Bremen 1999, S. 319–338

Schröder, Joachim, Internationalismus nach dem Krieg. Die Beziehungen zwischen deutschen und französischen Kommunisten, 1918–1923, Essen 2008.

Schröder, Joachim, Die französischen Sozialisten und die Revolution in Deutschland (1918–1920), in: K. C. Führer u.a. (Hg.), Revolution und Arbeiterbewegung in Deutschland 1918–1920, Essen 2013, S. 357–373.

Schumann, Dirk, Einheitssehnsucht und Gewaltakzeptanz. Politische Grundpositionen des deutschen Bürgertums nach 1918, in: Hans Mommsen (Hg.), Der Erste Weltkrieg und die europäische Nachkriegsordnung, Köln, Weimar, Wien 2000, S. 83–105

Schumann, Dirk, Gewalterfahrungen und ihre nicht zwangsläufigen Folgen. Der Erste Weltkrieg in der Gewaltgeschichte des 20. Jahrhunderts, in: clio-online (http://beta.clio-online.de/webresource/id/webresource-15660, konsultiert 15.1.18)

Schwarz, Klaus-Dieter, Weltkrieg und Revolution in Nürnberg, Berlin 1971

Schwengler, Walter, Völkerrecht, Versailler Vertrag und Auslieferungsfrage, Stuttgart 1982

Seils, Ernst-Albert, Weltmachtstreben und Kampf für den Frieden. Der deutsche Reichstag im Ersten Weltkrieg, Frankfurt 2011

Smith, Leonhard V., Remobilizing the Citizen-Soldier through the French Army Mutinies of 1917, in: John Horne (Hg.), State, Society and Mobilization in Europe during the First World War, Cambridge 1997, S. 144–159

Soutou, Georges-Henri, The French Peacemakers and their Home Front, in: Manfred Boemecke/Gerald Feldman/Elisabeth Glaser (Hg.), Versailles: A Reassessment after 75 Years, Cambridge 1998, S. 167–188

Stachelbeck Christian, Militärische Effektivität im Ersten Weltkrieg. Die 11. Bayerische Infanteriedivision 1915 bis 1918, Paderborn 2010

Stalmann, Volker, Die Wiederentdeckung der Revolution von 1918/19. Forschungsstand und Forschungsperspektiven, in: Zeitschrift für Geschichtswissenschaft 6 (2016), S. 521–541

Starkulla jr., Heinz, Propaganda. Begriffe, Typen, Phänomene, Baden-Baden 2015

Stephenson, Scott, The Final Battle: Soldiers of the Western Front and the German Revolution of 1918, Cambridge 2009

Stern, Leo, Die Auswirkungen der Großen Sozialistischen Oktoberrevolution auf Deutschland, Bd. 4, Berlin 1959

Sternburg, Wilhelm von, »Es ist eine unheimliche Stimmung in Deutschland«. Carl von Ossietzky und seine Zeit, Berlin 1996

Stevenson, David, Armaments and the Coming of War: Europe 1904–1914, Oxford 1996

Stevenson, David, With our Backs to the Wall: Victory and Defeat in 1918, Cambridge, MA 2011

Stiasny, Philipp, Mythen und Melodramen. Der Erste Weltkrieg im deutschen Spielfilm der Stummfilmzeit, in: Rainer Rother/Karin Herbst-Meßlinger (Hg.), Der Erste Weltkrieg im Film, München 2009, S. 49–67

Stibbe, Matthew, Germany 1914–1933, Harlow 2010

Stoffels, Michaela, Kriegerdenkmale als Kulturobjekte. Trauer- und Nationskonzepte in Monumenten der Weimarer Republik, Köln, Weimar, Wien 2011

Storz, Dieter, »Aber was hätte anders geschehen sollen?« Die deutschen Offensiven an der Westfront 1918, in: Jörg Duppler/Gerhard P. Groß (Hg.), Kriegsende 1918, München 1999, S. 51–98

Strachan, Hew, The Morale of the German Army, 1917–18, in: Hugh Cecil/Peter H. Liddle, Facing Armageddon: The First World War Experienced, London 1996, S. 383–398

Süchting-Hänger, Andrea, Die Anti-Versailles-Propaganda konservativer Frauen in der Weimarer Republik – Eine weibliche Dankesschuld?, in: Gerd Krumeich (Hg.), Versailles 1919. Ziele – Wirkung – Wahrnehmung, Essen 2001, S. 302–313

Thimme, Anneliese, Flucht in den Mythos. Die deutschnationale Volkspartei und die Niederlage von 1918, Göttingen 1969

Tramitz, Angelika, Vom Umgang mit Helden. Kriegs(vor)schriften und Benimmregeln für deutsche Frauen im Ersten Weltkrieg, in: Peter Knoch (Hg.), Kriegsalltag, Stuttgart 1989, S. 84–113

Ullrich, Volker, Der Januarstreik 1918 in Hamburg, Kiel und Bremen, in: Zeitschrift des Vereins für Hamburgische Geschichte 71 (1985), S. 45–74

Ullrich, Volker, Die Revolution von 1918/19, München 2009

Ulrich, Bernd/Benjamin Ziemann, Krieg im Frieden. Die umkämpfte Erinnerung an den Ersten Weltkrieg, Frankfurt a. M. 1997

Ulrich, Bernd, Die Augenzeugen. Deutsche Feldpostbriefe in Kriegs- und Nachkriegszeit 1914–1933, Essen 1997

Ulrich, Bernd, Die Kriegspsychologie der zwanziger Jahre und ihre geschichtspolitische Instrumentalisierung, in: Inka Mülder-Bach (Hg.), Modernität und Trauma. Beiträge zum Zeitenumbruch des Ersten Weltkrieges, Wien 2000, S. 63–78

Ulrich, Bernd, Feldpostbriefe im Ersten Weltkrieg – Bedeutung und Zensur, in: Peter Knoch (Hg.), Kriegsalltag. Die Rekonstruktion des Kriegsalltags als Aufgabe der historischen Forschung und der Friedenserziehung, Stuttgart 1989, S. 40–83

Verhey, Jeffrey, »Helft uns siegen« – Die Bildersprache des Ersten Weltkriegs, in: Rolf Spilker (Hg.), Der Tod als Maschinist: der industrialisierte Krieg 1914–1918, Bramsche 1998, S. 165–176

Verhey, Jeffrey, Der »Geist von 1914« und die Erfindung der Volksgemeinschaft, Hamburg 2000

Vincent, C. Paul, The Politics of Hunger: The Allied Blockade of Germany, 1915–1919, Athens 1985

Volkmann, Erich Otto, Der Marxismus und das deutsche Heer im Weltkriege, Berlin 1925

Von der Goltz, Anna, Hindenburg: Power, Myth und the Rise of the Nazis, Oxford 2009

Von Hoegen, Jesko, Der Held von Tannenberg. Genese und Funktion des Hindenburg-Mythos, Köln, Weimar, Wien 2007

Vorsteher, Dieter, Bilder für den Sieg. Das Plakat im Ersten Weltkrieg, in: Rainer Rother (Hg.), Die letzten Tage der Menschheit. Bilder des Ersten Weltkriegs, Berlin 1994, S. 149–162

Watson, Alexander, »Unheard of Brutality«: Russian Atrocities against Civilians in East-Prussia, 1914–1915, in: The Journal of Modern History 86 (2014), S. 780–825

Watson, Alexander, Enduring the Great War: Combat, Morale and Collapse in the German and British Armies, 1914–1918, Cambridge 2008

Weinrich, Arndt, Der Weltkrieg als Erzieher. Jugend zwischen Weimarer Republik und Nationalsozialismus, Essen 2013

Weisbrod, Bernd, Gewalt in der Politik. Zur politischen Kultur in Deutschland zwischen den beiden Weltkriegen, in: Geschichte in Wissenschaft und Unterricht 43 (1992), S. 391–403

Welsbacher, Christian (Hg.), Der Reichskunstwart, Weimar 2010

Wiesemann, Falk, Kurt Eisner. Studie zu seiner politischen Biographie, in: Karl Bosl (Hg.), Bayern im Umbruch. Die Revolution von 1918, München 1969, S. 387–426

Winkle, Ralph, Der Dank des Vaterlandes. Eine Symbolgeschichte des Eisernen Kreuzes, 1914–1936, Essen 2007

Wirsching, Andreas, Vom Weltkrieg zum Bürgerkrieg? Politischer Extremismus in Deutschland und Frankreich 1918–1933/39. Berlin und Paris im Vergleich, München 1999

Wrisberg, Ernst von, Der Weg zur Revolution 1914–1918, Leipzig 1921

Wrisberg, Ernst von, Heer und Heimat, Leipzig 1921

Ziemann, Benjamin, Enttäuschte Erwartung und kollektive Erschöpfung. Die deutschen Soldaten an der Westfront 1918 auf dem Weg zur Revolution, in: Jörg Duppler/Gerhard P. Groß (Hg.), Kriegsende 1918. Ereignis, Wirkung, Nachwirkung, München 1999, S 165–182

Ziemann, Benjamin, Front und Heimat. Ländliche Kriegserfahrungen im südlichen Bayern, 1914–1923, Essen 1997

Ziemann, Benjamin, Gewalt im Ersten Weltkrieg, Essen 2013

Ziemann, Benjamin, Republikanische Kriegserinnerungen in einer polarisierten Öffentlichkeit. Das Reichsbanner Schwarz-Rot-Gold als Veteranenverband der sozialistischen Arbeiterschaft, in: Historische Zeitschrift 267 (1998), S. 357–398

Ziemann, Benjamin, Veteranen der Republik. Kriegserinnerung und demokratische Politik 1918–1933, Bonn 2014

Abbildungsverzeichnis

akg-images: 20 (Jean-Pierre Verney), 192, 239, 241 (Sammlung Berliner Verlag)

Anti-Kriegsmuseum Berlin/Tommy Spree: 244

»Bayerischer Landwehrmann«: 42

Kölnisches Stadtmuseum, Rheinisches Bildarchiv Köln: 35

Landesarchiv Baden-Württemberg, Staatsarchiv Freiburg: 68 (W 145/2 Nr. 185)

Palm, Peter: 330, 331

Schulz, Wilhelm: 253

Thöny, Eduard, mit freundlicher Genehmigung von Dr. Dagmar von Kessel: 228

Universitätsbibliothek Heidelberg: 180, 181

Württembergische Landesbibliothek/Bibliothek für Zeitgeschichte Stuttgart: 21, 41, 76, 80, 237

Trotz intensiver Bemühungen war es dem Verlag leider nicht bei allen Abbildungen möglich, den jeweiligen Rechteinhaber ausfindig zu machen. Für Hinweise sind wir dankbar. Rechtsansprüche bleiben gewahrt.

Personenregister

Karten

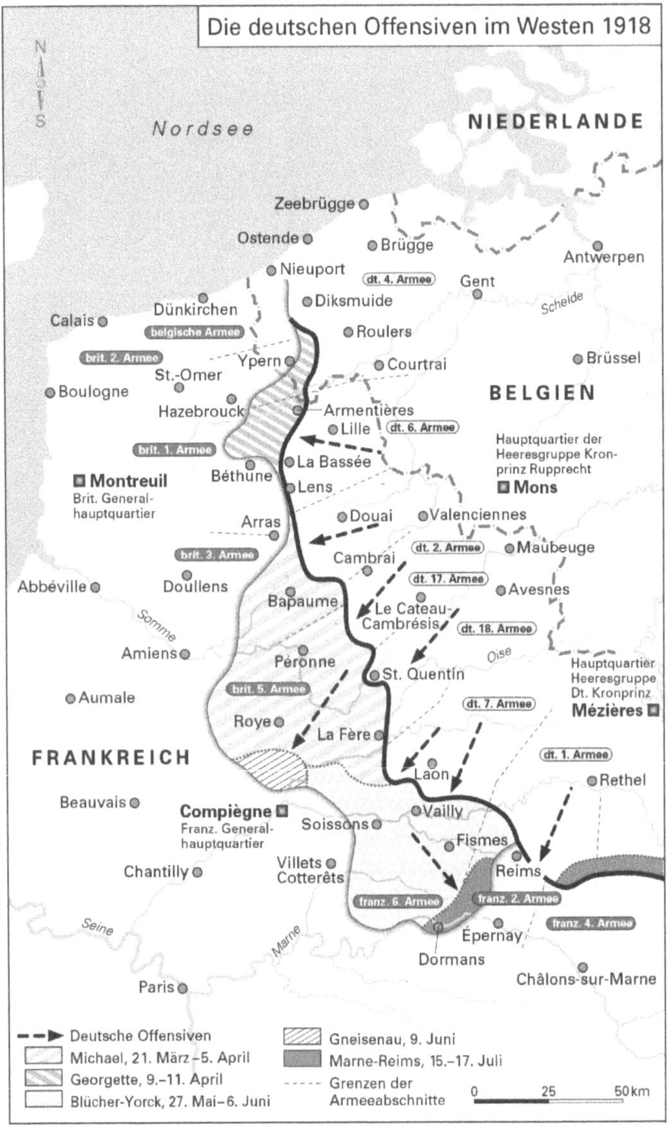

1. Die deutschen Offensiven an der Westfront vom März bis Juli 1918

2. Alliierte Gegenoffensiven an der Westfront, September bis November 1918